高校思想政治教育教学改革应用研究

刘冬梅◎著

线装书局

图书在版编目（CIP）数据

高校思想政治教育教学改革应用研究 / 刘冬梅著
. -- 北京：线装书局，2024.4
ISBN 978-7-5120-6078-4

I. ①高… II. ①刘… III. ①高等学校－思想政治教育－教学改革－研究－中国 IV. ①G641

中国国家版本馆 CIP 数据核字(2024)第 080438 号

高校思想政治教育教学改革应用研究
GAOXIAO SIXIANG ZHENGZHI JIAOYU JIAOXUE GAIGE YINGYONG YANJIU

作　　者：	刘冬梅
责任编辑：	白　晨
出版发行：	线装书局
地　　址：	北京市丰台区方庄日月天地大厦 B 座 17 层（100078）
电　　话：	010-58077126（发行部）010-58076938（总编室）
网　　址：	www.zgxzsj.com
经　　销：	新华书店
印　　制：	三河市腾飞印务有限公司
开　　本：	787mm×1092mm　　1/16
印　　张：	18.5
字　　数：	420 千字
印　　次：	2025 年 1 月第 1 版第 1 次印刷
定　　价：	78.00 元

前　言

  在当今社会，高校思想政治教育教学改革已成为教育领域中备受关注的热点话题。随着社会的发展和进步，人们对高校教育提出了更高的需求和期望，希望能够培养出德、智、体、美全面发展的优秀人才。而思想政治教育作为高校教育的重要组成部分，更是受到了广泛的关注和重视。

  在当前复杂多变的社会环境中，高校思想政治教育教学改革迫在眉睫。随着信息时代的来临，人们获取信息的方式发生了巨大的变化，传统的教学模式已经无法满足学生的需求。因此，如何创新思想政治教育的教学方法，提高教学效果，成为了当前高校思想政治教育改革的重要课题。

  本研究旨在深入探讨高校思想政治教育教学改革的现状与问题，并提出相应的对策和建议。通过对国内外相关文献的梳理和分析，结合实地调研和案例分析，全面了解当前高校思想政治教育教学改革的状况，为进一步推动高校思想政治教育的发展提供参考和借鉴。

  本研究将从以下几个方面展开：深入探讨高校思想政治教育教学改革的背景和意义，阐述思想政治教育在高校教育中的重要作用；分析当前高校思想政治教育教学改革存在的主要问题和挑战，如教学内容陈旧、教学方法单一、教师队伍需进一步提升等；然后，总结国内外高校思想政治教育教学改革的经验和做法，提出相关的启示和借鉴；根据实际情况提出具体的改革措施和建议，以期为高校思想政治教育教学改革的深入推进提供有益的参考。

  在高校思想政治教育教学改革的道路上，我们需要坚定信念，保持谦卑与创新的态度，不断探索和实践，不断提升自身的专业水平和素质，为高校思想政治教育教学改革贡献自己的力量。希望通过我们的共同努力，推动高校思想政治教育教学改革取得更大的进步和发展，为培养社会主义建设者和接班人做出积极贡献。愿我们携手并肩，共同谱写高校思想政治教育教学改革的新篇章，为建设富强民主文明和谐的社会主义现代化国家不懈奋斗！

编委会

袁丹丹　严东博　王书元
常艺飞　赵丽贞　代　红

目　录

第一章　高校思想政治教育教学改革的背景　1
　第一节　当前高校思想政治教育教学形势　1
　第二节　高校思想政治教育教学改革的现状与成果　6
　第三节　高校思想政治教育教学改革的路径探索　9
　第四节　思政教育教学改革的未来展望　13

第二章　国家对高校思想政治教育的重视　16
　第一节　政府出台相关政策支持　16

第三章　高校思想政治教育面临的挑战　19
　第一节　传统教学模式的滞后　19
　第二节　制约高校思想政治教育改革的因素　22
　第三节　高校思想政治教育的改革方向　24
　第四节　高校思想政治教育改革的路径选择　25

第四章　高校思想政治教育教学改革的重要意义　29
　第一节　提升学生思想政治素质　29
　第二节　推动教学方法创新　33
　第三节　促进教育教学质量提升　37
　第四节　促进优质教育资源共享　42

第五章　培养学生正确的思想政治观念　44
　第一节　培养学生的思想政治素养　44
　第二节　提升思想政治教育实效性　47
　第三节　推动思政教育课程改革　53

第六章　推动高校教育教学模式的创新　58
　第一节　深化教育教学理念　58
　第二节　拓展跨学科教学模式　61
　第三节　加强实践教学环节　65
　第四节　提升信息化教学水平　68
　第五节　推动素质教育实践　72

第七章　高校思想政治教育教学改革的主要内容　76
第一节　高校思想政治教育教学改革的背景和意义　76
第二节　高校思想政治教育教学改革的国际比较与借鉴　80

第八章　高校思想政治教育教学改革研究的课程设置和教学方法的调整　83
第一节　课程设置的调整　83
第二节　教学方法的调整　85
第三节　案例分析与实证研究　88
第四节　教师队伍的建设　91

第九章　高校思想政治教育教学改革研究教师队伍建设和培训　94
第一节　确定培养目标和需求　94

第十章　学生参与和评价机制的建立　99
第一节　基于学生需求的参与机制　99
第二节　学生评价机制建立　102
第三节　学生参与与评价机制协调　105
第四节　学生参与与评价机制持续完善　109

第十一章　高校思想政治教育教学改革的实施路径　114
第一节　教学改革的背景和意义　114

第十二章　政策支持和指导文件发布　119
第一节　国家政策支持　119
第二节　高校内部政策支持　122
第三节　职能部门支持　127
第四节　社会机构支持　128
第五节　效果评估与持续改进　132

第十三章　校内管理体制改革　136
第一节　教学管理体制改革　136
第二节　师资队伍建设　140

第十四章　多方合作和资源整合　145
第一节　多学科合作　145
第二节　教学设施资源整合　148

第十五章　高校思想政治教育教学改革的成效评价　154
第一节　教学方法改革对学生思想政治教育的影响　154
第二节　教师队伍建设与师资培养的改进　158
第三节　教学质量监控与评估体系的优化　161

第十六章　学生思想政治素质的提升　165
第一节　教学目标的设定 165
第二节　教学内容的优化 168
第三节　教学模式的创新 172

第十七章　教育教学质量的改善　177
第一节　课程设置 177
第二节　师资队伍建设 183
第三节　教学环境创设 187

第十八章　高校思想政治教育教学改革的问题与展望　192
第一节　当前高校思想政治教育教学改革存在的问题 192
第二节　高校思想政治教育教学改革的发展前景 195
第三节　高校思想政治教育教学改革的路径选择 198
第四节　高校思想政治教育教学改革的实施路径 200
第五节　高校思想政治教育教学改革的成果评估 202

第十九章　高校思想政治教育教学改革研究问题分析与解决方案　206
第一节　现状分析 206
第二节　改革目标 208
第三节　改革措施 211
第四节　改革成果 214
第五节　展望未来 216

第二十章　未来发展趋势和重点方向　219
第一节　教学内容的创新与丰富 219
第二节　教学方法的改革与优化 222
第三节　评价体系的完善与创新 225
第四节　师资队伍建设和教师培训 228
第五节　教育资源整合与共享 232

第二十一章　结论　237
第一节　研究背景 237
第二节　高校思政教育教学改革对策 240
第三节　高校思政教育教学改革效果评估 244
第四节　高校思政教育教学改革展望 247
第五节　综合评价和建议 249

第二十二章	总结高校思想政治教育教学改革的意义和成果	254
第一节	高校思想政治教育教学改革的意义	254
第二节	高校思想政治教育教学改革的成果	258
第三节	高校思想政治教育教学改革的路径	263
第四节	高校思想政治教育教学改革的展望	267
第二十三章	展望未来高校思想政治教育的发展方向和重点领域	271
第一节	进一步推进课程体系建设	271
第二节	加强师资队伍建设，提高教学水平	273
第三节	推进教育技术与信息化融合，拓展教育空间	275
第四节	强化社会协同机制，促进思政教育全面发展	277

参考文献　　282

第一章　高校思想政治教育教学改革的背景

第一节　当前高校思想政治教育教学形势

一、思想政治教育教学的重要性和现状

思想政治教育教学的基本任务是培养学生正确的政治观、历史观和价值观，引导学生树立正确的世界观和人生观。作为高校教育的重要一环，思想政治教育教学直接关系到学生的思想觉悟和综合素质的提高。当前，随着社会的快速发展和信息的广泛传播，学生面临着各种各样的思想冲击和价值观念的多元化，传统的教育形式已经不能完全满足当下的教学需求。

因此，高校思想政治教育教学改革显得尤为迫切。我们需要重新审视教学内容和方法，加强对学生综合素质的培养，引导学生树立正确的价值观和人生观，使他们具备正确的政治判断能力和独立思考能力。只有通过改革创新，才能更好地适应时代发展的需要，为学生的全面发展提供更好的保障。

面临挑战的高校思想政治教育教学在传统教学模式下难以适应当下学生群体的多元化需求。学生思想意识形态的多样性和开放性，使得传统的灌输式教学方法显得单一和僵化。同时，随着信息技术的发展和社会媒体的普及，学生获取信息的途径多元化，教师的权威性也受到挑战。

思想政治教育教学面临的挑战不仅来自学生群体，还包括外部环境的变化对教师教学方式的影响。全球化的背景下，跨文化交流和国际视野的需求日益增加，高校教育需要更加立足于培养具有国际竞争力的人才。

在这样的背景下，高校思想政治教育教学改革显得尤为迫切和必要。如何在传统教学模式和新兴需求之间找到平衡点，如何兼顾思想政治传统价值观与当代文化需求，成为当前高校教育界亟待解决的难题。

高校学生对思想政治教育的需求是多方面的。他们希望能够及时了解国家政策的最新动态，了解国家发展的方向和重点，以便增强对国家大局的把握能力。他们渴望了解社会热点问题的背景和原因，希望通过学习相关知识，能够更好地参与社会议题的讨论与思考。他们也期待深入了解历史事件的背景和意义，以便从历史中汲取智慧，引导自己的人生发展。

总的来说，高校学生对思想政治教育有着多方面的需求，希望通过教育改革的方式，能够更加贴近实际需求，提高教学效果，激发学生的学习兴趣和积极性。只有深刻理解学生的需求，才能更好地推动高校思想政治教育教学改革的落实和发展。

目前，高校思政课程设置相对固定，以思想道德修养和法律基础知识为主要内容，还包括国情、党史、社会主义核心价值观等。教学安排一般以面授为主，辅以讨论、演讲、小组讨论等互动环节。评价方式主要采取考试、论文、课堂表现等综合评价方法。

然而，当前高校思政教育教学也存在诸多问题，如教师水平参差不齐、教学方式单一、学生对思政课缺乏兴趣等。社会信息多元化、网络媒体传播速度快等因素也给思政教育教学带来挑战。

为适应时代发展和学生需求，高校思政教育教学改革亟待探讨和实践。如何更好地激发学生学习思政课的兴趣，如何创新思政课程内容和教学方式，如何提高教师的教学水平，都是当前亟待解决的问题。只有不断探索创新，适应时代需求，才能更好地推动高校思政教育教学取得新的突破。

高校思想政治教育教学目前主要采用的教学方法和手段包括讲课、讨论、案例分析等。讲课是传统的教学方式，老师通过讲述理论知识和相关案例来传达思想政治教育内容。讨论则是通过学生之间的互动交流来深化对知识点的理解和思考。而案例分析则是通过具体案例来引导学生思考和分析问题，从而提高他们的分析和解决问题的能力。

然而，这些教学方法和手段在实践中可能存在一定的局限性，无法完全满足学生的需求。因此，有必要对当前的思想政治教育教学方法进行深入思考和探讨，以期能够找到更加有效的教学方式，更好地实现高校思政教育的目标。

二、高校思想政治教育教学改革的重要性

高校思想政治教育教学改革的紧迫性，源于当前高校思想政治教育教学形势的复杂性和挑战性，因此改革具有极其重要的意义。随着社会经济发展和科技进步，学生接触信息的渠道日益广泛，思想观念多元化，传统的教学模式面临着巨大挑战。而现有的教育体系和方法已不适应新时代的需求，传统的灌输式教学模式已经无法激发学生的学习兴趣和主动性，因此改革势在必行。改革思想政治教育教学，可以使学生更

加积极参与其中，提高他们的思辨能力和创新意识，培养符合时代要求的人才。只有进行深刻的改革，才能推动高校思想政治教育教学跟上时代步伐，为培养德智体美劳全面发展的社会主义建设者和接班人提供坚实的思想政治基础。

当前高校思想政治教育教学形势依然严峻，亟待改革创新。高校思想政治教育教学改革的重要性不言而喻，关系到学生的综合素质提升和未来发展。促进学生全面发展的重要性，就在于培养学生的思想品德、文化素养和创新能力，使他们成为德才兼备的社会栋梁。只有通过改革创新，才能让学生在学习中实现全面发展，不断提高自身综合素质，为建设社会主义现代化国家贡献力量。因此，高校思想政治教育教学改革刻不容缓，必须全面深化，努力探索出符合时代要求的新模式，为学生的全面发展提供更好的保障和支持。

当前高校思想政治教育教学形势面临挑战，需要进行教学改革。高校思想政治教育教学改革的重要性不言而喻，对提升学生综合素质和思想道德水平具有重要意义。推进高校教育教学质量提升的挑战也在不断突显，需要不断创新教学方法，提高教学水平，以适应当代教育需求。

当下，随着社会的快速发展，人们的思想观念不断变化，对高校思想政治教育教学的期望也在不断提升。社会希望高校能够更加注重学生的思想政治教育，促进学生的全面发展和提高道德素养。同时，社会也期待高校开展更加丰富多彩的教学活动，吸引学生的兴趣，使思想政治教育更具吸引力和影响力。社会还期望高校能够加强师资队伍的建设，提升教师的教育水平和教学能力，从而更好地引导和教育学生。社会希望高校思想政治教育教学改革能够顺应时代发展的潮流，不断创新教学方法，提高教学质量，为培养德才兼备的社会主义建设者和接班人做出积极贡献。

国家政策对高校思想政治教育教学改革的引导：在当前高校思想政治教育教学形势下，高校思想政治教育教学改革的重要性不容忽视。国家政策对高校思想政治教育教学改革的引导意义重大，为高校教育提供了强有力的支持和指导。政策的出台对高校思想政治教育教学改革起到了推动作用，为高校在教学改革方面提供了政策依据和方向。国家政策的引导使得高校思想政治教育教学改革更加系统化、科学化，有助于提高教育质量和培养出更加优秀的人才。因此，高校要充分认识到国家政策对思想政治教育教学改革的引导作用，抓住机遇，积极响应政策号召，推动高校思想政治教育教学改革取得更大成就。

三、高校思想政治教育教学改革的理论依据

马克思主义立场对高校思政教育的指导，是当前高校思想政治教育教学改革的理论依据。当前高校思想政治教育教学形势需要深刻认识，而马克思主义作为指导思想，

能够提供根本的指导。马克思主义指导下的高校思政教育要坚持立德树人的根本任务，强化思想政治教育的育人功能，注重培养学生的社会主义核心价值观和正确的世界观、人生观、价值观。只有以马克思主义为指导，高校思想政治教育才能真正走上正确的道路。高校思想政治教育教学改革亟待深入探讨，马克思主义的立场可以为改革提供坚实的理论基础。

社会主义核心价值观对高校思政教育的影响体现在当前高校思想政治教育教学形势中。这一内容是高校思想政治教育教学改革的重要理论依据，其实现对高校思政教育的影响至关重要。高校思想政治教育教学改革的背景下，社会主义核心价值观对高校思政教育的影响是全面的，深远的。社会主义核心价值观是高校思政教育的重要内容，对学生产生积极引导作用，是高校思政教育的一个重要方面。在高校思想政治教育教学的改革中，社会主义核心价值观的引领作用是不可替代的。

教育教学改革理论对高校思政教育教学的启示：教育教学改革的重要性越来越受到人们的关注，而高校思政教育教学改革也成为当前教育改革的重要组成部分。只有紧跟时代潮流，根据教育教学改革的理论指导，深刻理解高校思政教育教学的新形势新要求，才能更好地适应时代的发展变化，推动高校思政教育教学取得更好的成效。因此，理论指导是高校思政教育教学改革的重要基础和依据，只有扎实的理论基础才能确保改革的有效实施，为高校思政教育教学提供更好的指导和支撑。

在当前高校思想政治教育教学形势下，高校思想政治教育教学改革的理论依据变得尤为重要。现代技术手段对思政教育教学改革的支持，为高校教育提供了全新的可能性。通过运用现代技术手段，可以使思政教育更加灵活多样化，满足学生多样化的学习需求。同时，现代技术手段也可以帮助高校教师更好地进行教学设计和教学评价，提升教学效果。通过引入现代技术手段，可以使思政教育更具互动性和趣味性，提高学生的学习积极性和参与度。因此，高校思想政治教育教学改革需要积极借助现代技术手段的支持，以提升教学质量和效果，更好地适应时代发展需求。

四、高校思想政治教育教学改革的任务

当前高校思想政治教育教学形势比较严峻，存在许多问题和挑战。高校思想政治教育教学改革的任务迫在眉睫，需要在把握全面深化改革的总基调下，坚定文化自信，增强文化自觉，推动学生思想政治素质全面提升。促进学生思想政治素质全面提升是高校思想政治教育教学改革的根本目标，必须加强学生思想政治引领，提升学生的思想政治觉悟和道德素养，培养德智体美全面发展的社会主义建设者和接班人。只有通过全面提升学生的思想政治素质，才能为高校思想政治教育教学改革注入新的活力和动力。

推动教育教学内容与形式创新，是当前高校思想政治教育教学改革的紧迫任务之一。随着时代的发展和社会的进步，对高校思想政治教育教学提出了更高的要求，传统的教学模式已经无法满足现代学生的需求。因此，推动教育教学内容与形式创新，成为了迫在眉睫的任务。只有不断探索和创新，才能更好地适应时代的需求，使思想政治教育教学更加有效。在这个过程中，高校需要不断优化教学资源，结合现代科技手段，提高教学质量，培养学生的综合素养和创新能力。通过推动教育教学内容与形式创新，高校思想政治教育教学将更加贴近学生实际需求，更好地发挥教育的作用，为培养德智体美劳全面发展的社会主义建设者和接班人做出贡献。

加强师资队伍建设与培训对于高校思想政治教育教学改革至关重要。当前，高校思想政治教育教学形势复杂多变，面临新情况、新问题和新挑战，要求我们深入挖掘矛盾和问题，积极解决。高校思想政治教育教学改革的任务十分繁重，需要全面提升师资队伍的整体素质和水平，强化师德师风建设，提高教师的教书育人能力。

加强师资队伍建设与培训，不仅是提升高校思想政治教育教学质量的根本保障，更是实现教育教学目标的有效途径。只有不断加强教师的自身学习和培训，提升他们的专业能力和思想政治教育水平，才能更好地引导和教育学生，为培养德智体美全面发展的社会主义建设者和接班人奠定坚实基础。为此，必须通过各种方式和途径，加强师资队伍建设与培训，不断提高教师的素质和水平，推动高校思想政治教育教学改革取得新进展。

五、高校思想政治教育教学改革的主要挑战

当前高校思想政治教育教学形势严峻，传统的教学模式已经无法满足学生的需求。随着社会的不断变革和发展，学生们接触到的信息越来越广泛，思想观念也更加多元化。面对新思想潮流的冲击，学生的思想认识更新难度不断加大。

高校思想政治教育教学改革的主要挑战在于如何引导学生正确看待历史，如何培养他们正确认识社会现实。学生们往往缺乏独立的思考能力，容易受到外界信息的干扰和误导。因此，教育者需要研究出更为灵活和有效的教学方法，帮助学生建立正确的世界观、人生观和价值观。

在当今信息爆炸的时代，学生的思想认识更新难度不仅体现在知识的获取上，更需要关注其对社会现实的理解和判断能力。只有通过不断创新教学模式，促进学生积极参与思想交流，才能更好地应对学生思想认识更新的挑战。

随着社会的发展和学生群体的不断更新变化，高校思想政治教育教学形势面临着新的挑战。其中，教师的教学水平提升需求变得尤为迫切。教师在教育教学过程中，需要不断更新自己的知识储备，提高自身的教学能力和水平，以更好地适应学生的需

求和社会的发展。同时，教师也需要不断探索创新的教学方法和手段，以激发学生的学习兴趣，提升教学效果。只有不断提升自身的教学水平，才能更好地引导学生，推动高校思想政治教育教学改革向更好的方向发展。

课程设置与实施的难点：当前高校思想政治教育教学形势严峻复杂，传统的课程设置已经不能完全适应当下学生的需求。高校思想政治教育教学改革所面临的主要挑战是如何在教学过程中引入新的教育理念和方法，使得学生能够更好地理解和接受思想政治教育。课程设置与实施的难点在于如何设计出富有时代特色和学生接受度高的教学内容，以及如何在实际教学中有效引导学生参与到思想政治教育中。为了应对这些挑战，高校需要更加注重教师的培训和教学资源的优化，同时也需要不断探索适合当下学生的教学方法和手段，以期能够更好地推动思想政治教育教学改革的发展。

高校思想政治教育教学改革的主要挑战是教学方法创新的困局。当前，传统的教学模式已经难以适应学生多样化的需求和信息化、网络化的教育环境。教师们在教学方法上往往陷入固化的框架，缺乏对教学方法的灵活运用和创新思维。一味以讲授为主，缺乏互动性和创造性，导致学生对思想政治教育教学的兴趣不高。因此，如何突破传统的教学模式，引入更多的互动性、实践性和创新性教学方法，成为当前高校思想政治教育教学改革的紧迫任务。只有不断创新教学方法，才能更好地激发学生的学习兴趣和参与度，实现高校思想政治教育教学的目标。

社会环境的变化不断影响着高校思想政治教育教学的发展，传统的教学模式已经难以适应当今社会的需求。新兴的思想观念和技术手段的快速发展，给传统教育方式带来了挑战。学生的思想观念和价值取向也在不断变化，对于传统的思想政治教育提出了新的要求。教师在进行思想政治教育时需要更多地考虑学生的个性化需求和特点，开展更加灵活多样的教学方式。同时，社会环境的多元化也给高校思想政治教育带来了挑战，需要借鉴国外先进经验，不断提升教育质量和效果。在这样的背景下，高校思想政治教育教学改革迫在眉睫，需要思考如何更好地适应当今社会的发展趋势。

第二节 高校思想政治教育教学改革的现状与成果

一、各高校思想政治教育教学改革的探索

一方面，当前高校思想政治教育教学形势日益严峻，传统的教育模式已难以满足学生多元化的需求；另一方面，高校思想政治教育教学改革所面临的主要挑战包括师资队伍结构不合理、教学资源紧缺和课程设置滞后等问题。然而，通过多年的努力，

高校思想政治教育教学改革取得了显著成果，积极探索出一系列符合时代特点的新模式和新经验。各高校纷纷开展思想政治教育教学改革的探索，积极探索课程设置与教学内容改革的途径，致力于打造更加科学、完善的思想政治教育体系，为青年学生提供更加丰富、深入的思想政治教育课程，以期在新时代背景下培养更多社会主义建设者和接班人。

教学方法与手段创新：在当前高校思想政治教育教学形势下，高校思想政治教育教学改革面临着诸多挑战。然而，各高校积极探索创新，不断寻求有效的教学方法与手段，取得了一定的成果。各高校不断探索实践，提出了各具特色的教学改革方案，努力推动教育教学质量的提升。通过引入先进的教学技术和手段，如互动式教学、案例分析、多媒体教学等，有效激发学生学习兴趣，提高了教学效果。同时，高校还加强师资队伍建设，培养专业化、多元化的教师团队，以更好地适应教学改革的需求。可以预见，随着不断的探索和实践，高校思想政治教育教学改革将迎来更加美好的未来。

高校思想政治教育教学改革需要重视师资队伍建设与培训方案的完善。只有具备高水平的师资力量，才能够有效推动教学改革的深入开展。而当前，高校思想政治教育教学中存在着师资队伍结构不合理、师资水平参差不齐的问题，给改革带来了一定的阻力。因此，建设一支结构合理、素质优良的师资队伍，实施相应的培训方案，成为当前高校思想政治教育教学改革亟待解决的问题。

在师资队伍建设与培训方案方面，各高校纷纷探索多种途径，如提高教师的学术水平和教学能力，加强师资队伍的结构优化，引进外部优秀人才或联合培养等措施，不断完善师资队伍建设机制。同时，建立健全的培训方案，加强对教师的培训和专业发展支持，提升教师的教学水平和教学质量。这些举措为高校思想政治教育教学改革提供了有力支持，也为未来的教学改革奠定了坚实基础。

当前，高校思想政治教育教学形势严峻复杂，挑战重重。高校思想政治教育教学改革面临着多方面的困难和阻碍。然而，各高校积极探索创新，不断完善教育教学体系，取得了一定的成果。学生思想政治素质评价机制也逐渐成为改革的重要组成部分，为培养德智体美劳全面发展的社会主义建设者和接班人提供了有力支持。各高校在评价机制方面的探索不断深入，不断改进，为高校思想政治教育教学改革提供了有益的借鉴和参考。

改革成果与效果评估：当前，高校思想政治教育教学改革已经取得了一些初步的成效，但也面临着许多挑战和困难。各高校在思想政治教育教学改革上积极探索，不断开展创新，取得了一些可喜的成果。然而，仍然存在着一些问题，例如师资力量不足、教学资源落后、学生不重视等。因此，对于改革成果的评估至关重要，只有深入分析效果，及时调整措施，才能更好地推动高校思想政治教育教学改革取得更大的突破。

二、政策引导下高校思想政治教育教学改革的实践

国家政策对高校思政教育的支持是高校思想政治教育教学改革的重要推动力量，促进了高校思政教育工作的深入发展。政府不断加大对思想政治教育的支持力度，提出了一系列政策措施，为高校思政教育改革指明了方向。国家政策的支持使得高校有了更多的自主权和机会，推动了高校思政教育的创新和发展。同时，国家政策的支持也为高校思政教育培养出更多具有国际视野和创新能力的优秀人才提供了有力保障。通过政策引导，高校思政教育教学改革的推进步伐加快，为高等教育事业的不断发展注入了新的活力。

在当前形势下，高校思想政治教育教学改革面临着诸多挑战。然而，通过政策引导和实践措施，取得了一定的成果。政策的指导下，高校积极探索教学改革路径，注重培养学生的思想政治素养和创新能力。同时，高校开展多样化的教学活动，促进思政课程融入各类学科，提高课程的实效性和吸引力。在实践中，高校注重学生的参与性，引导学生自主学习，增强学习的深度和广度。这些措施在一定程度上有效地推动了高校思政教育教学的改革，取得了一定的成效。

某高校在思想政治教育教学改革中，针对学生对传统教育方式的抵触情绪，采取了创新的授课模式和教学内容。通过引入专业教育团队及实践教学项目，激发学生的学习兴趣和积极性，使思想政治教育更贴近学生实际需求。同时，高校还加强了师生互动，建立了开放的讨论平台，鼓励学生提出问题和思考，培养学生批判性思维和独立判断能力。这些改革措施有效地提升了学生的思想政治素质和综合能力，取得了一定的成果。而在政策引导下，高校将继续深化改革，促进教育教学质量的持续提升，为培养德智体美劳全面发展的社会主义建设者和接班人做出更大贡献。

通过政策引导下的实践，高校思想政治教育教学改革取得了显著成果。课程设置更加贴近学生实际需求，教学方法更加多样化，专业化教师队伍得到加强。同时，学生的思想政治素质得到提升，社会责任感和创新能力明显增强。

然而，要实现真正的改革，仍面临一些主要挑战。一方面是思想政治教育不断更新的需求，另一方面是教师队伍结构和水平不均衡的问题。如何更好地评估改革成果和社会影响也是亟待解决的问题，需要建立科学的评估体系，充分发挥改革的示范效应，提高社会对高校思想政治教育教学改革的认可度和影响力。

三、高校思想政治教育教学改革的成果分析

学生思想政治素质的整体提升是高校思想政治教育教学改革的重要目标之一。通过不断探索创新，高校在教育教学过程中积极引导学生树立正确的世界观、人生观和

价值观，培养学生独立思考、批判思维和创新能力，增强他们的社会责任感和使命感。在当前复杂多变的社会环境中，学生思想政治素质的整体提升需要学校和社会共同努力，促进学生全面发展，培养德智体美劳全面发展的社会主义建设者和接班人。高校应该不断改进教学方法，加强实践教学，提高学生的实际操作能力和解决问题能力，引导学生自觉树立正确的社会主义核心价值观，培养德才兼备的优秀人才。

教学教育质量的较量反馈：高校思想政治教育教学的改革已经取得了一定的成果，但也面临着一些挑战。当前，高校思想政治教育教学形势依然严峻，需要深化改革，完善教育体系。主要挑战包括教育内容单一、教学方法落后、学生参与度不高等问题。但通过不懈努力，一些高校已经取得了一些成果，教学教育的质量有了明显提高。然而，需要对这些成果进行进一步分析，找出不足之处，不断完善改进。只有把握好教学教育的质量，才能更好地推动高校思想政治教育教学的改革，为培养德智体美劳全面发展的社会主义建设者和接班人做出更大的贡献。

近年来，高校思想政治教育教学改革取得了令人瞩目的成绩，引起了社会各界的广泛关注与赞誉。社会评价认为，高校在思想政治教育教学改革中积极探索，倡导多元化的教学方法，不断提升学生的思想政治素养和能力。一些优秀的授课教师和教育工作者也因在这一领域做出的杰出贡献而受到社会的表彰和肯定。他们的先进事迹和创新成果激励着更多的教育工作者投身到高校思想政治教育教学改革的事业中，为建设社会主义现代化国家贡献自己的力量。社会对高校思想政治教育教学改革的认可与支持，无疑将推动这一事业取得更大的成就和进步。

对高校思想政治教育教学改革的成果分析中发现，改革过程中存在一些问题，主要包括对新形式新要求的适应不足、师资队伍建设不够完善、教学改革方案不够切合实际等。针对这些问题，可以提出一些改进方案，包括加强对新形势新要求的研究与把握、加大对师资队伍的培训力度、深化教学改革方案的细化和实施力度等。通过采取这些改进方案，有望进一步推动高校思想政治教育教学的改革，提升教育教学质量，培养更多具有创新精神和实践能力的人才。

第三节　高校思想政治教育教学改革的路径探索

一、经验分享与对比研究

在当前高校思想政治教育教学形势下，高校思想政治教育教学改革面临诸多挑战。然而，通过不懈努力，我国高校已取得了一定的成果。在改革的过程中，高校积极探索各种途径，不断完善教学方法和内容，实现了一系列积极的变革。同时，经验分享与对比研究也为改革提供了宝贵的参考。通过比较分析国内高校改革案例，我们可以看到各高校在改革中的优劣之处，为今后的改革提供了借鉴和启示。希望在未来的道路上，高校能够继续努力，不断探索，取得更加显著的成果。

国外高校在思想政治教育教学方面一直处于不断探索与改革的进程中。他们注重培养学生的思想品德，注重理论与实践相结合，不断推动教学方法和内容的革新。与我国相比，国外高校在思政教育方面更加注重学生个性发展，提倡自主思考和创新能力培养。他们倡导开放的教学模式，鼓励学生从多元化的视角去思考和表达观点。总体而言，国外高校在思政教育方面的做法给我们提供了很多启示和借鉴，我们可以从中汲取经验，不断完善我国的高校思政教育教学体系，促进学生全面发展。

高校思想政治教育教学改革需要面对当前的挑战，但也取得了一些成果。在进行改革的过程中，我们需要不断探索新的路径，并与其他高校进行对比研究，分享经验。通过总结实践经验，我们可以获得启示，进一步推动高校思想政治教育教学改革取得更大的成果。只有不断前行，不断尝试创新，我们才能适应时代的发展，培养出更加优秀的学生，为国家的发展贡献更多的力量。愿我们的努力能够让高校思想政治教育教学改革走向成功的道路，为教育事业的发展做出更大的贡献。

高校思想政治教育教学改革中引进和借鉴的教育理念和路径主要包括树立以人为本的教育理念、强调实践和创新能力培养、注重培养学生的思想品德和社会责任感等。这些理念和路径的引进与借鉴，使得思政教育更加贴近学生的需求和生活实际，有助于提高教育教学质量。

当前教育现状下，高校思政教育需要更加注重培养学生的综合素质，提高他们的自主学习能力和创新意识。借鉴先进的教育理念和路径，有助于填补传统教育弱化实践性、创新性的缺陷，促进学生全面发展。

这些教育理念和路径的引入，对高校思政教育具有积极影响和意义。它们不仅促进了思政教育与时俱进，还有助于激发学生的学习兴趣和潜能，培养他们的自主学习和创新能力，提高思政教育的实效性和针对性。

二、试点示范与影响研究

高校思政教育教学试点示范项目是在改革创新的基础上实施的一项重要举措。该项目旨在通过试点示范，推动高校思政教育教学质量的提升，激发学生的思想活力和创新精神。项目的内容涵盖了教学目标的明确、教学方法的创新、教学内容的丰富多样等方面。

在项目的实施过程中，教师们采用了多种灵活有效的教学方法，如案例教学、互动讨论、实践活动等，使学生能够更好地理解和掌握思政课程中的重要知识点。同时，项目还通过开展多样化的教学活动，如讲座、讨论、调研等，激发了学生的学习兴趣和参与热情。

总的来说，高校思政教育教学试点示范项目在激发学生学习积极性、提升教学质量、促进教师教学能力提升等方面取得了显著成效，为高校思想政治教育教学改革提供了有益的经验和启示。

试点示范项目的效果评估和经验总结显示，通过对新教育模式的实践，学生的思想政治素养得到了提升，政治意识和使命感得到了增强，社会责任感也得到了培养。同时，在教学过程中也发现了一些问题，例如教师在新教育理念下的角色转变、课程内容的更新与重构等方面仍存在一定阻碍。这些挑战需要我们进一步思考和解决。

在试点示范项目中，通过合作式学习、互动式教学等多种教学方式的尝试，学生的参与度和学习兴趣明显提高，教学效果显著。这为高校思想政治教育教学改革提供了宝贵的经验和启示。总的来说，试点示范项目的实施对高校思想政治教育教学改革起到了积极的推动作用，为未来的教学改革指明了方向。

试点示范项目的成果在其他高校的复制与推广效果，取得了一定的成功。一方面，一些高校在复制推广过程中遇到了困难，比如缺乏人才和资源，教师的接受度不高等挑战。另一方面，也有一些高校在复制推广中取得了一些成功经验，比如建立了多层次的推广机制，利用完善的培训体系提升教师的教学水平，同时加强与学生的互动，营造了浓厚的思政教育氛围。

在复制推广过程中，高校可以借鉴成功经验，吸取教训，因地制宜地开展思政教育教学改革。只有在不断总结和实践中，高校才能逐步完善思政教育教学改革的路径，实现思政教育的长远发展目标。通过多方的合作与努力，高校思想政治教育教学改革一定能取得更加显著的成果。

高校思政教育改革的社会影响评估是非常重要的，改革对社会带来了一系列正面和负面影响。通过改革，高校思政教育更加贴近学生实际需求，促进学生的全面发展，培养了更加符合社会需求的优秀人才。改革也促进了教育教学的创新，提高了教师的教学水平和教学质量，为教育体制的进一步优化提供了借鉴和参考。

然而，高校思政教育改革也存在一些负面影响。一方面，改革可能导致传统教育价值观的冲突和碰撞，引发社会对教育内容和方向的质疑和争议。另一方面，改革可能带来一定程度的不稳定性和不确定性，需要社会各界的支持和配合来应对挑战。

高校思政教育改革的社会影响是双重的，其中既有积极的正面效果，也存在一定的负面影响。对于社会而言，应该全面评估改革的影响，从中积极借鉴和学习，促进教育事业的健康发展。

三、教育教学改革的前瞻性思考

在当前的高校思想政治教育教学形势下，面临着诸多挑战。针对这些挑战，高校思想政治教育教学改革已经取得了一些成果，但仍有待进一步分析和探索。通过路径的探索和前瞻性思考，未来高校思政教育教学改革的方向和目标将更加清晰。希望通过教育教学改革，提升学生的综合素质和思想政治素养，助力他们积极进取、服务国家和社会的能力，使其成为德才兼备、全面发展的社会主义建设者和接班人。未来的高校思政教育教学改革将致力于构建立德树人的教育体系，促进学生全面发展，为实现中华民族伟大复兴的中国梦贡献力量。

社会发展与思政教育的对接方案的成功实施，不仅需要高校深化教育教学改革，更需要注重培养学生的创新意识和实践能力。为了更好地促进学生全面发展，在教育教学改革中，需要强化对学生个性发展的重视，激发他们的学习兴趣和动力。同时，应加强师生互动，构建良好的师生关系，使师生共同成长。还要积极探索跨学科教育模式，打破传统学科界限，促进不同学科之间的融合，培养学生的综合素养和批判性思维能力。综合运用创新教学手段，鼓励学生参与各类实践活动，培养他们的实践能力和社会责任感，为社会发展提供更多有价值的人才。

在高校思想政治教育教学改革的道路上，科技创新与教学变革的结合是至关重要的一环。当前，随着科技的不断进步和发展，教育教学方式也在不断地变革创新。然而，面临着思想政治教育教学改革的主要挑战，我们需要在传统的教学方式中融入科技创新的因素，以提高教学质量和效果。通过结合科技创新和教学变革的路径探索，我们可以更好地适应现代教育的需求，实现高校思想政治教育教学改革的目标。因此，未来的教育教学改革需要更多地注重科技创新与教学变革的结合，以推动高校思想政治教育教学不断向前发展，取得更加显著的成果。

当前高校思想政治教育教学形势复杂多变，主要挑战在于学生理论素养不足、教学方式单一、教育资源分配不均等方面存在问题。面对挑战，高校思想政治教育教学改革积极探索创新，取得了一定成果，如推动教学内容更新、引入互动教学方法等。然而，仍需深入分析改革的实际效果和问题，进一步探索未来改革的路径，注重校园文化建设与思想政治教育的整合策略，为高校思想政治教育教学改革提供方向和支持。

第四节　思政教育教学改革的未来展望

一、高校思想政治教育教学改革的战略部署

在当前高校思想政治教育教学形势下，面临着严峻的挑战。高校思想政治教育教学改革必须立足于现状，不断探索前进的道路，实现真正的成果和效益。通过认真分析已取得的成果，找出不足之处，并积极探索更加有效的改革路径。在教育教学改革中，必须具有前瞻性思考，树立创新意识，做好规划与目标的制定，为未来的改革奠定坚实基础。展望未来，高校思想政治教育教学改革的战略部署将是关键所在，只有在明确长期规划和目标的基础上，才能实现高校思想政治教育教学的全面发展和提升。

具体改革重点的部署方案：高校思想政治教育教学改革的重点包括提升教师教学水平、建设多样化教学资源、开展创新教学模式、加强学生的实践能力培养等方面。针对当前形势下存在的主要挑战，必须采取相应的对策，不断探索符合高校实际的改革路径。通过持续的努力与实践，我们相信高校思想政治教育教学改革将迎来更为美好的未来，为培养社会主义建设者和接班人做出更大的贡献。

在高校思想政治教育教学改革的过程中，教学改革的考核与绩效评价显得尤为重要。通过科学的考核评估机制，可以有效衡量教学改革的成效，促进教师和学生的积极参与，提升教学质量与效果。在评价体系建设上，要注重因材施教，综合评价师生的学习、创新和实践能力，确保评价过程公平、公正、客观。同时，应建立完善的绩效激励机制，激发教师的教学热情与创新动力，引导学生积极参与学习，营造良好的教育教学氛围。只有通过科学的考核与绩效评价，才能推动教学改革不断深化和提升，实现高校思想政治教育教学改革的可持续发展。

针对高校思想政治教育教学改革的重要性，学校管理层应当承担起责任，建立监督机制确保改革顺利实施。管理层需要加强对教师队伍的培训，提高其教育教学水平，激励其参与改革实践。同时，管理层还要加强对学生的引导和教育，培养他们的思想政治觉悟和实践能力。监督机制方面，则需要建立完善的评估体系，定期对改革成果进行评估，及时发现问题并加以解决，确保改革的顺利推进。只有管理层承担起责任，建立有效的监督机制，高校思想政治教育教学改革才能取得更加显著的成果。

政府管理的协调支持是高校思想政治教育教学改革的重要保障。当前，政府重视教育事业发展，出台了一系列支持政策，为高校思想政治教育教学改革提供了有力支持。政府部门加大了对高校思想政治教育教学改革的经费投入，推动了改革措施的落实。同时，政府加强与高校的沟通与协调，提供政策指导和行业监督，促进了思政教育教学改革的顺利进行。政府的协调支持，为高校思想政治教育教学改革提供了坚实的政治基础和政策支持，为高校教育事业的发展奠定了坚实的基础。

二、高校思想政治教育教学改革的可持续发展

在高校思想政治教育教学改革的过程中,持续改进的机制与措施显得尤为重要。通过建立健全的教学评估体系,定期对教学质量进行评估和监控,及时发现问题并采取有效措施加以改进。同时,加强师资队伍建设,提高教师的教学水平和思政教育专业知识,不断优化教学内容和方法,确保教学质量持续提升。加强与社会各界的交流与合作,借鉴国内外先进的教育理念和经验,为高校思想政治教育教学改革提供更多的思路和支持。只有如此,高校思想政治教育教学改革才能不断向前推进,实现可持续发展的目标。

高校思想政治教育教学改革的核心是教育资源的合理配置,只有如此才能实现可持续发展。当前,高校思想政治教育面临挑战,但也取得了一定的成果。在这样的背景下,需要深入探索路径,思考未来发展方向。教育教学改革不仅需要前瞻性思考,更需要立足实际情况,做好现状分析,确保改革取得成效。只有如此,在合理配置教育资源的基础上,才能实现高校思想政治教育教学的转型升级,为未来展望创造更加有利的条件。通过不懈努力,我们有信心实现高校思想政治教育教学改革的可持续发展,为培养优秀人才贡献力量。

高校思想政治教育教学改革需要社会的积极参与和有效反馈机制,只有社会各界的支持和监督,才能推动改革向前发展。社会参与可以促进改革措施的落实和改进,使思政教育更加符合时代需求和学生实际。同时,建立有效的反馈机制可以及时了解改革的实施效果和问题,为进一步的探索提供参考和支持。社会参与与反馈机制的完善,是高校思想政治教育教学改革可持续发展的重要保障,也是推动未来教育教学工作不断前行的关键因素。随着改革不断深化和完善,社会参与与反馈机制将发挥更加重要的作用,共同推动高校思想政治教育教学改革不断取得新的成果。

当前高校思想政治教育教学形势较为严峻,面临着诸多挑战和困难。高校思想政治教育教学改革的主要挑战在于传统模式滞后、学生需求多样化等方面。然而,高校思想政治教育教学改革取得了一定的成果,取得了一定的进展。在现状与成果方面,虽然仍存在一些问题,但整体上取得了一定的改革成果。未来,高校思想政治教育教学改革需进一步探索路径,加强前瞻性思考,展望未来并努力实现可持续发展。学校文化建设与教育质量保障是重要的保障措施,对高校思想政治教育教学改革有着重要的意义。

三、高校思想政治教育教学改革的国际合作与交流

在高校思想政治教育教学改革的国际合作与交流方面，借鉴国际经验是必不可少的。通过与国际上先进经验的交流，可以为我国高校思想政治教育教学改革提供更多的启示和支持。国际合作可以促进思政教育教学的国际化，提升我国高校教育水平。同时，通过开展国际交流，还可以拓宽教育教学的视野，增强我国高校思政教育的国际影响力。在国际经验的借鉴和交流中，我们需要保持开放的心态，积极吸收和应用国际先进理念和做法，推动我国高校思想政治教育教学改革走向更加健康和可持续发展的道路。

对接国际教育资源，是高校思想政治教育教学改革的重要环节。通过引进先进的教育理念和方法，可以为我国高校思政教育教学提供新的思路和实践经验，促进教学质量的提升。同时，与国际教育机构建立合作关系，可以拓宽学生的视野，增加国际交流的机会，培养学生的国际化意识和竞争力。在全球化背景下，国际教育资源对接与引进，不仅可以促进高校思政教育教学的国际化发展，还有助于提高我国高等教育的国际影响力和竞争力。

随着全球化的深入发展，高校思想政治教育教学改革已经成为国际合作的重要领域。跨国教育项目的合作与创新不仅可以促进不同国家之间的经验交流和互相学习，还可以提高学生的全球化视野和跨文化沟通能力。这种合作形式不仅有助于推动教育教学改革的进程，也有助于培养具备国际竞争力的人才。面对世界各国不同的教育体系和文化背景，高校思想政治教育教学改革需要借鉴国际先进经验，积极开展对外交流与合作，共同探索打造更加优质的教育教学体系。在未来，跨国教育项目的合作与创新将成为高校思想政治教育教学改革的重要路径，为推动思政教育事业的发展贡献力量。

高校思想政治教育教学改革需要注重国际合作与交流，扩大影响力。只有与国际接轨，才能更好地适应全球化教育发展趋势。借鉴国外先进经验，不断提升我国高校思政教育教学水平，树立我国在思政教育领域的国际声誉。在国际层面上，加强合作交流，共同推动思政教育教学改革的进程，与世界各国一起为人类的精神文明事业作出贡献。通过国际合作，使中国高校思想政治教育走向世界，提升国际影响力，为我国高等教育事业的发展注入新的活力和动力。

第二章　国家对高校思想政治教育的重视

第一节　政府出台相关政策支持

一、制定思想政治教育改革方针

在 A 国家，政府一直高度重视高校思想政治教育的发展，并出台了相关政策支持和制定了思想政治教育改革方针。其中，完善高校思想政治教育体系是一个重要举措。政府希望通过不断完善教育体系，提升高校思想政治教育的质量和效果，确保学生全面发展。这一举措是为了适应时代发展的需要，让高校思想政治教育更加符合时代潮流和学生实际需求，推动教育事业持续健康发展。因此，完善高校思想政治教育体系已经成为 A 国家教育领域的重要任务，也是实现高等教育现代化的必然要求。

为了进一步深化高校思想政治教育的改革，A 国家政府自觉加大了对这一方面的支持力度。政府出台了相关政策，制定了明确的改革方针，并且着重设立了思想政治教育专项资金，以确保改革措施的有效实施。这些专项资金将被用于支持高校开展思想政治教育改革实践的各项工作，包括教学内容更新、教学方法创新、师资队伍建设等方面。这一举措不仅有力地促进了高校思想政治教育的发展，还为广大师生提供了更好更全面的学习和教育资源，为培养德智体美劳全面发展的社会主义建设者和接班人打下了坚实基础。

二、推动高校思想政治教育教学改革

为了促进高校思想政治教育教学改革，A 国家政府出台了一系列相关政策支持，推动着这一改革进程的顺利进行。在这个过程中，引入先进的教学方法和手段显得尤为重要。通过引入多样化、创新性的教学方法，可以更好地激发学生的学习兴趣，提

高教学效果。同时，运用先进的教学手段，如互动式教学、多媒体教学等，有助于丰富教学内容，提升学生的学习体验。这些先进的教学方法和手段的引入，将有效地推动高校思想政治教育教学改革的发展，为培养具有社会责任感和创新精神的优秀人才提供更为有力的支撑。

近年来，A国家对高校思想政治教育的重视日益增强，政府陆续出台相关政策支持，推动高校思想政治教育教学改革。为了贯彻政策精神，许多高校纷纷开设多样化、创新性思政课程，旨在激发学生的思想、深化思想政治教育的实效性。这些课程涉及思想政治理论、国家政策、国际形势等内容，以多元化的教学方式和手段为学生提供带有深度和广度的学习体验。通过开设这些课程，高校在培养思想政治素养的同时，也在促进学生的综合素质提升和全面发展方面发挥了积极作用。

高校思想政治教育教学改革是当前中国教育体系改革的重要组成部分，A国家政府对此高度重视，出台了一系列支持政策，以推动高校思想政治教育教学改革的深入发展。加强师资队伍建设是其中重要的一环，只有有高素质的师资队伍，才能保障教育教学工作的有效开展。政府将重点加强教师培训，提高教师的专业水平和教学能力，不断完善教师评价机制，激励教师积极参与教学改革，促进师德师风建设。通过加强师资队伍建设，进一步提升高校思想政治教育教学的质量和水平，为培养德智体美劳全面发展的社会主义建设者和接班人做出积极贡献。

高校思想政治教育教学改革研究中，加强学生参与和评价体系建设是至关重要的一环。学生是高校教育的重要对象和受益者，他们的参与不仅可以增强他们对教育的主体性和自主性，更能够促进教育的质量和效果。建立健全的学生参与机制，激发学生的教育热情和学习动力，是高校思想政治教育教学改革的必然要求。同时，完善学生评价体系，让学生在教育过程中能够真实地表达对教学的感受和评价，有利于教师及时调整教学方法和内容，提高教学效果。只有加强学生参与和评价体系建设，才能使高校思想政治教育教学改革落地生根，真正实现教育的目标和效果。

三、开展思想政治教育评估和监督

在A国家对高校思想政治教育的重视下，政府出台相关政策支持，开展思想政治教育评估和监督。为了更好地确保高校思想政治教育的质量，建立评估机制是必不可少的。这一机制不仅可以帮助高校及时发现存在的问题，还能促进教育教学工作的改进和提高。通过坚持不断改进，高校思想政治教育教学工作将得到更好的发展和提升。

在A国家对高校思想政治教育的重视下，政府不断出台相关政策支持，督促高校加强思想政治教育评估和监督工作。通过开展评估和监督，可以有效地促使高校加强对思想政治教育工作的关注和重视，从而推动高校思想政治教育工作取得更好的效果。

同时，为了进一步提升思想政治教育的质量和水平，完善监督体系显得尤为重要。只有建立健全的监督体系，加强监督力度，才能够保证高校思想政治教育工作的规范性和有效性，确保教育目标的顺利实现。完善监督体系不仅是对高校思想政治教育工作的一种有力支持，也是推动高校思想政治教育教学改革的重要保障和支撑。

在高校思想政治教育教学改革中，加强权威部门监督和反馈机制是至关重要的。只有通过权威部门的监督，才能确保思想政治教育的质量和效果。权威部门的监督不仅能够促使高校认真履行教育教学任务，还能够及时纠正存在的问题，使教育教学更加规范和科学。通过反馈机制，可以让高校及时了解教育教学工作的优势和不足，及时调整改进，提高思想政治教育的针对性和实效性。加强权威部门监督和反馈机制，是推动高校思想政治教育教学改革不可或缺的重要环节。

第三章 高校思想政治教育面临的挑战

第一节 传统教学模式的滞后

一、课堂讲授方式单一

学生缺乏积极参与，这是当前高校思想政治教育教学改革的一个重要问题。传统的教学模式已经滞后于时代的发展，课堂上的讲授方式单一，缺乏足够的互动和引导，导致学生们对课程和学习的兴趣不高。学生们在课堂上缺乏积极参与的意愿，只是被动接受知识，而没有主动思考和探索的习惯。这种情况在一定程度上阻碍了学生们对思想政治教育课程的深入理解和应用，也影响了他们对自己思想政治素养的提升。因此，如何改变学生缺乏积极参与的现状，是当前高校思想政治教育教学改革亟待解决的问题之一。

传统的教学模式已经无法适应当今时代的要求，课堂讲授方式的单一性导致了教学效果的极大受限，教师往往难以激发学生的学习兴趣和积极性。面对这一现状，我们需要积极探索教学改革的路径，借助现代科技手段和创新教育理念，打破传统教学的束缚，激发学生的热情和创造力。只有不断推进教学模式的变革与创新，不断提升教学质量和效果，才能更好地适应和引领时代的步伐，为高校思想政治教育的改革和发展注入新的活力和动力。

二、老师教学理念滞后

传统教学模式的滞后，老师教学理念滞后。缺乏创新意识，面临严峻挑战。学校思想政治教育教学改革迫在眉睫。只有跟上时代步伐，才能更好地培养学生的思想品德，推动教育事业的发展。思政教育需要与时俱进，引入前沿理念和技术，激发学生的学习热情和创造力。只有不断探索创新，敢于改变、敢为人先，才能更好地应对外部挑战，打造符合时代需求的思政教育体系。

传统的教学模式在当今社会面临巨大的挑战，老师们的教学理念也相对滞后，导致教学方法显得陈旧。这种情况使得高校思想政治教育在教学过程中难以跟上时代的步伐，无法有效激发学生的学习兴趣和潜能。传统教学模式的滞后以及教师教学理念的滞后，使得高校面临着教学难题。而教学方法的陈旧更是让学生在学习过程中无法得到有效的引导和激励，导致教学效果大打折扣。因此，高校思想政治教育亟需进行教学改革，更新教学理念，创新教学方法，以更好地适应当今社会发展的需要，激发学生的学习热情和积极性。

教师水平的参差不齐是高校思想政治教育教学改革中一个较大的挑战。有些教师缺乏新的教学理念和方法，仍然固守传统的教学模式，使得教学质量无法有效提升。一些教师在专业知识、教学技能和教育理念方面存在差距，导致教学水平无法得到有效提高。这种参差不齐的教师水平不仅影响了学生的学习效果，也制约了整个高校思想政治教育教学改革的步伐。要解决这一问题，需要对教师进行系统的培训和提升，引导他们更新教学理念，提高教学水平，从而推动高校思想政治教育的全面发展。

高校思想政治教育教学改革研究显示，教学资源匮乏是 B 高校思想政治教育面临的重要挑战之一。学校缺乏足够的先进的教学设备和教学资源，使得教学内容和方式相对陈旧，难以满足学生多样化的学习需求。教师在教学中也常常会受到教学资源匮乏的影响，无法充分发挥自己的教学能力。这种情况导致了教学质量无法有效提升，学生成长受到了一定程度的阻碍。因此，必须加大对教学资源的投入，引进先进的教学设备和资源，以提升教学质量和效果。同时，加强对教师的培训和支持，使其能够更好地利用有限资源开展教学工作，促进高校思想政治教育教学改革的顺利推进。

教学课程设计不够科学，是当前高校思想政治教育教学改革中面临的一大挑战。传统教学模式的滞后导致了教学课程设计的不足，缺乏科学性使得教学内容难以达到学生的需求。教师需要更新教学理念，紧跟时代潮流，才能更好地指导学生，使他们真正受益于思想政治教育课程。教学课程设计的科学性对于教学质量的提升至关重要，只有不断完善课程设计，使之符合学生的学习特点和需求，才能更好地促进高校思想政治教育教学改革的顺利进行。

三、学生学习动力不足

在当前高校思想政治教育教学中，传统教学模式的滞后已经成为一个不容忽视的问题。学生学习动力不足，唯分数论导致学生功利化的情况也愈发严重。这种现象不仅影响着学生的综合素质和思想觉悟，也挑战着高校思想政治教育教学的本质和目标。

传统教学模式的滞后使得学生在获取知识和培养能力方面存在一定的障碍，学习过程中缺乏主动性和创新性。唯分数论导致学生过分追求成绩，忽视自身的全面发展和思想品质，使得学生变得功利化，只以追求高分为唯一目标。这些挑战着高校思想政治教育教学改革的步伐和方向，需要我们认真思考和有效应对。

高校思想政治教育面临的挑战之一是传统教学模式的滞后。学生学习动力不足，思想政治课程内容呆板，缺乏新颖性和吸引力，导致学生学习兴趣不高，学习效果不佳。这种情况要求我们进行教学改革，探索创新的教学方法和手段，激发学生的学习热情和积极性，使思想政治教育更加生动和有趣。只有不断更新教学理念，注重课程内容的针对性和实用性，才能更好地适应当代大学生的学习需求，提高思想政治教育的质量和效果。

学生参与度低下，已经成为当前高校思想政治教育教学改革的一大挑战。传统的教学模式使得学生对教育内容产生了厌倦，学习动力不足，导致他们在课堂上缺乏积极性，参与度低下。这种现象在教学过程中严重影响了教学效果，也不利于学生的成长和发展。因此，如何激发学生的学习兴趣，提升他们的参与度，已经成为当前高校思想政治教育面临的重要问题。要解决这一挑战，需要采取一系列切实有效的措施，从教学内容、教学方法、学生参与形式等方面入手，促进学生的积极参与，提升教学质量。

四、教学管理体制僵化

在高校思想政治教育教学改革研究的过程中，我们不得不直面传统教学模式滞后的现实挑战。这种滞后表现在教学内容、教学方法和教学手段的更新不及时，导致教学效果受到限制。教学管理体制的僵化也是一个影响因素，过分依赖传统规章制度，不能灵活运用现代教学管理理念和技术手段，造成高校教学活动失去灵活性和创新性。学校管理体制的滞后更是制约高校思想政治教育教学改革的重要原因之一，随着社会的发展和学生群体的多样化，学校管理体制需要更灵活和适应性强的改革措施，以促进高校思想政治教育教学的全面提升。

在当前高校思想政治教育教学改革中，部门职责不明确是一个令人担忧的问题。各部门之间职责划分不清，导致教学工作常常无人负责、无人监管。各部门之间缺乏有效的沟通和协调，教学管理上存在重复劳动和信息不畅通的情况。教职工在工作中常常不知道应该向谁汇报、应该向谁请示，导致效率低下、决策滞后。部门职责不明确也容易导致责任推诿、事务处理不及时，影响教学教研工作的开展。因此，解决部门职责不明确的问题，需要建立清晰的工作流程和职责分工，明确每个部门的职责范围和工作职能，加强各部门之间的沟通与协作，从而提升高校思想政治教育的整体管理水平。

面对高校思想政治教育教学改革研究所面临的挑战，学校组织协调不够密切是一个必须解决的问题。学校内部各部门之间缺乏有效的沟通和协作，导致了教学资源的浪费和教学效果的下降。学校领导部门需要加强对教学管理的整体规划和统一部署，建立起更加有效的协调机制，促进各个部门之间的有效沟通和合作。只有通过加强学校组织协调，才能真正推动高校思想政治教育教学的改革，提升教育质量，培养出更加优秀的人才。

教学质量监控不到位，是当前高校思想政治教育教学改革中面临的重要挑战之一。在传统的教学体系中，监控机制不够完善，导致教学质量无法得到有效把控和提升。学生参与度不高，学习效果无法及时评估反馈，教学过程中存在的问题无法及时解决，教师的教学方法和内容也无法得到及时的调整和改进。教学质量监控不到位不仅影响了教学效果，也影响了学生的学习积极性和成长发展。因此，加强教学质量监控，建立科学有效的评估体系，对提高高校思想政治教育教学质量具有重要意义。

第二节　制约高校思想政治教育改革的因素

一、制度环境约束

高校思想政治教育面临着传统教学模式的滞后和教学管理体制的僵化的挑战，这些因素限制了改革的步伐。制度环境的约束和政策支持的不足也给高校思想政治教育改革带来了困难。在当前的背景下，需要不断突破传统教学模式，更新教学管理体制，同时寻求更多的制度环境和政策支持，才能推动高校思想政治教育实现新的突破和发展。

高校思想政治教育教学改革面临着诸多挑战，其中一个重要因素是制度规定难以跟进。传统的教学管理体制和教学模式滞后于时代发展的步伐，制度环境的束缚使得高校思想政治教育改革进程受到一定的制约。在这样的背景下，高校需要不断深化改革，积极应对制度规定带来的难题，寻找切实可行的解决方案，以推动高校思想政治教育教学改革不断向前发展。

二、文化传统束缚

高校思想政治教育面临的挑战之一是教学模式传统僵化。传统的教学模式在教学方法、内容、评价等方面存在局限性，无法满足学生多样化的学习需求和思想政治教育的目标要求。这种教学模式的滞后导致了教学效果的下降，学生的积极性和主动性受到压制。同时，传统教学模式在面对当今社会的发展和变化时缺乏应对之策，难以适应新时代的教育需求。因此，改革教学模式，引入创新的教学理念和方法，成为高校思想政治教育改革的当务之急。

学生观念保守是影响高校思想政治教育改革的重要因素之一。随着社会的不断发展和进步，学生们的观念往往会受到传统文化的影响而保守不前，这使得他们在接受新的教育理念和思想政治教育改革时存在一定的阻力。学生们可能会认为现行的教育模式已经足够，不愿意接受新的教育方式和内容，这将极大地制约高校思想政治教育改革的进程。因此，高校需要采取相应的措施来引导和教育学生，帮助他们树立开放、进取的观念，从而更好地适应当代社会的发展需求。

高校思想政治教育教学改革研究中，教师固守教育教学传统是制约改革的一个关键因素。传统教学模式的滞后和教学管理体制的僵化使得教师难以跳出固有的框架，难以更新教学内容和方法。文化传统的束缚也让教师很难有所突破，进一步导致高校思想政治教育教学改革难以落实。教师固守教育教学传统不仅使得教育教学缺乏创新和活力，也让学生无法获得多元化的教育资源，影响了思想政治教育的质量和效果。要推动高校思想政治教育教学改革，必须打破教师固守传统的思维定势，鼓励教师更新教学理念，探索创新教学方法，使教学更贴近学生需求，更符合时代要求。

在高校思想政治教育教学改革中，管理体制的保守态度是一大障碍。现行的管理体制往往难以适应新时代的需求，缺乏灵活性和创新性，导致教育改革进展缓慢。管理体制的保守性不仅影响了教师教学的自主性和创造力，也限制了学生的思想素质培养。如果不能打破管理体制的保守性，高校思想政治教育教学改革将无法取得实质性突破。因此，有必要对管理体制进行深刻的改革和创新，为高校思想政治教育的发展创造更加宽松、开放的环境。

在高校思想政治教育教学改革研究中，面临着传统教学模式的滞后以及教学管理体制的僵化等挑战。这些因素制约着高校思想政治教育的改革进程。同时，文化传统的束缚和社会传统观念对思想政治教育的影响也是不可忽视的。社会传统观念在一定程度上影响着高校师生的思想观念和行为表现，进而影响着思想政治教育的目标实现和效果。面对这种情况，高校的论文导师们需要深入研究这些因素如何影响思想政治教育，探讨如何突破传统观念的束缚，推动高校思想政治教育的改革和创新，以适应当今社会的发展需求。

三、技术手段滞后

教育技术设备滞后，导致高校思想政治教育的教学方式和手段陈旧落后。技术设备的滞后不仅影响了教学质量和效果，也制约了教育教学创新和改革的进程。缺乏先进的教育技术设备，使得教师在教学中难以灵活运用现代化科技手段，影响了思想政治教育的教学效果和吸引力。同时，学生也无法享受到最新科技带来的教育乐趣和启发，导致学生对思想政治教育的兴趣和参与度不高。教育技术设备的滞后，成为高校思想政治教育改革的一大制约因素，迫切需要加大对教育技术设备的投入和更新换代，推动高校思想政治教育教学的现代化转型和发展。

高校思想政治教育教学改革研究中，教学网络平台不够完善是一大制约因素。传统教学模式的滞后导致了教学内容和方式的单一化，难以满足学生多样化的学习需求。教学管理体制的僵化则限制了教师在教学过程中的灵活性和创新性，影响到教学质量的提升。技术手段的滞后让高校难以跟上时代的步伐，无法有效利用现代科技手段来提升教学效果。因此，要推动高校思想政治教育教学改革，必须加强对教学网络平台的建设和完善，提升教学资源的共享和整合，以适应当代大学生的学习需求和教育发展的新要求。

第三节　高校思想政治教育的改革方向

一、课程体系创新

高校思想政治教育改革的方向之一是拓展课程内容。传统教学模式的滞后和教学管理体制的僵化使得这一方向显得尤为重要。制约高校思想政治教育改革的因素之一是技术手段的滞后，因此需要在拓展课程内容方面进行创新。通过拓展课程内容，可以更好地适应当代大学生的学习需求，提高教学有效性，实现思想政治教育的全面发展。因此，高校应该不断探索拓展课程的新模式，丰富教学资源，创新教学手段，促进学生的综合素质提升，为高校思想政治教育改革提供有力支持。

在高校思想政治教育教学改革中，创新教学方式是非常重要的一环。传统的教学方式在滞后和僵化的状态下已经无法满足当代学生的需求，因此需要不断探索新的教学模式。通过引入现代化的教学理念和方法，可以激发学生的学习积极性，提高他们对思想政治课程的兴趣和理解。面对技术手段滞后的挑战，高校可以借助现代化的教学设备和平台，开展在线教学、实践教学等多元化的教学方式，使学生能够更好地融入学习过程中。通过不断创新教学方式，高校思想政治教育将迎来更加丰富和多元化的发展，为培养思想政治素质过硬的优秀人才提供更好的保障。

二、师资队伍建设

高校思想政治教育在面临挑战的同时，也迫切需要教师队伍的提升。教师作为教育的主体和重要力量，应当不断提升自身的专业素养。只有具备扎实的学术背景和丰富的教学经验，教师们才能更好地引导和激发学生的思想情感。因此，高校应该注重对教师的培训和激励，建立健全的师资队伍体系，为教师提供学术交流、教学实践等平台，激发他们的工作热情和创造力。同时，还应该加大对教师的考核力度，倡导教师们积极参与教育教学改革，不断提高教师队伍的整体水平，促进高校思想政治教育的蓬勃发展。

建立师资培养机制对于高校思想政治教育的改革至关重要。只有通过优质的师资队伍建设，才能够保证高校思想政治教育的质量和水平不断提升。而建立师资培养机制，则可以有效地激发教师的教育热情和创新能力，使其在教学过程中更加积极主动地引导学生，从而实现教育目标。同时，建立师资培养机制也可以为教师提供更多的成长机会和发展空间，帮助他们不断提升自身的教育水平和专业能力。通过不断培养和引进优秀的教师，高校思想政治教育的改革才能够取得更加显著的成效，为青年学生的思想政治教育提供更好的教育保障。

高校思想政治教育的改革方向在于加强师德师风建设，这是提高教学质量和效果的关键。当前，高校教师队伍中存在一些师德师风不端、教风不正的现象，迫切需要进行规范和引导。只有注重师德师风建设，加强对教师的道德约束和职业规范，才能真正实现教师的示范作用和引领作用。师德师风建设是高校思想政治教育改革的内在需要，是推动高校教育事业全面发展的重要举措，也是培养德智体美劳全面发展的社会主义建设者和接班人的根本保证。加强师德师风建设，不仅需要高校领导的重视和支持，更需要教师们自觉树立必须遵规守纪的意识，不断提升自身的道德修养和教育素质。师德师风建设不会一蹴而就，需要持之以恒地不断探索和完善，为高校思想政治教育教学改革提供坚实的道德基础。

第四节　高校思想政治教育改革的路径选择

一、教学模式创新

借助现代技术手段，高校思想政治教育教学改革面临着传统教学模式滞后、教学管理体制僵化、技术手段滞后等诸多挑战。只有加强师资队伍建设，推动教学模式创新，选择合适的路径，才能有效地推动高校思想政治教育的改革。

高校思想政治教育教学改革的方向要明确，需要重视现代技术手段的应用。只有不断地创新教学模式，引入先进的教育理念，才能更好地适应当今社会的发展需求，提高高校思想政治教育教学质量。借助现代技术手段，可以使教学更具互动性和趣味性，激发学生学习的积极性，促进他们的思想政治素质的全面提升。

在高校思想政治教育的改革中，多元化教学形式是一项重要的方向。传统的教学模式已经不能很好地适应当代大学生的需求，因此需要引入更多样化的教学方式和手段。多元化教学形式包括线上线下相结合的混合式教学、案例分析教学、团队合作教学等多种形式，可以更好地激发学生的学习兴趣和积极性，提升教学效果。同时，多元化教学形式也能够更好地满足不同学生的学习需求，培养他们的综合能力和创新思维。在高校思想政治教育改革的过程中，积极探索和推广多元化教学形式，将对提升教育质量和培养高素质人才起到积极的促进作用。

高校思想政治教育的改革方向是师资队伍建设和教学模式创新。传统教学模式的滞后和教学管理体制的僵化是制约高校思想政治教育改革的重要因素，而技术手段的滞后更加凸显了改革的紧迫性。因此，高校应当积极引进先进的教育理念和技术手段，不断完善师资队伍的素质和教学模式，鼓励学生参与到教学中来。只有这样，才能不断推动高校思想政治教育的改革进程，让教育真正成为培养人才、培养社会责任感和创新精神的重要平台。

二、课程内容更新

拓展课程范围：在高校思想政治教育改革的进程中，拓展课程范围是非常重要的一步。通过丰富多样的课程设置，可以为学生提供更广泛的视野和更深入的思考。在拓展课程范围的同时，也可以促进师生交流，增强教学质量。拓展课程范围还可以促进课程内容的更新和优化，为高校思想政治教育的改革注入新的活力。因此，拓展课程范围不仅是一种改革方向，更是高校思想政治教育发展的必由之路。

在高校思想政治教育教学改革过程中，部分学校存在着思想政治课程内容单一、不够生动有趣的问题。

以某省某高校为例，该校思政课程内容长期以来停留在传统理论学习上，缺乏与时俱进的内容更新和教学方法创新。学生们对于这些理论知识的接受度逐渐下降，导致思政课程教学效果不佳，学生成绩普遍偏低。

这种问题的存在不仅影响了学生对思政课程的学习兴趣和积极性，同时也制约了高校思想政治教育教学改革的进程。如何使思政课程内容更加生动有趣，成为当前高校思想政治教育改革亟待解决的问题之一。

为解决高校思想政治教育面临的挑战，引入前沿理论是必不可少的。例如，多元文化教育理论可以为高校思想政治教育提供新的视角，帮助学生更好地理解和尊重不同文化背景下的思想及观念。认知学习理论可以指导高校教师设计更具启发性和互动性的教学方式，激发学生的学习兴趣和思考能力。

这些前沿理论不仅可以对于高校思想政治教育教学的改革提供启示，同时也可以帮助高校更好地理解和应对现有问题。通过与实际情况的契合度分析，进一步探讨如何将理论与实践相结合，推动高校思想政治教育向更高水平迈进。

三、师资队伍建设

当前高校在思想政治教育方面的师资队伍建设存在着一些不足之处。一些老师的教学理念和方法滞后于时代发展，无法满足学生多元化的需求。部分教师在管理体制上过于僵化，无法适应高校思想政治教育教学改革的需要。

针对这种情况，建立师资培训机制显得尤为重要。通过培训，可以提升教师们的教学水平和管理能力，使他们更好地适应高校思想政治教育的改革步伐。然而，要建立完善的师资培训机制并不容易，可能面临诸多挑战，如资金投入、教师参与度以及培训效果的评估等问题。但只有不断努力，才能推动高校思想政治教育的教学模式向更加开放、创新和多元化的方向发展。

针对现有教师队伍的状况，师资队伍建设成为非常关键的问题。毕竟，教师是思想政治教育的重要承担者，他们的水平和素质直接影响着教育质量和效果。然而，在现实中，高校教师队伍中存在着一些问题，如教师数量不足、教师素质参差不齐、教师教学方法相对单一等。这些问题显然制约了高校思想政治教育的改革和发展。

教师队伍建设不仅仅要关注教师的数量和结构，更要关注教师的思想政治素养、教育教学水平和专业素养。要加强教师队伍建设，需要从选拔、培养、考核等方面入手，建立健全的教师培训机制，提高教师的综合素质，让他们能够更好地适应高校思想政治教育教学改革的需求。只有加强师资队伍建设，才能为高校思想政治教育的改革和发展提供有力的支撑。

激励教师的创新精神是高校思想政治教育教学改革的关键环节。当前，许多教师在思想政治教育教学中缺乏积极的探索与创新，主要是因为传统的教学模式使得他们习惯于墨守成规，缺乏对新理念和方法的接受和应用。教学管理体制的僵化也成为了教师创新的障碍，他们受到规章制度的束缚，难以在教学实践中尝试新的教学方式。

因此，要促进教师在思想政治教育教学中的积极探索与创新，首先需要从制度层面上解决问题。打破传统的教学管理体制，为教师提供更多的自主权和发展空间，鼓励他们尝试新的教学方法和手段。同时，加强对教师的培训和引导，提升他们的专业素养和创新能力，激励他们在思想政治教育教学上不断探索和创新。这样，才能真正推动高校思想政治教育教学的改革与发展。

教师评价机制在高校思想政治教育中扮演着至关重要的角色，但目前存在一些问题和局限。评价标准不够科学、客观，缺乏准确性和可操作性，容易陷入主观臆断和片面评价。评价方式单一，过于侧重学生意见反馈，缺乏对教师教学水平、教学方法和思想政治教育效果的全面评估。再者，评价结果过于功利化，往往以教学成绩和学术研究为唯一标准，忽视了思想政治教育的特殊性和重要性。

评价机制的制定和执行过程中缺乏民主、透明和公正，学校内部评价体系的建设尤为缺乏规范。教师评价机制的不完善直接影响了教师的教学积极性和创新能力，阻碍了思想政治教育教学的改进和提高。针对这些问题和局限，亟需探讨改善教师评价机制的途径和方法。

第四章 高校思想政治教育教学改革的重要意义

第一节 提升学生思想政治素质

一、加强爱国主义教育

加强爱国主义教育不仅可以增强学生对国家的认同感和归属感，更重要的是培养他们热爱祖国、忠于人民的情感和信念。爱国主义是中国特色社会主义的核心价值观之一，是高校思想政治教育的重要内容。通过爱国主义教育，可以引导学生牢固树立正确的国家观念、民族观念和荣辱观，提高他们的国家意识和社会责任感。

然而，在教学实践中，加强爱国主义教育也面临一些挑战和问题。一些学生对爱国主义教育缺乏兴趣，甚至存在对国家文化传统的误解和偏见。同时，全球化的影响也给爱国主义教育带来了新的挑战。如何在开放包容的背景下传承和弘扬中华民族优秀文化传统，是当前高校思想政治教育亟待解决的问题之一。

然而，当前高校思想政治教育教学改革中存在着一些问题和障碍。部分学生缺乏对国家、民族的了解和认同，缺乏爱国情怀和民族自豪感。教师队伍中缺乏国家意识和责任感，影响了对学生进行爱国主义教育的效果。再者，现有的教育体制和模式难以满足学生个性化、多样化的成长需求，导致教育内容和方式滞后于时代发展的要求。

一些外部因素也对高校思想政治教育教学改革产生阻碍，如社会价值观念的多元化和碎片化带来的挑战，以及新媒体的兴起给学生带来了更多的信息冲击，使得传统的爱国主义教育难以渗透到学生心中。

面对这些问题和障碍，高校思想政治教育教学改革亟需深入思考和有效应对。

增强学生的国家意识和使命感对于提升思想政治素质至关重要。国家意识是指个体对于自身国家的认同和归属感，使命感则是指个体对于国家发展和民族复兴的责任感和使命感。当学生具有强烈的国家意识和使命感时，他们更容易理解国家发展的重要性,更有动力为国家建设贡献自己的力量。

通过加强爱国主义教育,可以培养学生的国家意识和使命感。爱国主义教育是思想政治教育的核心内容之一,通过学习国家历史、了解国家发展现状以及弘扬中华优秀传统文化等途径,可以引导学生树立正确的国家观念和价值观,形成强烈的爱国情感。

因此,加强对学生国家意识和使命感的培养,对于提高大学生思想政治素质具有重要意义和必要性。只有让学生认识到自己作为国家的一员,才能更加深刻地理解党的路线方针政策,增强对国家发展的使命感和责任感。

正确的历史观对于高校学生来说至关重要。历史是人类经验的宝库,正确的历史观能够帮助学生认识历史,了解历史的发展脉络和规律,更好地理解国家的发展历程和当前的国际环境。然而,当前高校中存在着一些问题和挑战。一些学生对历史知识的了解不够深入,对历史事件和人物缺乏全面的认识,甚至存在历史盲点和误解。部分教师在教学中重视知识传授,但忽视历史思维和历史方法的培养。教学资源不够充裕,历史教材和教学内容缺乏创新和深度。同时,社会上流行着一些历史虚无主义和历史虚假观念,对学生正确历史观的塑造造成了一定的干扰和障碍。如何有效地解决这些问题,提升学生正确历史观的水平,是当前高校思想政治教育教学改革亟待解决的重要课题。

在当前社会风气日益浮躁、功利主义盛行的背景下,高校思想政治教育教学改革面临着严峻的挑战。学生的责任意识和社会担当日益淡化,大多只关注自身利益而忽视社会责任。这种现象的存在,给我们的教育工作带来了巨大困难,也反映出了教育改革的急迫性。

在高校思想政治教育教学改革中,如何更好地引导学生树立正确的责任观念和提升社会担当力,是一个亟待解决的问题。只有通过深入挖掘问题根源,寻找适合当代大学生的教育方法,才能有效地增强学生责任意识和社会担当,使他们在未来的人生道路上能够为国家、社会做出更多贡献。【243字】

二、提升政治思想素养

对于高校思想政治教育教学改革,强化学生的党性教育是至关重要的。党性教育不仅可以帮助学生树立正确的世界观、人生观和价值观,更重要的是可以增强学生的政治觉悟和思想品德,培养他们成为具有坚定理想信念和强烈责任担当的新时代青年。

然而,在当前高校思想政治教育教学改革中,存在一些问题和难点。例如,学生思想的多元化和复杂化给党性教育带来了挑战,传统的教育方式和手段已经无法满足学生的需求。同时,一些学生对党性教育的重要性和必要性认识不足,缺乏对党的信仰和忠诚,容易受到外部思想文化的影响。

因此，高校思想政治教育教学改革需要在处理好学生思想多元化和复杂化的前提下，找到有效的教育方法和路径，引导学生树立正确的政治信仰和坚定的党性立场。只有这样，我们才能真正提升学生的政治思想素养，为培养德智体美全面发展的社会主义建设者和接班人打下坚实基础。

通过高校思想政治教育教学改革，培养学生正确的政治信念，是提升政治思想素养的关键。正确认识政治理论，坚定政治信仰，是培养学生积极参与社会发展和国家建设的重要途径。然而，当前高校学生中存在政治信念淡薄、知识片面、认识失真等问题，这与社会环境、教育体制、教学方法等诸多因素有关。

社会环境中存在一定的价值取向和审美标准，也会对学生的政治信念产生影响。教育体制中对政治教育的重视不足、教学资源的匮乏等问题也妨碍了学生政治思想素养的提升。传统的教学模式和方式不够灵活多样，也制约了学生的思想政治教育效果。

因此，必须找准问题的症结，全面考虑各种因素的影响，才能有效地进行思想政治教育教学改革。

在当前社会环境下，学生的政治思想素养和辨识能力显得尤为重要。然而，高校思想政治教育教学改革在此方面仍面临一些问题和挑战。教学内容和形式相对单一，缺乏多样性和新颖性，难以引起学生的兴趣和思考。思想政治教育教学缺乏前瞻性和针对性，无法及时跟进社会思潮和政治变化，影响了学生的政治敏感性和辨识能力的培养。同时，学生们普遍存在政治冷漠和缺乏独立思考的趋势，这也给高校思想政治教育教学改革带来了一定的困难和挑战。针对这些问题，需要高校和教育部门认真思考和探讨，提出有效的改革措施和方法，以更好地提升学生的政治思想素质和辨识能力。

加强学生的宪法法律意识是高校思想政治教育教学改革的重要任务之一。当前，一些大学生对宪法法律知识的了解不足，缺乏对法律规范的认识和遵守意识。这种情况导致了一些学生在校园中的言行不当，甚至出现了一些法律纠纷和犯罪案件。不加强宪法法律意识的培养，将给学生的未来成长和社会实践带来许多隐患。

缺乏宪法法律意识的学生容易受到各种错误信息和极端思想的影响，对合法权利和义务缺乏清晰认识，容易受到各种非法行为的诱惑。这不仅会影响学生自身的成长和发展，也会对校园和社会秩序产生不利影响。因此，加强学生的宪法法律意识意义重大，需要通过多种途径和手段进行有效引导和教育。

高校思想政治教育教学改革的重要意义在于增强学生对维护国家利益的责任感。国家利益是国家生存、发展的根本所在，而高校学生是国家未来的建设者和接班人，他们的责任就在于维护国家利益。因此，高校思想政治教育应当着力培养学生的国家安全意识，让他们意识到国家安全与个人利益息息相关，应当为国家安全作出自己的贡献。

高校思想政治教育还应加强对国家文化自信的培养，让学生热爱自己的国家文化、历史、传统。只有通过深刻理解和认同国家文化才能真正产生对国家利益的责任感。通过这些教育，学生才能在实际工作中自觉地维护国家利益，为国家的繁荣稳定贡献自己的力量。

三、培养社会责任意识

高校思想政治教育教学改革的重要意义之一在于提升学生思想政治素质。通过新的教学方法和内容，学生可以更加深入地了解国家的政治制度和思想文化，从而不断提升自己的政治素质。同时，这种改革也可以培养学生的社会责任意识，让他们意识到自己作为一个公民应该对社会负责，为社会发展贡献自己的力量。高校思想政治教育教学改革还可以增强学生的社会参与意识，让他们更加积极地参与社会实践活动，成为社会的有益一员。通过这些改革，可以有效地提高学生的思想政治素质，培养他们成为具有社会责任感和参与意识的新时代青年人。

通过高校思想政治教育教学改革，可以培养学生的公民道德和法治观念，使他们在日常生活和社会交往中具备正确的行为准则和法律意识。这种教育不仅能够提高学生的自我修养和社会责任感，还可以帮助他们树立正确的道德观念和法治意识，促进社会和谐稳定的发展。只有通过深入的思想政治教育，学生才能真正理解并内化公民道德和法治观念，成为具有高尚品德和良好行为习惯的优秀公民。因此，高校在思想政治教育教学改革中应该加强对学生的道德教育和法治知识学习，为他们的全面发展和社会责任意识的培养打下坚实基础。

强化社会责任感是当前高校思想政治教育教学改革中的重要一环。通过课程设置和教学方法的创新，可以有效培养学生的社会责任意识，使他们能够更加积极地参与社会实践和公益活动，为社会发展贡献力量。这种强化社会责任感的做法不仅可以提升学生的思想政治素质，更重要的是可以培养出更多具有社会担当和使命感的优秀人才。只有让学生在学习的过程中不断感受到社会责任的重要性，他们才能在未来的工作和生活中真正做到心系社会、勇担责任。因此，高校应当加强社会实践教育，使学生在接触社会的过程中培养出正确的价值观和道德观，从而真正做到内化于心、外化于行。

高校思想政治教育教学改革的重要意义在于提升学生思想政治素质，培养社会责任意识，倡导文明互助和志愿服务精神。通过这样的改革，学生将更加注重思想政治教育的重要性，并能够更好地参与社会活动，担当起自己的社会责任。同时，倡导文明互助和志愿服务精神可以促进学生之间的互助合作，形成良好的社会风气，推动社会和谐发展。这种改革不仅有利于学生的个人成长，也为社会的进步和发展注入了新的活力。通过高校思想政治教育教学改革，可以培养更多具有使命感和社会责任感的新时代青年，为建设美好的社会作出积极贡献。

通过高校思想政治教育教学改革，可以更好地提升学生的思想政治素质，培养他们的社会责任意识，塑造他们的团队精神和协作能力。这些都是当代大学生需要具备的重要品质，对于他们未来的发展至关重要。高校应该在教育教学中注重培养学生的理想信念和价值观，引导他们树立正确的世界观、人生观和价值观，使他们具备积极向上的思想品质。同时，要注重教育学生承担社会责任，关注国家和民族的发展，培养他们在面对社会问题和挑战时能够勇挑重担，自觉担当的责任感。要通过团队作业等形式，引导学生学会团队合作，培养他们的团队精神和协作能力，让他们懂得在团队合作中实现个人价值，共同完成任务，实现共赢。这些都是高校思想政治教育教学改革的重要意义所在。

第二节 推动教学方法创新

一、创新教学手段

可以结合现代科技手段，如虚拟现实、人工智能、大数据等技术，开展思想政治教育教学改革。通过虚拟现实技术，可以让学生身临其境地感受历史事件，增强他们的历史认知和情感体验；利用人工智能技术，可以根据学生的学习情况和兴趣特点，个性化地进行教学内容推送和督导，提高学生的学习效果；而大数据技术则可以帮助教师更好地了解学生的学习情况，从而精准地制定教学计划和评价标准。

然而，要将这些现代技术手段应用到思想政治教育教学中，并不是一件易事。面对技术带来的挑战和变革，师生双方需要不断学习和适应，不断更新教学理念和方法。同时，也需要加强对技术的安全和合理使用，保障学生的信息安全和隐私。只有克服这些挑战，利用现代技术手段进行教学创新，才能真正提高高校思想政治教育的吸引力和效果。

互动式教学是一种以学生为主体，强调师生互动、学生互动、内容互动的教学方式。通过开展互动式教学，可以激发学生的学习兴趣，提高他们的参与度和思考能力。教师可以采用讨论、案例分析、角色扮演等形式，引导学生积极思考、独立分析，更好地理解和掌握教育内容。

互动式教学的特点是贴近学生生活，容易引发学生兴趣，激发他们对知识的求知欲。在思想政治教育中，通过互动式教学可以使学生更加深入地理解党的理论和政策，树立正确的世界观、人生观和价值观，提高其思想政治素质。

实施互动式教学的关键是教师要注重灵活运用各种教学手段，结合实际情况设计多样化的教学活动。同时，还需注意激发学生的积极性和创造性，使教学过程更加活跃和有效。通过不断探索和实践，高校思想政治教育教学质量将得到进一步提升，学生成长为德智体美劳全面发展的社会主义建设者和接班人的目标也将更加明确。

案例分析和问题解决教学法是一种注重实践性和动手能力培养的教学模式，通过引入真实案例和实际问题，激发学生的思考和讨论。这种教学法能够帮助学生将理论知识与实际情况相结合，提升他们解决问题的能力和实践能力。

在高校思想政治教育中，倡导案例分析和问题解决教学法能够使学生更加深入地理解理论知识的内涵和实质，培养其分析问题、解决问题的能力，提升他们的批判性思维和创新能力。通过引入具体案例，学生可以更加直观地感受到思想政治教育的重要性和实践意义，从而增强其对思想政治教育的认同和接受度。

在实施案例分析和问题解决教学法时，教师需要选取具有代表性和启发性的案例，引导学生分析案例背后的思想和逻辑，引发问题意识，激发他们的求知欲和探究欲。同时，教师要引导学生在解决问题的过程中，注重团队合作和集体智慧，培养学生的合作精神和团队意识。通过倡导案例分析和问题解决教学法，可以提升高校思想政治教育的有效性，促进学生思想政治素质的全面发展。

实践教学环节是高校思想政治教育的重要组成部分，通过实际操作来促进学生的思辨能力和解决问题能力。可以通过参与社会实践、参与社团活动、进行小组讨论等形式，让学生将所学理论知识应用到实际中去。内容设计可以围绕社会热点问题、历史事件解读等方面展开，让学生在实践中不断思考、探索，培养他们的批判性思维和创新能力。

评估方法也应当注重学生的实际表现，可以结合学生参与度、团队合作能力、解决问题的能力等方面进行评估。通过实践教学环节的设计和实施，可以有效提升学生的实践能力和解决问题的能力，使他们在思想政治教育中真正受益，达到思想政治素质全面提升的目标。

二、优化课程设置

通过注重践行育人，可以使思想政治教育更贴近学生实际生活，具有更强的感染力和影响力。在课程设置上，可以增加实践环节，如社会实践、志愿服务等，让学生在实践中学习和提升。同时，可以引入案例教学、讨论式教学等活动形式，激发学生的思考和探究欲望，培养学生的批判性思维和创新能力。

为了有效落实践行育人，高校可以建立相关评估机制，对教学效果进行定期评估和反馈，以促进教学改革的持续发展。教师也应注重自身的专业发展和能力提升，不断创新教学方法，提高教学质量。通过践行育人，高校思想政治教育能够更好地服务于学生的全面发展，促进学生成为德智体美劳全面发展的社会主义建设者和接班人。

为了强化思想政治教育课程的实用性和生活性，可以通过以下方式进行改革：一是引入案例分析教学，使学生能够将所学理论知识与现实生活相结合，提高学习的实际效果；二是开设社会实践课程，让学生亲身参与社会实践活动，培养他们的社会责任感和实践能力；三是注重培养学生的问题解决能力，通过讨论、研究等方式，让学生在解决实际问题中提升自己的思考能力和创新意识。

在实践中，一些高校已经开始尝试将思想政治教育课程与各专业课程相结合，通过跨学科的方式来强化课程的实用性和生活性。例如，某高校把思想政治教育融入到工程专业的课程中，让学生在学习专业知识的同时，也能够了解专业领域的伦理道德规范和社会责任。这种探索为高校思想政治教育教学改革提供了有益的经验和启示。

综合性课程设计是高校思想政治教育教学改革的重要一环。通过整合各学科知识，将思想政治教育融入到各个专业课程中，可以增强学生对思想政治教育的全面理解和认识。同时，综合性课程设计也有利于培养学生的批判性思维能力和综合解决问题的能力，促进学生在思想政治领域的自主探究和创新实践。

在实施综合性课程设计的过程中，教师需要注重理念的引领，坚持以学生为中心的教学理念，注重启发式教学方法的运用，激发学生的学习兴趣和参与度。评估标准也应该更加注重学生的思想政治素质的提升和能力的培养，而不仅仅是传统的学习成绩评价。通过加强综合性课程设计，可以更好地提升思想政治教育的整体效果，培养更加有社会责任感和创新精神的高校毕业生。

融入国际视野和比较研究是高校思想政治教育教学改革的重要途径之一。通过引入国际先进理念和方法，可以丰富思想政治教育内容，提升教学质量。比较研究可以帮助我们更好地了解不同国家和地区的教育制度和经验，并借鉴其成功做法，为我国高校思想政治教育改革提供借鉴和参考。

在融入国际视野和比较研究的过程中，我国高校可以开展学生交流项目、国际合作研究项目等，促进学术交流和合作。同时，也可以通过国际学术会议、论坛等平台，分享我国高校思想政治教育的经验和成果，与国际上的专家学者进行深入探讨交流，推动我国高校思想政治教育的不断创新和提升。通过融入国际视野和比较研究，可以更好地拓展思想政治教育的视野，为高校思想政治教育教学改革注入新的活力。

体验式学习是一种通过身临其境的活动来增强学生亲身体验的教学方式。其特点是让学生在实践中获取知识，通过亲自参与感受学习内容，从而更加深刻地理解和领会思想政治教育的重要性。在实施路径上，可以借助实地考察、模拟演练、角色扮演等多种形式，让学生身临其境，发挥自主性和创造性。

例如，可以邀请相关领域的专家学者来现场教学，组织学生参与社会实践活动，开展团队合作项目等。通过这些实践活动，学生将能够更好地理解和感受到思想政治教育的内涵和意义，培养出积极向上的态度和社会责任感。

因此，高校思想政治教育教学改革中强化体验式学习具有重要意义，可以真正激发学生的学习热情和动力，促进他们的全面发展和成长。

三、提升教师素质

通过强化师德师风建设，可以有效提升高校思想政治教育的整体教学质量。师德师风是教师职业的灵魂和核心，体现了教师作为思想政治教育者的道德修养和职业素养。高校应该注重培养教师的道德情操，引导他们始终以高尚的思想道德情操和良好的职业操守履行教育使命。同时，建立科学的评价标准，如教师的课堂表现、教学效果、对学生的关爱等方面进行评估，激励教师不断提升自身素质。只有教师本身具备了高尚的师德师风，才能真正影响和指导学生的思想政治教育，使之成为社会有用之才。

为提升教师课程设计水平，我们可以从多个方面入手。教师应该深入了解思想政治教育的发展需求，不断更新教学理念，不断充实自己的专业知识和教育教学经验。要善于运用现代教育技术手段，创新教学方法，提高教学效果，激发学生学习兴趣。注重课程设计的多样性和灵活性，结合学生的特点和需求，设计出有针对性的教学内容和方式。还应该不断开展教学实践，积累经验，不断总结和反思，不断提升自己的教学水平和能力。通过这些举措，相信教师们的课程设计水平将得到提升，更好地适应思想政治教育的发展需求。

教学团队的建设对于高校思想政治教育的提升至关重要。通过建设优秀的教学团队，可以确保教师们拥有专业知识和丰富的教学经验，提高他们的教学水平和教学效果。教学团队可以共同研究教学方法，开展跨学科的教学实践，促进教学方法的创新，提高教育质量。

为了培养高水准的教学团队，高校可以组织教师参加各类教育培训和学术交流活动，提升他们的专业知识和技能。同时，高校也可以鼓励教师参与教学科研项目，支持他们进行教学方法的探索和实践。通过这些举措，教学团队的建设将取得显著成效，为高校思想政治教育的改革和提升做出积极贡献。

提升教师综合素质，是现代高校思想政治教育教学改革的关键之举。教师综合素质不仅包括教学水平和学术造诣，还应兼顾道德修养、社会责任感和创新能力等。因此，高校应该建立完善的教师培训和评价机制，以提升教师的专业水平和教学技能。

在培养路径上，高校可以加强教师日常教学的观摩和交流，促进教师之间的互相学习和经验分享。高校也应该鼓励教师参与学术研究和教学实践，提升教师的学术水平和教学能力。

同时，建立继续教育机制也是关键之举。高校可以通过举办学术讲座、研讨会和培训班等形式，为教师提供持续的学习机会，帮助他们不断提升自身的综合素质和适应现代高校思想政治教育的要求。只有如此，才能更好地开展高校思想政治教育教学改革，提升学生的思想政治素质，培养具有社会责任感和创新能力的优秀人才。

鼓励教师参与教学改革研究是推动高校思想政治教育教学不断创新的重要途径。通过参与研究，教师可以深入了解教学现状和问题，激发教学创新的想法，并提出有效的改革方案。同时，教师积极参与研究也可以提升他们的教学水平和专业能力，不断改进教学方法和手段，更好地培养学生的思想政治素质和社会责任意识。

为了鼓励教师参与教学改革研究，学校可以建立健全的支持机制，包括设立专门的教学改革项目资助、开展教师培训和交流活动，激励教师参与研究。同时，学校也要重视教学改革研究成果的应用，鼓励教师将研究成果应用于教学实践中，促进教学质量的提高和教学效果的优化。通过这些措施，可以激励更多教师积极参与教学改革研究，推动高校思想政治教育教学不断创新和发展。

第三节　促进教育教学质量提升

一、增进师生互动

良好的师生关系是高校思想政治教育教学改革中至关重要的一环。师生关系的建立能够增进师生之间的互信和互动，从而更好地促进教学效果的提升。良好的师生关系能够激发学生的学习兴趣和积极性，使他们更愿意参与到思想政治教育中来。反过来，教师也能通过与学生建立良好关系，更好地发挥自己的教学潜力，提升教学质量。

构建良好的师生关系需要遵循一些维护原则，比如尊重学生的个性与尊严，倾听他们的意见与建议，及时关注并解决他们在学习生活中遇到的困难和问题。同时，教师也应该树立正确的权威形象，既要做到公正严谨，又要亲近和融入学生的生活，使师生之间形成一种相互尊重、相互理解、相互支持的良好关系。通过建立良好的师生关系，高校思想政治教育教学改革才能取得更好的效果。

为了实现教育教学质量的提升，高校思想政治教育教学改革需要强化教师与学生之间的沟通。为此，可以采取多种方式，如定期的面对面交流、建立在线沟通平台、利用社交媒体等渠道。通过频繁的沟通，教师可以更了解学生的学习情况和需求，及时调整教学内容和方法，提高教学效果。同时，学生也可以更加主动地表达自己的想法和困惑，促进学生思想政治素质的提升。

评估沟通效果也是必不可少的一环。可以通过课堂反馈、问卷调查等方式，及时了解教师与学生之间沟通的效果，发现问题并加以改进。只有通过有效的沟通，才能促进师生之间的互动，打造良好的教育氛围，实现思想政治教育教学改革的目标。

教师关心学生成长是高校思想政治教育教学改革中至关重要的一环。通过关心学生成长，教师可以更好地了解学生的需求、困惑和成长阶段的挑战，制定有针对性的教学计划，激发学生的学习热情和潜能。同时，关心学生成长也可以建立师生之间更加紧密的互动关系，增强师生之间的信任和沟通，促进教学效果的提升。

教师关心学生成长的方式多样，可以通过定期的个别谈话、心理辅导、学生综合素质评价等方式来实现。例如，在课堂上，教师可以倾听学生的意见和建议，及时调整教学方法和内容；在学生生活中，关心学生的心理状态和身心健康，给予适当的关怀和支持。通过这些方式，教师可以更好地引导学生健康成长，提升教育教学质量。

学生参与教学的积极性是高校思想政治教育教学改革的重要一环。然而，现实中存在着学生对教学内容不感兴趣、缺乏动力等问题。这可能是由于教学内容与学生的实际需求脱节，教学方式单一，缺乏趣味性等原因导致的。在课堂教学中，学生可能出现注意力不集中、敷衍了事等现象，导致参与度不高。

要提升学生的参与积极性，在教学中可以更加关注学生的需求，增加互动性，引入案例分析、小组讨论、角色扮演等活动，激发学生的学习兴趣。教师的教学方法也需要不断创新，注重启发式教学，调动学生的学习动机，让学生在学习中感到有趣和意义。

通过不断探索，改进教学方式，激发学生的参与热情，才能真正实现高校思想政治教育教学改革的目标，提升教育教学质量，促进师生互动，为学生成长发展提供更好的平台。

二、完善考核评价机制

科学的教学评价体系是提高教学质量的重要保障。通过科学评价，可以客观评估教师的教学水平和学生的学习效果，发现问题、改进方法，促进教育教学的持续发展。然而，当前的教学评价体系存在一些不足之处，如评价标准单一、评价内容过于片面等。

为了更好地发挥教学评价的作用，需要不断完善评价机制，提高评价的科学性和客观性。只有确保评价体系的科学性，才能更好地引导教学实践，促进高校思想政治教育教学改革不断深化。因此，建立科学的教学评价体系，成为高校思想政治教育教学改革中一个重要的环节。

通过推行多元化的评价方式,可以更全面、客观地评估学生的综合素质和能力水平。传统的教学评价方式主要侧重于学习成绩,而忽视了学生的综合能力和潜力。多元化的评价方式可以引入学生自评、同伴评、作品展示等形式,更好地激发学生的学习兴趣和自主性,促进学生全面发展。

推行多元化的评价方式还可以更好地激发教师的教学热情和创新意识。传统的教学评价方式以分数作为唯一标准,容易让教师陷入"填鸭式"教学,而多元化评价方式则可以使教师更加关注学生的学习过程和方法,引导学生主动参与课堂,促进教学效果的提升。

因此,在高校思想政治教育教学改革中,推行多元化的评价方式可以有效促进教学质量的提升,实现教育教学目标的更好落实。

学生成长性评价是评价学生在整个学习过程中的成长和发展情况,是一种综合性评价方法。当前高校思想政治教育教学评价中存在的问题是,评价主要侧重于学生的绩效表现,如考试成绩和论文成绩,而忽视了学生的个性发展和思想政治素质的提升。这种评价方式既不能全面反映学生的学习状况,也不能有效促进学生的全面发展。

鼓励学生成长性评价能够更好地激发学生的学习兴趣和潜能,促进学生的自主学习和创新能力的培养。通过关注学生的成长过程,不仅可以及时发现学生存在的问题,还能够为学生提供更加个性化的教育指导和支持。这样的评价方式不仅有利于学生的全面发展,也有助于提升整体教育教学质量。

教师专业发展评价是评估教师教学能力、学术水平和专业素养的重要指标。然而,目前教师评价体系中存在一些不足之处,比如评价标准单一,评价内容缺乏多样性,评价结果往往只强调数量指标而忽视了质量因素等。

因此,提升教师专业发展评价的重要性不言而喻。只有建立科学合理的评价体系,才能更好地激励教师的专业发展和教学创新,从而提升教育质量。同时,教师的专业发展评价也应当与教育教学质量密切相关,促进教师的综合素质提升,推动学生的思想政治教育水平。

因此,在高校思想政治教育教学改革中,提升教师专业发展评价至关重要,这不仅是对教师个人的激励,更是对整个高校教育教学质量的提升和改进的助力。

当前,高校思想政治教育教学改革中一个重要的问题在于课程考核与实际应用之间存在脱节。许多课程的考核方式过于注重理论知识的死记硬背,而忽略了对学生实际思想政治素养的培养。这导致了学生们在课堂上能够应付考试,却难以将所学知识应用于现实生活中。

课程考核与实际应用结合的重要性在于通过实际操作,激发学生积极性和创造性,使他们能够更好地理解和运用所学的思想政治知识。结合实际应用也能够增强学生的综合能力和实践能力，更好地培养学生的社会责任感和团队合作能力。

因此，高校思想政治教育教学改革需要重视课程考核与实际应用的结合，建立更科学的评价机制，使学生不仅能够在课堂上取得好成绩，更能够将所学知识运用于实际生活中，真正提升其思想政治素质和实践能力。

三、推进教学改革成果转化

然而，目前教学研究成果未能有效转化的问题仍然存在。一方面，一些高校教师缺乏将研究成果应用到实际教学中的意识和能力，导致研究成果无法得到有效推广和运用。另一方面，学校和部门之间的沟通和合作不够密切，教学研究成果的传播与推广渠道不畅，限制了成果的转化。

教学研究成果的转化对于提高教学质量至关重要。只有将研究成果有效地运用到教学实践中，才能真正地促进教学水平的提升和教育教学质量的改善。因此，高校应该加强对教师的培训，提升他们的教学研究能力和转化成果的能力。同时，学校应该加强与企业和社会的合作，拓展教学研究成果的应用领域，促进成果的广泛推广与应用。

推广成功教学案例是教学改革的重要一环。成功案例的推广可以帮助其他高校借鉴经验、总结教训，推动整个教育体系的不断完善和提升。然而，当前在推广成功教学案例时也面临着诸多困难与挑战。比如，不同高校之间的教学环境、资源配置、师资水平等存在差异，导致成功案例的复制性不高；还有一些教学案例可能在特定条件下才能成功，一旦脱离了特定环境，就难以达到预期效果。因此，在推广成功教学案例时，需要更多的深入研究和针对性措施，以确保在不同情境下的有效推广。只有通过不断摸索和实践，才能让更多的高校受益于成功教学案例带来的启发与借鉴。

高校思想政治教育教学改革的重要意义在于提升学生思想政治素质，培养社会责任意识，推动教学方法创新，提升教师素质，促进教育教学质量提升，推进教学改革成果转化。鼓励教学成果推广是为了将教学改革的成功经验和成果分享给更多的教育工作者，从而推动教育教学质量的全面提升。只有通过不断地鼓励教学成果的推广，才能真正实现教学改革的目标，让更多的学生受益，促进社会的进步与发展。

高校思想政治教育教学改革的重要意义体现在提升学生思想政治素质、培养社会责任意识、推动教学方法创新、提升教师素质、促进教育教学质量提升、推进教学改革成果转化以及建立教学改革成果宣传平台。建立教学改革成果宣传平台，将成果进行广泛传播，向社会展示高校在思想政治教育教学改革方面的成就，进一步推动教育教学质量提升，促进教学改革成果的转化和实践，为社会培养出更多具有高素质、创新精神和社会责任意识的优秀人才。

在高校思想政治教育教学改革中，强化宣传工作具有重要意义。通过广泛宣传教学改革的成果和经验，可以激发师生对思想政治教育的热情，引导他们积极参与改革实践，促进教学方法创新和教师素质提升。同时，加强宣传还能够推动教育教学质量的提升，为培养社会责任意识的学生打下坚实基础。通过宣传推进教学改革成果的转化，可以更好地将改革成果应用于实际教学中，提高教学效果，推动教育教学水平的整体提升。因此，强化教育教学改革的宣传工作是当前高校教育事业发展的必然需求。

四、增进学生创新能力

通过高校思想政治教育教学改革，可以更好地培养学生的自主学习能力。这种能力是学生在学习过程中逐渐培养和提升的，需要他们具备自我决策和自我管理的能力。通过引入创新的教学方法和培养学生的创新意识，可以激发他们的学习动力和自主学习的兴趣。学生在自主学习的过程中，能够更好地掌握知识和技能，培养批判性思维和问题解决能力。同时，自主学习也能够促使学生更好地适应社会和未来工作生活的需要，为其个人发展奠定坚实的基础。在这一过程中，教师的引导和激励作用至关重要，需要他们积极参与和支持学生的自主学习，为其提供必要的指导和支持。通过共同努力，学生的自主学习能力得以全面提升，为其未来的发展打下坚实的基础。

在高校思想政治教育教学改革中，提升学生问题解决和创新思维至关重要。通过创新教学方法和课程设计，学生将更加积极主动地解决实际问题，培养出创新思维和能力。这不仅有助于他们在学术领域取得更好的成绩，更能够顺利应对未来的挑战和机遇。高校教师应该引导学生思考，培养他们独立思考和解决问题的意识，激发他们的创新潜能。通过这种方式，学生将更加自信和有能力去面对未知的挑战，并在解决问题的过程中不断提升自己的能力。这样的教育方式不仅有利于学生个人发展，也将为社会创新和发展注入源源不断的活力。

在高校思想政治教育教学改革中，强化学生实践能力的重要性不言而喻。通过实践活动，学生可以将理论知识与实际情况相结合，提高自己解决问题的能力。实践能力的培养还可以让学生更加深入地了解社会的发展和变化，拓宽自己的视野，增强与社会互动的能力。通过参与各种实践活动，学生可以在实践中发现自己的优缺点，不断改进和提高自己。强化学生实践能力不仅可以帮助他们更好地应对未来的挑战，也可以培养学生的创新思维和实践能力，为其未来的发展奠定坚实的基础。

第四节 促进优质教育资源共享

一、强化高校资源整合

高校思想政治教育教学改革的重要意义在于提升学生思想政治素质、培养社会责任意识、推动教学方法创新，以及提升教师素质。通过这些改革措施，可以促进教育教学质量的提升，增进学生的创新能力，并促进优质教育资源的共享。同时，强化高校资源整合，推动高校资源共享，有助于发挥各高校的优势，实现资源的互补和共享，进一步提升教育教学水平，为高校教育事业的不断发展提供有力支持。

在高校思想政治教育教学改革中，加强教学资源进驻计划至关重要。这一举措可以提升学生思想政治素质，培养社会责任意识，推动教学方法创新，提升教师素质。同时，加强教学资源进驻计划也能促进教育教学质量的提升，增进学生创新能力，促进优质教育资源的共享，强化高校资源的整合。因此，高校应当认真倡导并实施加强教学资源进驻计划，以不断提高教育教学水平，促进大学教育事业的健康发展。

高校思想政治教育教学改革的重要意义在于提升学生思想政治素质，培养社会责任意识，推动教学方法创新，提升教师素质，促进教育教学质量提升，增进学生创新能力，促进优质教育资源共享，强化高校资源整合，鼓励资源互动共享。

二、促进教学资源开放共享

高校思想政治教育教学改革的重要意义，在于提升学生思想政治素质，培养社会责任意识，推动教学方法创新，提升教师素质，促进教育教学质量提升，增进学生创新能力，促进优质教育资源共享，促进教学资源开放共享，从而提升教学资源的开放度，实现高校教育资源的公平共享和高效利用。这样的改革对于促进学校教育的全面发展和提高教学质量水平具有重要的现实意义和深远的历史意义。

高校思想政治教育教学改革的重要意义体现在促进教学资源开放共享。建设教学资源开放共享平台可以有效整合教学资源，提供更多精品课程和教学内容，激发师生学习热情，促进学术交流和合作。通过平台，教师可以分享教学经验和教学方法，提升教师的教学水平和素质。学生也可以通过平台获取更多学习资源，培养自主学习能力和创新精神。教学资源的开放共享有助于提高教育教学水平，推动高校教育教学质量的提升，促进优质教育资源的共享与传播，推动整个教育体系的发展和进步。建设教学资源开放共享平台是高校思想政治教育教学改革的迫切需要，对于推动教育现代化、提高教学质量具有重要意义。

三、加强高校教育国际化

　　随着时代的发展和社会的变迁，高校思想政治教育教学改革显得尤为迫切。推动国际教育教学交流，不仅能够拓展学生的国际视野，提高他们的综合素质，更能够促进教师的专业成长，进一步提升教育教学质量。通过与国际教育机构的交流合作，我国高校将不断吸收借鉴先进的教学理念和方法，促进教学方法的创新，激发学生的学习兴趣，增进学生的创新能力。同时，加强高校教育国际化，可以推动教育资源的共享，为学生提供更广阔的学习空间，培养他们的社会责任意识，促进优质教育资源的共享和利用。最终实现高校教育走向国际化，为培养具有全球竞争力的人才打下坚实基础。

　　高校思想政治教育教学改革的重要意义在于提升学生思想政治素质，培养社会责任意识，推动教学方法创新，提升教师素质，促进教育教学质量提升，增进学生创新能力，促进优质教育资源共享，加强高校教育国际化，提升教育国际竞争力。这些举措不仅有助于学生提升自身素质，增强综合竞争力，还有利于高校教育走向国际化，提升国际竞争力。高校应当注重提高教育教学质量，促进学生全面发展，以全球化视野推动教育体系变革和教学方法创新，使之更加符合国际标准，为培养具有全球竞争力的优秀人才做出积极贡献。

　　高校思想政治教育教学改革对于提升学生思想政治素质具有非常重要的意义。通过培养学生的社会责任意识，推动教学方法创新，提升教师素质，可以有效促进教育教学质量的提升，增强学生的创新能力。同时，这种改革还促进了优质教育资源的共享，加强了高校教育的国际化。特别是强化国际化教学队伍的建设，不仅可以提升教学质量，还可以促进高校与国际教育机构的合作，为学生提供更广阔的发展空间。在这样一个国际化的背景下，高校的思想政治教育教学改革显得更加迫切和重要。

第五章　培养学生正确的思想政治观念

第一节　培养学生的思想政治素养

一、引导学生正确理解国家政治制度

在高校思想政治教育教学改革研究中，论文导师应当致力于培养学生正确的思想政治观念，提升学生的思想政治素养。通过引导学生正确理解国家政治制度，可以帮助他们更好地融入社会主义制度体系，并且深入解读国家政策法规的意义，让学生明白这些政策法规对于国家和社会的重要性。论文导师的工作不仅仅在于传授知识，更在于引导学生树立正确的政治观念，培养他们成为具有高度政治素养的新时代公民。在这个过程中，论文导师的引领和指导起着至关重要的作用。

政治形势对于大学生的思想政治教育至关重要。作为大学的论文导师，我们应该致力于培养学生的正确思想政治观念，引导他们正确理解国家政治制度，并分析国家政治形势的深层含义。这样，我们才能确保学生在未来的社会生活中，具备良好的思想政治素养，成为具有民族责任感和使命感的优秀公民。因此，在高校思想政治教育教学改革的研究中，我们要注重思想政治观念的培养，引导学生正确看待国家政治形势，使他们在实践中能够清醒地认识政治现实，增强政治洞察力和应变能力。这样，我们才能为国家和社会培养出更多政治忠诚、信仰坚定的新一代民族建设者和接班人。

二、强化学生的法治意识

在高校思想政治教育教学改革中，推进宪法教育是至关重要的一环。通过培养学生正确的思想政治观念，加强学生的法治意识，可以有效提升学生的思想政治素养，帮助他们更好地理解和尊重宪法。推进宪法教育可以使学生深入了解宪法的重要性和

价值，引导他们树立法治观念和法治意识，促进法治精神的传承和发展。通过系统的宪法教育，学生能够全面认识宪法的法律地位和作用，增强民主法治意识，健全思想道德和法律观念，提升政治修养和责任意识，培养有法治思维和法治观念的合格公民。通过推进宪法教育，可以为高校学生的思想政治教育提供更为坚实的理论基础和具体实践指导，为学生成长成才提供更为坚实的基础支持。

高校思想政治教育教学改革研究，是当前中高等教育领域亟需解决的问题。论文导师在培养学生的思想政治素养方面扮演着关键角色，需要强化学生的法治意识，特别是强调法律尊严的重要性。只有这样，学生才能正确理解和尊重法律规定，树立正确的道德观念和法治观念。因此，教师们要意识到教育的责任和使命，引导学生正确对待法律，弘扬法治精神，从而培养出更多符合社会需要的高素质人才。强调法律尊严不仅是一种理念，更是一种行为准则，我们必须在教学过程中注重对学生进行法治教育，引导学生正确看待法律，自觉遵守法律，使他们成为遵纪守法的好公民。

三、培养学生社会责任感

在当今社会，强调公民意识已经成为高校教育的重要内容之一。作为一名论文导师，我们要注重培养学生正确的思想政治观念，着重培养学生的思想政治素养以及社会责任感。只有通过教育，学生才能树立正确的公民意识，担当社会责任，积极参与社会活动，推动社会的进步与发展。因此，教育教学改革需要以培养学生的公民意识为核心，引导学生树立正确的社会认同感和责任感，使他们成为有担当、有理想的社会主义建设者和接班人。只有这样，我们的高校教育才能更好地服务于国家和社会的发展，为构建和谐社会、实现中华民族伟大复兴贡献力量。

在高校思想政治教育教学改革中，重视培养学生正确的思想政治观念，提升学生的思想政治素养和社会责任感。通过鼓励学生参与社会公益活动，可以帮助他们深入了解社会现状，拓展视野，培养关爱他人、助人为乐的品质。同时，参与公益活动能够促进学生的自我成长和实践能力，培养他们积极向上、奉献社会的精神。高校论文导师应该引导学生认识到参与社会公益活动的重要性，鼓励他们积极参与，将其所学知识与实践相结合，不断提升自我，为社会发展贡献自己的力量。

然而，在高校思想政治教育教学中，团队合作精神的培养却常常被忽视。学生应该在团队中学会相互尊重、合作、协调，但实际上很多教学活动更偏向于个人竞争，缺乏团队合作的实践机会。这种情况使得学生缺乏团队协作的经验和能力，对社会中的团队工作无法适应。

同时，在现实社会中，团队合作能力已经成为一个重要的素质要求。但在高校教学中，团队合作精神的培养仍然存在许多问题和挑战。教师们需要重新审视教学方法和内容，为学生提供更多的团队合作机会，让他们在实践中学会合作、协调和共同努力，以更好地适应未来社会的发展需求。

在高校思想政治教育教学中，提倡文明礼仪是至关重要的一环。文明礼仪不仅仅是一种形式，更是一种态度和修养的体现。然而，在实际教学中，不同学生群体对文明礼仪的理解和实践情况却存在着差异。

一部分学生能够自觉遵守规则，尊重师长，礼貌待人，形成良好的行为习惯。另一部分学生则存在着问题，对文明礼仪的重要性认识不足，行为举止不够得体。这种现象一方面可能与家庭教育和社会环境有关，另一方面也与个人修养和教育机构的引导有关。

四、培养学生的民族自豪感

在传承中华优秀传统文化方面，高校的教育实践已经取得了一定成效。通过课堂教学、文化活动等形式，学生逐渐了解和尊重中华优秀传统文化，增强民族自豪感和文化认同感。然而，也存在一些不足和挑战。部分学生缺乏对传统文化的兴趣，对历史文化知识了解不够深入，传承工作面临困难。同时，随着社会变革的加速和信息化进程的深入，传统文化的传承和发展也面临新的挑战。因此，高校在传承中华优秀传统文化方面仍需进一步探索和完善，以更好地培养学生正确的思想政治观念和素养，让他们积极参与中华优秀传统文化的传承和发展。

虽然高校思想政治教育在弘扬民族精神方面发挥了一定的作用，但也存在一些局限性。一方面，有些学生缺乏对民族文化的了解和认同，导致对传统文化的关注和热爱不足。另一方面，一些思想政治教育课程教学内容过于枯燥，缺乏吸引力，难以引起学生的兴趣和投入。

思想政治教育课程与时代潮流不符合，无法及时更新内容，难以引导学生树立正确的世界观、人生观和价值观。因此，有必要对高校思想政治教育进行深入思考和改革，以更好地引导学生树立正确的思想政治观念，提升其民族自豪感，弘扬民族精神。

高校思想政治教育在培育学生民族认同方面的实践着眼于培养学生正确的思想政治观念，提升他们的思想政治素养，引导学生树立民族自豪感，最终形成民族认同。通过课堂教学和各种教育活动，高校致力于引导学生深刻认识民族文化的重要性，增强对民族优秀传统的认同和传承，激发学生对国家和民族的使命感和责任感。

然而，实践中也存在一些问题。一些学生对民族认同缺乏深刻理解，甚至产生认同危机；教师在教育教学中缺乏有效的引导方法，难以激发学生的自我认同意识。因此，高校需要进一步加强对民族认同教育的研究和探索，提升教学质量，使学生在学习过程中深化对民族的认同，实现个体与群体、自我与他者之间的和谐统一。

然而，高校思想政治教育在增强学生民族自信心方面存在一定的局限性。一方面，学生的民族意识受到多元文化的冲击，传统的民族自信心受到挑战。另一方面，一些学生缺乏深入了解自己民族文化的机会和意愿，导致他们对民族认同感的缺失。一些学生受到外部信息的干扰，出现对国家发展前景和民族自信心的怀疑。

因此，高校思想政治教育需要更加灵活多样的方式和手段，来引导学生树立正确的民族自信心。以历史故事、文化传统、先进事迹等为案例，让学生深入了解民族精神的伟大意义，从而增强他们的民族自信心。同时，也要重视学生的多元文化背景，帮助他们形成包容性和多元化的民族观念。只有如此，高校思想政治教育才能更好地发挥作用，培养学生的民族自信心。

第二节 提升思想政治教育实效性

一、创新教育方法

对于高校思想政治教育教学改革的研究，是否制定了多元化的教学方案显得尤为重要。在现有的教育体系中，针对不同的学生群体和背景制定相应的教学方案，可以更好地提升思想政治教育的实效性。同时，对现行的教育方法与教学内容进行评估，了解其与学生实际需求和时代潮流的匹配度，也是十分必要的。只有在不断调整和完善的过程中，思想政治教育才能更好地适应社会发展的需要，培养出更多具有正确思想政治观念和民族自豪感的优秀人才。因此，高校应当积极探索教学改革的路径，创新教育方法，不断完善思想政治教育体系，推动教育事业不断向前发展。

可以通过运用互动式教学模式来提高思想政治教育的效果。可以利用多媒体教学工具，如PPT、视频等，激发学生的兴趣和参与度。设计教学活动，如小组讨论、辩论等，让学生在实践中学习，促进他们思维的活跃。还可以采用案例分析、角色扮演等方式，让学生身临其境地体验和探讨一些思想政治问题，从而加深对知识的理解和记忆。

通过创新教学方法，不仅可以激发学生的求知欲和学习兴趣，更能够培养他们的批判思维和判断能力。互动式教学模式不仅可以让学生更好地理解和接受思想政治教育的内容，更可以提升思想政治教育的实效性，使学生在实践中更好地运用所学知识，培养正确的思想政治观念，提高思想政治素养，增强民族自豪感。因此，高校思想政治教育教学改革应该不断创新教学方法，积极运用互动式教学模式，促进学生全面发展。

案例教学在高校思想政治教育中具有重要意义和作用。通过具体案例的分析、讨论和解决，可以帮助学生更加深入地理解和把握理论知识，提升他们的实践能力和思辨能力。选取生动具体的案例，能够引起学生的兴趣和共鸣，激发他们对思想政治教育的热情与参与度。

选择和设计合适的案例对于案例教学至关重要。合适的案例应当具有教育价值，能够引起学生的思考和讨论，同时也要贴近学生的生活和实际情况，易于引发学生共鸣和思考。在设计案例教学时，教师们可以结合学生的特点和需求，选取能够引起学生兴趣和激发思考的案例，通过讨论、辩论等方式引导学生深入思考和凝练观点。

案例教学可以在课堂教学、讨论研究、实践活动等环节中进行具体应用。通过案例教学，可以使思想政治教育更加具体、生动，提高教学的实效性和学生的教育质量。因此，高校在思想政治教育教学改革中引入案例教学具有重要意义，有利于培养学生积极向上的思想政治观念和素养。

以创设角色扮演情境的方式，可以让学生在模拟的现实场景中展开思想政治讨论和互动。在课堂上，教师可以设计不同的角色扮演活动，让学生扮演不同社会阶层或政治角色，从而激发他们对于社会和政治问题的思考和表达能力。通过这种方式，学生可以更加深入地理解各种思想观点的差异和辩证性，提升他们的批判性思维和表达能力。

为了评估角色扮演活动的效果，可以采用学生表现评估、小组讨论总结以及学生反馈等多种方式。通过观察学生在角色扮演过程中的表现和思考，可以评估他们对于所扮演角色的理解程度和对于思想政治问题的思考深度。同时，让学生进行小组讨论，总结活动中的收获和感悟，可以帮助他们更好地领会课堂教学所要达到的教育目的。通过学生的反馈意见，可以及时修正和改进教学方法，提升课堂教学的实效性和吸引力。通过创设角色扮演情境，可以有效提升高校思想政治教育的教学质量和影响力。

二、注重实践教育

通过设置社会实践环节，可以让学生将所学的思想政治理论知识转化为实践能力。社会实践活动可以是参观实践、社会调研、社会服务等形式，帮助学生深入社会、了解实际情况，培养他们的社会责任感和参与意识。设计和组织社会实践活动要紧密结合课程教学内容，突出教育教学的实践性和针对性，同时要充分考虑学生的个性特点和兴趣爱好，激发其参与的热情和积极性。

评估学生在实践中的表现和成长也至关重要。可以通过实践报告、实践总结、实践成果展示等形式进行评价，注重对学生的动手能力、团队合作能力、解决问题能力等方面进行全面评估。通过评估，可以及时发现学生在实践中存在的问题和不足，为他们的进一步发展提供指导和帮助。社会实践环节的设置和有效评估，将有助于提升高校思想政治教育教学改革的实效性，培养更加具有使命感和责任感的高素质人才。

为了提升高校思想政治教育的实效性，我们需要注重实践教育，并安排实地考察活动。实地考察活动可以让学生亲身感受到社会的多样性，拓宽他们的视野，培养他们正确的思想政治观念和民族自豪感。

在实地考察活动中，我们可以组织学生参观国家机关、企事业单位、社会团体等，让他们了解不同组织的运行机制和管理模式。同时，还可以安排学生参与社会实践活动，让他们亲身体验社会服务的意义和价值。

通过实地考察活动，学生不仅可以学到书本知识，更能够接触真实的社会环境，提升自身综合素质。案例分享显示，实地考察活动可以有效促进学生的思想政治素养和民族自豪感的培养，为高校思想政治教育的改革提供有力支持。

通过开展思想政治主题讨论活动，可以帮助学生加深对思想政治问题的认识，增强他们的思想政治素养。选题要贴近学生实际生活和学习，引起学生的共鸣，激发学生的思考。讨论形式可以多样化，如小组讨论、辩论赛等，让学生在碰撞思想的过程中提高自身的认知水平。讨论活动流程要设计合理，注重引导学生自主探究，激发学生思考的热情和动力。通过这些活动，学生将更加深入了解国家政治、历史等重要议题，提升自身的思想政治素养，培养正确的思想政治观念，增强民族自豪感，进而提高思想政治教育的实效性。同时，实践教育也应结合思想政治主题讨论活动，让学生在实践中增强对思想政治工作的认识。通过这些措施，高校思想政治教育的教学改革将更加深入人心。

可以看到，举办思政知识竞赛是提升高校思想政治教育实效性的重要举措之一。通过竞赛的方式，可以激发学生学习思政知识的兴趣，增强他们的主动性和参与性。竞赛活动的设计应当注重知识的全面性和系统性，既考察学生对基本理论的掌握，也考核他们对时事政治的了解和分析能力。在组织过程中，可以设置团队合作环节，培养学生良好的团队合作精神和沟通能力。

通过思政知识竞赛，不仅可以提升学生的思想政治素养和认同感，还可以促进学生更加深入地了解国家政策和法律法规，培养他们正确的思想政治观念和民族自豪感。举办思政知识竞赛是高校思想政治教育的有益补充和延伸，可以有效推动学生思想政治学习的深入和全面发展。

可以通过开展社会调研活动，让学生深入社会现实，了解社会问题，增强对社会的认知和责任感。通过实地调研、问卷调查、访谈等方式，激发学生的参与性和实践能力，使他们在实践中思考、在思考中实践，从而培养学生正确的思想政治观念和社会责任感。社会调研不仅可以加深学生对社会的了解，还可以激发学生的求知欲和研究兴趣，促进他们的思想政治素养的提升。同时，社会调研也可以帮助学生树立正确的人生观和价值观，培养他们的民族自豪感和社会责任感，提升思想政治教育的实效性。

因此，加强社会调研在高校思想政治教育中的作用和意义不可忽视，应当成为思想政治教育的重要内容和途径。

三、强化评估机制

的内容体系可以包括政治信仰、思想道德、法治意识、社会责任等方面。方法上可以采用问卷调查、面试、观察等多种手段，结合定量和定性分析，全面评估学生的思想政治观念形成情况。利用现代信息技术，开发智能化的评估工具，提高评估效率和准确性。

观念测评在评估学生思想政治素养和教育效果方面具有重要意义。通过观念测评，可以及时了解学生的思想动向、政治立场，发现并纠正不良思想倾向，引导学生树立正确的世界观、人生观、价值观。同时，观念测评还可以帮助教育者了解教育教学工作的效果，为今后的教学改进提供参考和依据。

设立学生思想政治观念测评是高校思想政治教育改革中不可或缺的一环，通过科学评估学生的思想政治素养，促进高校教育事业的健康发展。

通过定期进行教学效果评估，可以及时发现教学存在的问题和不足，及时调整教学内容和方法，提高教学的针对性和实效性。评估内容应包括学生的思想政治观念、素养、态度和行为等方面，通过问卷调查、课堂观察、小组讨论等方式进行综合评估。

评估频率一般可以设定为每学期进行一次，针对不同课程和不同年级进行评估。通过评估结果，可以及时调整教学设计和教学方法，推动思想政治教育教学的改革和创新。

教学效果评估在指导思想政治教育实践中的作用和价值不容忽视。它可以帮助教师调整教学策略，提高教学质量，促进学生的全面发展。同时，评估结果也可以作为高校教学管理和教师考核的重要依据，推动高校思想政治教育教学的高质量发展。

四、强化师资队伍建设

专业素养培训是教师在思想政治教育教学领域不断提升自身能力和水平的重要途径。这种培训包括理论研讨、案例解析、教学方法探讨等多种形式，旨在帮助教师深入了解思想政治教育的理论体系，熟悉相关教学技巧，提高教学质量。通过参加培训，教师们能够获取到最新的教学理念和方法，提升自身的教学水平，更好地引导学生树立正确的思想政治观念，增强思想政治素养，培养民族自豪感。培训还能够促进教师之间的交流与合作，形成相互学习、共同进步的氛围，为提升思想政治教育的实效性奠定基础。因此，加强师资队伍建设，提供专业素养培训，是高校思想政治教育教学改革的重要举措。

教师是高校思想政治教育的重要组成部分，他们的参与对于教学改革研究至关重要。高校可以设立相应的研究机构或团队，鼓励教师参与研究项目，并提供相应的资源支持。高校可以组织各种形式的研讨会、讲座等活动，为教师提供交流和学习的平台。同时，高校还可以设立奖励机制，对那些在研究活动中取得突出成绩的教师给予表彰和奖励，激励更多教师积极参与研究活动。

教师参与研究活动不仅可以提升教师的专业水平和研究能力，还可以拓展教师的视野，激发教师的创新意识和探索精神。通过参与研究活动，教师可以不断更新自己的教学理念和方法，提高教学质量，推动思想政治教育教学的改革和发展。因此，高校应该积极倡导和支持教师参与研究活动，为思想政治教育教学改革提供更加坚实的基础。

学科交叉培训是一种新的教学模式，通过学科融合与交叉，提升教师的综合素养。具体内容包括邀请其他学科的教师到思政课堂进行授课，组织跨学科研讨会和项目合作等。这种方式不仅拓展了教师的视野和知识面，也加深了教师对学科融合与交叉的理解。

学科交叉培训对教师跨学科思想政治教育教学能力的影响和促进作用是显著的。教师在跨学科学习中提高了自身的综合素养和教学水平，能够更好地将不同学科的知识与思政教育内容进行结合，使学生更易理解。同时，学科交叉培训也激发了教师们的创新意识和跨学科思维能力，促进了思政教育的深度和广度，提升了教学质量和效果。因此，加强学科交叉培训对高校思想政治教育教学改革至关重要。

通过支持教师学术成果转化的方式和机制，可以提高教师的学术研究积极性，激发他们的创新意识。一方面，学校可以设立相关的奖励机制，给予取得学术成果转化的教师一定的奖励和荣誉，鼓励他们在思想政治教育领域进行创新性的研究。另一方面，学校可以建立专门的转化平台，提供资源和支持，帮助教师将研究成果转化为实际教学课程或者教材。

学术成果的转化对于教师专业素养和思想政治教育教学水平的提升起到了重要作用。通过转化实践，教师可以将自己的研究成果具体应用到教学中，提高自身的教学水平，增强专业素养。同时，这也能够激发学生的学习兴趣，促进思想政治教育的深入开展，达到提升教学实效性的目的。强调支持教师学术成果转化，对于高校思想政治教育教学改革有着积极的推动作用。

教师教学质量的提升是高校思想政治教育教学改革的核心内容之一。要加强师德师风建设，引导教师树立正确的教育价值观和职业道德观，做到言传身教，以身作则，成为学生的榜样。教师需要不断提升教学能力，不仅要熟练掌握教学内容，还要注重教学方法和手段的创新，使学生能够在轻松愉快的学习氛围中获得知识和感悟。教学方法的创新也是提升教师教学质量的重要途径，教师可以尝试多种教学方式，如案例分析、小组讨论、互动问答等，激发学生的学习兴趣和参与度，从而提高思想政治教育的实效性。通过以上措施的综合推进，可以有效提升教师教学质量，为高校思想政治教育的深化和提升注入新的活力。

五、强化教材建设

更新教材内容是推动思想政治教育教学改革的重要举措。随着社会不断发展变化，教材内容也需要不断更新，以确保教育内容的时效性和贴近性。通过更新教材内容，可以使教学内容更加贴近时事和社会热点，帮助学生更好地了解国家政策和法规，培养他们正确的思想政治观念。同时，更新教材内容还可以提升学生的思想政治素养，增强他们的民族自豪感，激发他们对国家和社会的责任感和参与感。强化教材建设还可以提升思想政治教育的实效性，使学生能够更好地将所学知识应用于实际生活中，更好地为国家和社会发展做出贡献。因此，更新教材内容对于推动思想政治教育教学改革具有重要意义。

可以说，引进国际先进思政教育理念对高校思想政治教育教学改革具有极其重要的意义。国际先进理念的引进可以丰富高校思政教育的内涵，拓展教育领域，促进学生的全面发展。通过借鉴国外成功经验，我们可以更好地培养学生正确的思想政治观念，提升其思想政治素养和民族自豪感，使思想政治教育更加具有针对性和实效性。

引进国际先进思政教育理念还可以强化高校的教材建设，更新教学内容和方法，提高教学质量。同时，这种改革还会带来积极的影响，如促进师生之间的互动和交流，提升高校的国际竞争力，推动高校思想政治教育教学向更高水平发展。因此，引进国际先进思政教育理念对高校思想政治教育教学改革是必不可少的。

以提升教材的建设质量为重点，制定适应学生特点的教材是高校思想政治教育教学改革中的关键一环。当前的教材存在着内容过于抽象、难以理解、脱离实际生活的不足之处。为了更好地引导学生树立正确的思想政治观念，培养他们的思想政治素养和民族自豪感，教材的内容应更加贴近学生的实际需求和生活经验，注重引导学生从实践中体会和认识思想政治教育的重要性和意义。通过强化教材的建设，可以提升教学效果，更好地达到培养学生正确思想政治观念的目的。因此，在高校思想政治教育教学改革中，制定符合学生特点的教材具有重要意义和影响。

第三节　推动思政教育课程改革

一、进行课程内容创新

设计新思政教育课程的意义和目的在于适应时代发展需求，引领学生积极主动参与国家建设和社会发展。新课程应该体现创新性、实践性和个性化，通过多样化的教学方法和案例，激发学生的兴趣和热情。同时，新课程还应注重培养学生的创新意识和批判思维，引导学生形成正确的世界观、人生观和价值观。

为了更好地设计新思政教育课程，需要采取开放性的研究方法，充分倾听学生、教师和社会的意见和建议，确保新课程能够贴近学生的需求和现实情况。还需要加强师资队伍建设，培养具有专业知识和教学经验的教师，提高他们的教学水平和教育能力，为课程改革提供有力支持。

跨学科思政教育的引入将为思政教育课程改革带来新的活力和动力。通过跨学科的教学方式，学生将不仅仅在思政教育课堂上学习相关知识，还能够将其运用到其他学科的学习中。这种互相促进的关系将有助于培养学生更加全面和深刻的思想政治素养，提升他们的综合能力和思维能力。

跨学科思政教育的引入还将有助于加强学生对思想政治教育的认识和理解，增强他们的社会责任感和使命感。通过与其他学科的交叉融合，思政教育将更贴近学生的实际学习和生活经验，使之更易于接受和理解。这将有效提升思政教育的实效性，为学生正确树立政治观念和塑造积极向上的人生态度打下坚实基础。

然而，在高校思想政治教育中，实践教学环节仍存在不少不足之处。实践教学的场景往往缺乏真实性，无法真实反映社会现实，导致学生对所学知识的理解和运用能力不够深入。实践教学的数量也存在不足，学生的参与度和体验度不高，难以达到预期的教学效果。因此，如何完善高校思想政治教育中的实践教学环节，将是接下来需要思考和解决的问题之一。只有加强实践教学环节，才能更好地培养学生正确的思想政治观念，提升他们的思想政治素养，培养他们的民族自豪感，从而推动思想政治教育的实效性，实现全面的思政教育课程改革。

加强热点话题融入思政课程教学，可促使学生更加主动参与讨论，增强他们对时事政治的关注和思考能力。通过引入热点话题，可以更好地贴近学生的生活和兴趣，激发其学习兴趣和热情。同时，热点话题的引入也能帮助学生拓宽视野，了解社会现实，培养批判思维和辩证思维能力。

通过融入热点话题，思政课程可以更好地与时代接轨，抓住学生的心理需求，提升课程的吸引力和感染力。同时，教师可以借助热点话题引导学生深入思考、辩证分析，培养学生独立思考和判断能力,提升其综合素养。因此,结合热点话题进行思政教育教学改革具有重要的意义和价值,有助于推动高校思政教育工作不断迈上新台阶。

在高校思想政治教育中,引导学生自主思考具有重要意义。学生在自主思考的过程中,能够主动探索问题的深层次含义,培养独立思考和分析问题的能力。通过自主思考,学生可以更好地理解和吸收思政教育中的知识内容,形成自己对于思想政治问题的独立见解,进而提升思政教育的实效性。

针对学生自主思考的重要性,教师在课堂教学中应该采取积极引导的方式,鼓励学生提出自己的见解和观点,引导他们从不同角度思考问题。同时,在思政教育课程改革中,也应该加强课程内容创新,设计更具启发性和互动性的教学内容,激发学生思考的热情和动力,促进他们对思政教育的积极参与。只有通过引导学生自主思考,才能更好地培养他们的思想政治素养和民族自豪感。

二、增加课程体验感

通过创设沉浸式思政教学环境,可以让学生更加深入地参与到课程中,增加他们的课程体验感。这种环境可以通过营造精致的教室氛围、丰富多样的互动教学方式以及实践性强的教学内容来实现。学生将在这样的环境中更易于产生认同感和参与感,从而更好的接受和理解思政教育的内容。

在沉浸式思政教学环境中,学生可以通过亲身参与、实践体验等方式,深入感受到思政教育的重要性和价值。同时,他们也可以在实践中逐步培养正确的思想政治观念和提升思政素养。这种教学模式有助于激发学生的学习兴趣,促进学生的全面发展,进一步提升思想政治教育的实效性。

多媒体技术的应用在高校思想政治教育中具有重要意义。通过多媒体技术,学生可以更加生动地感受到教学内容,增加他们的课程体验感。例如,利用多媒体技术可以展示生动的图片、视频、音频等资源,让学生更加直观地了解和体验到思想政治教育的重要性和深度。

多媒体技术还可以帮助教师更好地呈现教学内容,提升教学效果。通过多媒体演示,教师可以将抽象的理论知识具象化,使学生更容易理解和接受。同时,多媒体技术也可以带来更加多样化的教学方法,激发学生的学习兴趣,提高教学效果。

在未来的高校思想政治教育教学改革中,多媒体技术的应用将会起到越来越大的作用,为提升教学效果和增加课程体验感做出积极贡献。

三、倡导创新思政教育理念

个性化教学模式是一种以学生为中心，根据每个学生的特点和需求来制定教学方案的方法。在高校思想政治教育中，推崇个性化教学模式可以更好地激发学生的学习兴趣和主动性，使他们更愿意参与到思政教育中来。通过个性化教学，可以更好地满足学生多样化的学习需求，培养他们独立思考、自主学习的能力。

个性化教学模式对思政教育改革的意义和作用在于，可以更好地培养学生的思想政治观念，提升他们的思想政治素养和民族自豪感。同时，个性化教学也能够更有效地强化教材建设，推动思政教育课程改革，倡导创新思政教育理念。因此，高校应当积极探索和实施个性化教学模式，不断优化思想政治教育的教学方法，以更好地适应当代大学生的需求和特点。

学生主体性是思想政治教育教学改革中至关重要的一环。学生作为教育活动的主体，应当在学习过程中扮演更为积极的角色。强调学生主体性不仅可以激发学生的学习兴趣，还可以提升他们的思辨能力和批判思维。为了加强学生的参与和主动性，教师需要关注学生的需求和意见，并根据实际情况调整教学内容和方法。同时，学生也应当积极参与课堂讨论和活动，提出自己的看法和思考，从而促进教学过程的互动。只有让学生真正成为思想政治教育的主体，他们才能够更好地将所学知识运用到实践中，形成正确的思想政治观念，提升整体素质。

探究式学习作为一种新型的教学模式，能够激发学生的学习兴趣和主动性，有助于引导学生进行独立思考和研究。在高校思想政治教育中，倡导探究式学习可以帮助学生更深入地理解思想政治理论，增强他们的理论认识和实践能力。通过启发式教学和案例分析，学生能够深入思考并探讨一些重要的思想政治问题，从而提升他们的思辨能力和批判思维。

探究式学习也有助于培养学生的团队合作能力和创新精神。在团队合作的过程中，学生需要相互交流讨论，共同解决问题，这不仅有助于促进学生之间的沟通与合作，还能够激发他们的创新潜力。因此，高校思想政治教育教学改革中应该重视探究式学习的引导和实践，以提升教学效果和学生的学习体验。

思政教育与实际生活结合，可以使学生更加深刻地理解理论知识的实际应用。通过将课堂内容与社会现实相结合，可以帮助学生更好地认识社会和国家发展的现状和趋势，增强他们的责任感和使命感。同时，实际生活的案例和问题也可以引发学生的思考和讨论，帮助他们树立正确的人生观、价值观和世界观，培养他们的社会责任感和批判思维能力。因此，加强实际生活与思政教育的联系，是提升思政教育实效性、增强教学吸引力的有效途径。通过不断深化思政教育与实际生活的结合，可以更好地激发学生的学习热情和社会责任感，让思政教育更加贴近学生的生活，助力学生成长成才。

思想政治教育在高校教学中扮演着重要角色，与学生的职业发展密切相关。思政教育能够帮助学生树立正确的职业道德和价值观，使他们在职场中不偏离正确的道路，提高职业素养和担当责任的能力。思政教育可以增强学生的自信心与自主性，激发学生的创新创业意识，从而更好地适应社会发展的变化，实现自身职业发展的目标。思政教育还能够引导学生维护社会公平正义，培养他们具有社会责任感和奉献精神，通过职业发展为社会和国家作出更大的贡献。可以说，思政教育与学生职业发展的关联是深远而积极的，对培养德智体美劳全面发展的社会主义建设者和接班人具有重要意义。

四、打造思政教育品牌

可以说，建立完善的思政教育体系对高校意义重大。它可以帮助学生建立正确的思想政治观念，树立正确的世界观、人生观和价值观，培养学生的思想政治素养，提升他们的民族自豪感。完善的教育体系可以提升思想政治教育的实效性，使其更加贴近学生的现实需求和发展趋势。同时，强化教材建设和推动课程改革也是建立完善的思政教育体系的重要组成部分，可以打造思政教育的品牌，提高教育的质量。

总的来说，建立完善的思政教育体系将对高校教育产生深远的影响，促进学生全面发展，增强国家和社会的凝聚力，培养更多具有社会责任感和使命感的优秀人才。

为了加强高校思想政治教育教学的改革，我们着重开展了一系列具有特色的思政活动。我们注重活动形式的创新，采用讨论、演讲、辩论等多种形式，让学生参与其中，激发他们的思考和表达能力。我们精心设计活动内容，围绕培养正确的思想政治观念、强化民族自豪感等方面展开，引导学生深刻认识国家发展和自身责任。

同时，我们设定清晰的活动目标，包括提升学生的思想政治素养、加强对国家和社会的责任意识等，引导学生主动参与社会实践。这些活动不仅在课堂教学中进行，还通过社团、实践活动等多种途径贯穿学生的整个学习生涯，形成系统、连续的思政教育体系。

这些特色活动不仅丰富了教学内容，还激发了学生的学习热情和参与度，有效提升了教学实效性。我们深信，通过这些措施的实施，可以更好地培养学生健康的思想政治观念，促进学生成长成才，为社会发展贡献人才力量。

构建思政教育文化氛围是高校思政教育的重要环节，它涉及到学校整体教育环境和教学体系的建设。学校应该注重文化氛围的培育，包括搭建思政教育平台，营造思政教育氛围，推动思政教育与学术研究、创新创业等深度融合，让学生在课堂之外也能感受到思政教育的影响。

学校还需要维护文化氛围的稳定和可持续发展，加强学校管理和监督，建立起一套完善的思政教育评价机制，督促教师和学生积极参与思政教育活动，确保思政教育成果的实现。

学校应该不断发展和完善思政教育文化氛围，引导学生形成正确的思想政治观念，增强民族自豪感，提高思政教育的实效性，为学生的终身发展奠定坚实基础。构建积极向上的思政教育文化氛围，对培养德智体美全面发展的社会主义建设者和接班人具有重要意义。

第六章 推动高校教育教学模式的创新

第一节 深化教育教学理念

一、探索思想政治教育的内涵

对于高校思想政治教育的重要性,不仅在于传授学生政治理论知识,更重要的是培养学生正确的思想观念、价值观和政治立场。良好的思想政治教育可以帮助学生树立正确的世界观、人生观和价值观,引导他们树立正确的政治信仰,坚定不移地维护党的领导,增强中国特色社会主义道路自信、理论自信和制度自信。事实上,大量数据显示,受过良好思想政治教育的学生在面对社会现实和挑战时更加理性、坚定,更具有社会责任感和使命感。

在今天社会风气复杂多变的背景下,高校思想政治教育的重要性更加凸显。只有通过深化教育教学理念,探索思想政治教育的内涵,不断推动高校教育教学模式的创新,才能有效提升学生的综合素质和能力,为建设社会主义现代化国家培养更多更优秀的人才。

传统教育教学模式在思想政治教育方面存在着很多不足之处。内容设置过于僵化,缺乏时代感和灵活性,无法及时适应学生多元化的需求。教学方法单一,缺乏互动性和启发性,难以引发学生的思考和讨论。评估标准过于功利化,偏重知识的传授而忽视学生综合素养的培养。

当前学生对思想政治教育的需求正在发生深刻变化,传统模式已经无法满足他们的需求。因此,需要推动高校教育教学模式的创新,深化教育教学理念,探索思想政治教育的内涵。只有在不断探索和尝试中,才能找到适合时代发展和学生需求的教学模式,实现高校思想政治教育的有效传承和创新发展。

高校思想政治教育教学改革的关键在于开展新途径,其中课程设置是关键一环。

可以通过引入跨学科的思政教育课程，结合实际案例和问题讨论，激发学生的思考和参与度。教学方法也至关重要。可以采用互动式教学，引入多媒体教学手段，让学生在实践中感受到思政教育的价值。同时，学生参与也是不可或缺的一环。可以设置思政教育实践项目，让学生深入社会实践，将所学理论知识运用到实际生活中去。

只有不断创新教学方法和内容设置，才能真正提升高校思想政治教育的质量和效果。希望未来高校思政教育能够更加注重学生参与和实践，引导学生树立正确的世界观、人生观和价值观，为培养德智体美全面发展的社会主义建设者和接班人做出更大贡献。

二、构建创新思想政治教育课程体系

在构建创新思想政治教育课程体系中，我们需要注重课程内容的设置与优化。我们可以通过深化教育教学理念，将传统的理论知识与实践相结合，引入案例分析、讨论、实践教学等方式，增强学生的实践能力和问题解决能力。可以根据学生的兴趣和需求，设置灵活多样的选修课程，符合每位学生的个性化发展需求，激发学生的学习动力。还可以结合学生实际情况，设置专业导师制度，帮助学生进行学业规划和心理辅导，促进学生成长成才。通过优化课程内容设计，能够更好地激发学生学习兴趣，提高思政教育的实效性和针对性，促进学生全面发展。

为了促进高校思想政治教育教学改革的有效实施，必须加强师生互动，营造和谐的课堂氛围。教师应当注重与学生的沟通互动，尊重学生的个性和思维方法，从而激发学生的学习兴趣和潜能。同时，教师应当树立民主、平等的教学态度，鼓励学生提出不同观点和思考方式，使课堂成为一个开放的学习平台。在课堂氛围营造方面，教师可以适时采用互动式教学法，引导学生主动参与课堂讨论和互动，激发学生的思考和创新能力。通过师生互动与课堂氛围营造，可以有效提高教学效果，促进学生的全面发展，推动高校教育教学模式的创新。

在高校思想政治教育教学改革研究中，课程评估与改进机制是至关重要的一环。通过对课程的评估，可以及时了解课程开展的情况，发现存在的问题和不足之处。只有通过评估，我们才能更好地指导课程改进和优化。同时，建立健全的课程评估与改进机制也可以帮助教师更好地调整授课内容和方法，提高教学效果。在教育教学实践中，课程评估与改进机制的建立可以促进教育教学质量的提高，推动整个教育教学体系的不断完善和创新。因此，我们应该不断完善和落实课程评估与改进机制，以实现高校教育教学模式的创新和发展。

高校思想政治教育教学改革研究的目的在于推动高校教育教学模式的创新，深化教育教学理念，构建创新思想政治教育课程体系，全面提升教育教学质量。通过不断探索和实践，我们可以有效引导学生树立正确的世界观、人生观和价值观，激发学生的创新意识和实践能力。同时，我们也应该注重课程内容的更新和完善，开展多种形式的教学活动，提高教师的教学水平和专业素养。只有这样，我们才能在高校思想政治教育教学改革中不断取得新的突破，为学生成长成才提供更加优质的教育资源和支持，实现全面提升教育教学质量的目标。

三、强化师资队伍建设

在高校思想政治教育教学改革研究中，培养思想政治教育专业师资是至关重要的。只有具备专业知识和教学技能的师资队伍，才能有效地传授思想政治理论知识，引导学生树立正确的政治观念和人生价值观。同时，培养思想政治教育专业师资也能够推动高校教育教学模式的创新，通过不断更新教学理念和方法，激发学生学习兴趣，提升教学效果。因此，应该重视师资队伍建设，加强专业化培训，不断提升师资的教学水平和研究能力，为高校思想政治教育的发展注入新的活力。

教育教学改革是高校发展的必然要求。科研成果与教学实践相结合，不仅可以提升教学质量，还可以增强教师的科研能力。教师应该不断进行科研探索，将科研成果与教学实践相结合，将学术前沿知识和科技成果融入教学过程，激发学生的学习热情和创造力。只有教师不断学习、不断进步，才能更好地引导学生，推动高校教育教学模式的创新。通过科研成果与教学实践的相互融合，可以使学生在课堂上接触到最新的研究成果，增强他们的实践能力和创新意识。同时，还可以激发学生的求知欲，提高他们的综合素质和实践能力，为他们的未来发展打下坚实的基础。

四、加强教育教学管理

教育教学管理的重要性日益突显，学校制度建设与完善更加显得刻不容缓。只有不断完善和落实学校的管理制度，才能更好地推动高校教育教学模式的改革。学校制度的完善，不仅需要符合时代潮流和发展需求，更需要与教育教学理念相一致，以保证教学质量和教学效果，为学生提供更好的教育服务。同时，在学校制度建设的过程中，需要注重规范和规范，健全各项管理制度，提高办学质量和水平，为推动高校教育教学模式的创新提供有力保障。

在高校思想政治教育教学改革研究中，教学资源整合与共享扮演着重要的角色。通过整合不同学科的教学资源，我们可以为学生提供更加全面和多样化的学习内容，促进跨学科知识的交流与融合。同时，通过共享教学资源，不仅可以提高教学效率，还可以节约教育资源，实现资源共享的最大化利用。教学资源的整合与共享不仅可以促进教育教学理念的革新和深化，同时也能够为高校教育教学管理提供更加有效的支持和保障。通过共享优质教学资源，我们可以不断提升教学质量，促进教育教学改革的不断深化和完善。

五、创新教育教学体制机制

在推动高校教育教学模式的创新过程中，深化教育教学理念是至关重要的。通过不断探索和实践，我们不断完善和丰富教育理念，使其更贴近实际、更具针对性。同时，创新教育教学体制机制也是推动高校教育教学改革的关键。我们需要构建起灵活多样的教学体制，激发师生创新活力，打破条条框框，促进教学有效发展。最为重要的是，政策支持在促进教学改革中举足轻重。只有有力的政策支持，才能够为教学改革提供有力保障，为创新教学模式提供更多发展空间。因此，各级政府和学校需要加大政策力度，为教学改革提供更有力的支持。

值得注意的是，推行教学成果的评价与奖励机制在高校思想政治教育教学改革中起着至关重要的作用。通过设立科学合理的评价标准和奖励机制，可以激发教师和学生的教学积极性，促进教育教学质量的提升。同时，这也有助于建立起一种健康的竞争氛围，推动教师和学生不断地追求进步与创新。在实践中，学校还可以通过评选优秀教育教学成果和授予相关奖励的方式，来鼓励教师创新教学方法，激发学生学习的热情。因此，推行教学成果的评价与奖励机制不仅仅是一种管理手段，更是一种促进教育教学改革和发展的重要举措。

第二节 拓展跨学科教学模式

一、建设跨学科教育平台

近年来，高校思想政治教育教学改革研究逐渐引起广泛关注。B推动高校教育教学模式的创新，是当前高校教育改革的重要方向之一。深化教育教学理念、创新教育教学体制机制、拓展跨学科教学模式和建设跨学科教育平台，是实现高校教育教学模式创新的重要举措。联合学科理论与实践应用，将有助于打破学科壁垒，促进跨学科教学和研究的发展。通过跨学科合作，不仅能够促进学科之间的交流与融合，更可以提升学生的综合能力和创新思维。因此，加强联合学科理论与实践应用，对于促进高校教育教学模式的创新具有重要意义。

在推动高校教育教学模式的创新中，实施跨学科课程体验是至关重要的。通过给学生提供跨学科课程，可以激发他们对不同学科之间的关联性和交叉点的认识，促进知识的综合和运用能力的培养。实施跨学科课程体验有助于突破学科间的壁垒，促进知识的传递和融合，培养学生的综合素质和创新能力。同时，实施跨学科课程体验还可以为学生提供更广阔的学习空间，丰富他们的学习经历，激发他们的学习兴趣和学术热情。通过实施跨学科课程体验，可以全面提升高校教育教学的质量和水平，促进学生成为具有国际竞争力的优秀人才。

在高校思想政治教育教学改革研究中，强化学科交叉研究是一个重要方向。通过跨学科的合作和研究，可以促进不同学科之间的交流与融合，打破学科壁垒，推动教学改革的深入发展。建立跨学科研究团队，提倡多学科综合研究，有助于拓展不同学科间的共同研究领域，激发教师和学生的创新思维和能力。

在学科交叉研究中，教师可以借鉴其他学科的研究方法和思维模式，促进学科间的互相补充与融合。同时，培养学生的跨学科综合能力，加强学生对不同学科的整合认识，有利于形成全面发展的学生人才，更好地适应社会发展的需求。因此，在高校教育教学中，强调学科交叉研究的重要性，将对教学改革和学生综合素质的提高起到积极的推动作用。

高校思想政治教育教学改革研究是当前教育领域的重要课题之一。在教育教学领域，深化教育教学理念、创新教育教学体制机制、拓展跨学科教学模式、建设跨学科教育平台等方面都是关键。其中，推动学科交叉课程建设是一个积极的趋势，能够促进学生的综合能力和创新能力的培养。学科交叉课程的建设不仅有助于打破学科之间的壁垒，还可以促进知识的融合和创新思维的培养。同时，学科交叉课程还有利于提升学生的综合素质和跨学科的学习能力。因此，推动学科交叉课程建设对于高校教育教学模式的创新和发展具有积极的意义。

二、强化跨学科师资队伍建设

在推动高校教育教学模式的创新过程中，建立跨学科教学团队是至关重要的一环。这样的团队拥有不同学科背景的教师和专家，能够促进思想碰撞和学科交叉，推动教学内容和方法的创新和升级。跨学科教学团队的建立需要从教师选拔、培训、激励等方面全面考虑，确保团队成员在专业领域内有深厚的造诣和熟练的教学技能。与此同时，跨学科教学团队要注重合作与协作，形成良好的团队氛围和教学氛围，激发团队成员的创造力和活力。建立高效的跨学科教学团队，将有助于提高教育教学质量，培养学生的创新精神和团队合作能力，推动高校教育教学改革向更高水平迈进。

在进行跨学科教学活动时，高校教师们通常会面临诸多挑战，比如学科之间的不同理论体系、教学方法的差异等。为了解决这些问题，一些高校开展了跨学科教学实践分享活动，通过学科间的交流与合作，提高教师们的跨学科教学能力。同时，学校还加强了跨学科师资队伍建设，培养具备丰富学科知识和跨学科教学经验的教师，提高他们的综合素质和教学水平。

高校还推动教育教学模式的创新，深化教育教学理念，创新教育教学体制机制，为跨学科教学提供良好的制度保障和政策支持。通过不断探索和实践，高校的思想政治教育教学改革取得了一定的成果，为培养德智体美劳全面发展的社会主义建设者和接班人做出了积极贡献。

建议通过建立跨学科教学平台，为不同学科领域的教师提供一个交流和合作的平台。通过这样的平台，可以促进教师之间的互相学习和分享最新教学方法和技术，从而提高跨学科教学的质量和效果。还可以组织跨学科教学研讨会和培训班，邀请国内外专家学者分享教学经验和方法，激发教师们的创新意识和探索欲望。

还可以通过引入互联网和信息技术来促进跨学科教学的跨越和合作。建立在线教学资源平台，让教师们可以分享各种学科领域的教学资源和案例，提供网络课程和在线讨论，借助信息技术为跨学科教学提供更多可能性。

促进不同学科领域教师之间的交流与合作，是推动高校思想政治教育教学改革向前发展的重要途径。只有加强师资队伍建设，提高教师的跨学科教学水平，才能更好地培养出具有创新精神和跨学科思维的高素质人才。

通过开展各种形式的培训、学习和教研活动，可以提升高校教师的跨学科教学能力。可以建立跨学科教学培训计划，引导教师认识到不同学科之间的关联性，培养其跨学科思维和创新能力。可以开展跨学科教学案例分享和交流活动，让教师们相互学习，探讨跨学科教学的方法和经验。同时，还可以组织跨学科教学课题研究，促进教师在实践中不断探索和创新。通过以上相关活动的开展，可以有效提升高校教师的跨学科教学能力，帮助他们更好地应对当前高校教育的跨学科教学挑战，推动高校教育教学模式的创新发展。

三、推动跨学科教学实践

可以建立一个定期举办的跨学科实践项目展示与交流活动，让参与项目的教师和学生有机会展示他们的研究成果和实践经验。这样不仅可以增加他们在学术和实践上的成就感，也可以激励其他教师和学生积极参与到跨学科教学中来。

通过展示与交流活动，可以打破学科之间的界限，促进不同学科之间的交流和合作，丰富教学内容，提高跨学科教学的效果。同时，学生也可以通过这样的活动，拓展自己的视野，加深对学科之间关系的认识，提升综合能力和创新思维。

高校应该为跨学科实践项目展示与交流提供更多的支持和平台，鼓励教师和学生积极参与其中，共同推动高校思想政治教育教学改革的深入发展。

为了鼓励和支持跨学科教育研究，高校可以建立跨学科教育研究机构，设立跨学科教育专业，制定跨学科教育相关政策，设立奖励机制等举措。教师可以参与跨学科教育培训和培训课程，提高其跨学科教育的教学能力和水平。学生可以参与跨学科教育项目，拓展自己的知识面和视野，培养跨学科思维和能力。通过这些举措，可以为教师和学生提供发挥创新能力的平台，推动高校教育教学改革，促进高校教育教学模式的创新和发展。高校应不断探索和实践，促进跨学科教育的深入发展，为培养具有国际竞争力和创新精神的人才打下坚实基础。

建立科学的跨学科教学成果评价与奖励机制是推动高校思想政治教育教学改革的关键一环。高校可以设立跨学科教学成果评价委员会，由专家学者和相关领域的专业人士组成，负责对跨学科教学成果进行评估和认定。可以建立一套科学的评价指标体系，包括教学效果、创新性、实用性等方面，以客观评价教师和学生的跨学科教学成果。同时，高校还可以设立跨学科教学成果奖励制度，为表现突出的教师和学生提供奖金、荣誉和学术机会，激励他们在跨学科教学方面的积极表现和创新实践。通过建立科学的评价与奖励机制，可以有效推动高校跨学科教学的发展，提升教学质量和水平，促进学生综合素质的全面提升。

在推动高校教育教学模式的创新中，跨学科教学被认为是一种有效的途径。通过在不同学科领域之间建立联系，跨学科教学可以帮助学生更好地理解和应用知识，培养跨学科思维和解决问题的能力。在实践中，已经有许多高校开展了跨学科教学的尝试，并取得了一定的成效。

例如，在某高校开设的"生态环境与可持续发展"课程中，自然科学、人文社会科学和工程技术等不同学科的教师共同承担课程教学任务，让学生从多个角度审视和思考生态环境问题，培养了其综合思考和分析问题的能力。同时，通过开展跨学科研讨会和实践项目，学生们也得到了更广泛的实践经验和交流机会。

在跨学科教学的实践中，我们也发现了一些问题和挑战，如教师之间合作不密切、学生跨学科学习理解能力有限等。因此，需要继续深化跨学科教学模式，加强教师的跨学科教学能力培养，为高校思想政治教育教学改革提供更多有益经验和启示。

四、强化跨学科教学资金支持

跨学科教学项目的立项和申请是保障活动顺利开展的重要环节。高校可以建立专门的跨学科教学项目立项评审机制，设立专门的委员会或专家团队来对项目进行评审，确保项目的学术性和可行性。同时，高校还可以设立专门的资金支持机制，向优秀跨学科教学项目提供经费补助，以保障项目的顺利进行。

高校可以加强与社会企业等外部机构的合作，引入外部资金支持跨学科教学项目，促进资源共享和优势互补。高校还可以设立奖励机制，对跨学科教学项目的实施者给予奖励，激励师生积极参与跨学科教学活动。通过加强资金支持，高校可以更好地推动跨学科教学项目的发展，促进教育教学模式的创新，为培养全面发展的人才做出积极贡献。

在高校思想政治教育教学改革的过程中，资金分配与使用管理问题尤为突出。一些高校存在着经费分配不公、资金使用不透明等情况。有些学校在资金分配上存在着不合理的行为，导致一些教育资源的错配和浪费。而且，在资金使用方面，一些高校存在资金管理不规范、流程不清晰等问题，容易引发贪污腐败等不正之风。这些问题影响了高校思想政治教育的教学质量和效果，也影响了学生的思想政治教育效果。因此，高校需要加强对资金分配与使用管理的监督和改进，确保教育资源的公平分配和有效利用，提高思想政治教育教学的质量和水平。

然而，目前高校跨学科教学成果评估机制存在一些不足之处。评估标准不够明确，缺乏具体的指导和衡量指标，使得评估结果缺乏客观性和可比性。评估方式单一，主要以考试成绩和论文发表数量作为评价依据，忽略了学生综合素质和跨学科能力的评估。评估机制缺乏针对性和差异化，不能够有效地激发学生的学习动力和创新能力。高校跨学科教学成果评估机制亟待改进和完善，以适应当下高等教育教学改革的需要。

但是，当前高校跨学科教学资金审计存在一些问题。审计频率较低，一般是在年度或者更长时间内进行一次，无法及时监督和控制跨学科教学资金的使用情况。审计程序不规范，缺乏统一的操作标准和程序，容易导致审计结果的不准确性和不可靠性。审计人员的专业素养也存在不足，缺乏对跨学科教学特殊性的理解和把握，影响了审计工作的质量和效果。

针对这些问题，有必要对高校跨学科教学资金审计进行深入的研究和改革，提高审计的频率和科学性，加强审计程序的规范性和标准化，提升审计人员的专业素养和跨学科教学理念。只有这样，才能更好地保障高校跨学科教学的质量和效果，促进思想政治教育教学模式的创新和发展。

第三节 加强实践教学环节

一、实践教学指导与管理

在高校思想政治教育的实践教学内容设计方面存在一些问题。现有实践教学内容缺乏足够的实践性和挑战性，学生更多是进行简单的模拟操作，缺乏真实场景的锻炼和挑战。实践性教学内容与学科知识脱节，缺乏对学生知识运用能力的培养和考验，使得学生在实践中无法运用所学知识解决问题。

实践教学内容设计应更加贴近学生实际需求和社会现实，更加关注引导学生积极参与社会实践、解决实际问题的能力。因此，需要加强对实践教学内容的设计、评估和优化，使之更具有实践性和挑战性，与学科知识结合更紧密，促进学生综合素质的提升。

实践教学资源整合上存在诸多问题。资源分散，不同学院、专业之间存在着信息孤岛，难以实现资源共享和优势互补；管理混乱，缺乏统一规划和指导，导致实践教学资源的有效利用和合理配置困难重重。师生之间缺乏有效沟通和互动，无法充分挖掘实践教学资源的潜力，影响了教学效果和教学质量。

针对这些问题，需要从整体上重新审视实践教学资源整合的重要性，建立科学的资源整合机制，推动资源共享和协同开发，提升实践教学资源的整体效益。同时，加强实践教学管理和指导，建立多方参与的合作机制，实现资源优化配置和互利共赢。只有这样，高校思想政治教育教学改革才能真正取得实质性进展。

二、实践教学评价与改进

在学生实践成果评估方面存在着诸多问题。评估标准不明确，导致评价过于主观，缺乏客观性和公正性；评价方式片面，主要注重结果而忽略了过程。评估过程中缺乏有效的监督和反馈机制，评价结果的有效性和可信度受到质疑。这些问题影响了对学生实践成果的准确评估和有效改进，需要引起高校教育部门的高度重视和改进措施的探索与实施。只有从根本上解决评估存在的问题，才能更好地激发学生的创新潜能，提高教育教学质量，促进高校思想政治教育教学改革的不断深化和发展。

在实践教学方案调整方面，存在一些问题亟待解决。调整不及时，随着社会发展的变化和学生需求的变化，原有的实践教学方案可能已经无法适应现实需要，但往往在教学过程中才会发现问题，导致调整困难。缺乏有效性，有些实践教学方案调整只是形式上的变化，而没有实质性的改进和提升，无法取得预期的效果。同时，一些实践教学方案调整缺乏科学性和系统性，过于随意和临时，无法形成长期稳定的教学改革机制。这些问题制约了高校实践教学的发展，需要进一步探讨和完善。

在高校思想政治教育教学改革研究中，实践教学经验交流是至关重要的一环。通过分享成功的实践案例和经验，可以有效地促进教师之间的互相学习和借鉴，进而提高整个教学团队的教学水平和素质。在实践教学经验交流中，教师们能够分享各自的教学方法、教学资源和教学成果，从而激发出更多的教学创新和灵感，促进教学内容的丰富和多样化。同时，实践教学经验交流还可以帮助教师们更好地解决教学中遇到的问题和挑战，提升教学的实效性和效果。通过不断地实践教学经验交流，可以促进高校教育教学改革的顺利推进，进一步提升高校教育教学质量。

三、实践教学成果展示与推广

学生实践成果展示着大学教育教学改革的成果，也是对学生综合素质和实践能力的一种肯定。学校积极推动实践教学环节的设置，鼓励学生参与各类实践活动，培养他们的创新意识和实践能力。通过实践教学，学生能够将所学知识应用到实际中，提升自己的综合能力和解决问题的能力。学生实践成果在学校得到展示与推广，为学生提供了展示自我的机会，激发了他们的学习热情和求知欲。同时，学校也加强了对实践教学成果的监管和评估，确保实践成果的真实性和有效性。通过学生实践成果的展示，不仅可以激励其他学生的学习积极性，也为学校教育教学改革提供了有力的支持和参考。

实践教学案例分享：在高校思想政治教育教学改革中，实践教学案例分享起着至关重要的作用。通过分享各种不同领域的实践案例，可以激发学生的学习兴趣，帮助他们更好地理解理论知识。通过分享成功案例，学生可以从中汲取经验教训，提高自身的综合素质。同时，实践教学案例分享也可以促进师生之间的交流互动，构建更加融洽的教育教学氛围。通过分享案例，学生可以更深入地了解实践教学的重要性，增强对实际问题的解决能力。可以说，实践教学案例分享是高校教育教学改革中不可或缺的一部分，对于促进学生全面发展和提高教学质量具有重要意义。

在高校思想政治教育教学改革的过程中，实践成果的应用与推广显得尤为重要。通过深入挖掘实践教学的价值，将实践成果有效地应用于教学实践中，可以更好地激发学生学习的兴趣和潜能。同时，通过多种形式和途径对实践成果进行展示与推广，可以让更多的师生了解到实践教学的成果，并促进实践教学的深入发展。将实践成果应用与推广，还能有效地促进教学内容的更新和教学方法的创新，为高校教育教学模式的改革提供具体支持和保障。因此，实践成果的应用与推广，是推动高校教育教学模式创新的重要一环。

高校思想政治教育教学改革研究的重要方向之一是实践教学成果奖励机制。通过建立和完善奖励机制，可以更好地激励教师和学生的创新研究和实践活动，推动高校教育教学模式的不断优化和创新。这一机制不仅可以提高教师和学生的积极性和创造力，还能够有效地促进实践教学成果的展示与推广，进一步推动实践教学环节的深化和拓展。同时，加强实践教学成果奖励机制的建设，也有利于构建健全的跨学科教学体系，提升高校教育教学的质量和水平。在实践教学成果奖励机制的支持下，高校将更加注重创新能力和实践能力的培养，为培养更多有着实践能力和创新精神的优秀人才奠定坚实基础。

实践教学成果反馈与改进是提升教学效果的重要环节。通过及时收集和分析学生的反馈意见，可以发现存在的问题和不足之处。针对反馈结果，教师可以及时调整教学方式和方法，不断改进教学内容，提高教学质量。同时，学校也应该建立完善的反馈机制，定期评估教学效果，确保教学活动能够达到预期的效果。通过不断改进和完善实践教学环节，可以提高学生的实际操作能力和解决问题的能力，为他们未来的发展打下良好的基础。通过学生的实践活动成果展示和推广，可以激发更多学生的学习兴趣，促进良好的学习氛围的形成。

第四节　提升信息化教学水平

一、构建信息化教学平台

在高校思想政治教育教学改革研究中，深化教育教学理念能够带来教学质量的提升。创新教育教学体制机制可为教师提供更多的创新发展空间。拓展跨学科教学模式有助于打破学科壁垒，促进知识的综合运用。强化跨学科教学资金支持可以更好地支持教学改革的实施。加强实践教学环节能够提高学生的动手能力和实际应用能力。实践教学成果展示与推广有助于激励学生的学习兴趣和积极性。提升信息化教学水平可以更好地满足学生多样化学习需求。构建信息化教学平台是适应时代发展需求的必然选择。教学资源共享与整合可以最大程度地利用资源，提高资源利用效率。

信息化教学手段应用是当前教育教学领域重要的创新举措，它为高校教育教学带来了前所未有的发展机遇。通过信息化教学手段的应用，教师可以更加灵活地开展教学活动，为学生提供更为个性化、多样化的学习体验。同时，信息化教学手段的应用也为学生提供了更为便捷、高效的学习途径，激发了他们的学习积极性和创新能力。

在信息化教学手段的应用过程中，建设信息化教学平台是至关重要的环节。这个平台可以为教师提供丰富的教学资源和工具，支持他们开展教学活动。同时，学生也可以通过信息化教学平台方便地获取学习资料，参与在线学习和讨论。除此之外，信息化教学手段的应用也需要强调教师与学生的互动和合作，激发他们之间的学习动力，共同推动教育教学的卓越发展。

教学平台安全保障是高校教育教学改革中至关重要的一环。只有确保教学平台的安全性，学生和教师才能在一个稳定、可靠的环境中进行教学与学习。为此，我们需要建立完善的安全保障措施，包括信息加密、权限管理、防火墙设置等多层次的安全防护机制。同时，加强对教师和学生的信息安全教育，提高他们的信息安全意识，防范外部恶意攻击和数据泄露事件的发生。只有在保障教学平台的安全的前提下，我们才能更好地推动高校教育教学模式的创新，实现教育教学质量的持续提升。为此，我们要不断完善安全保障措施，确保教学平台的安全稳定运行。

信息技术支持服务在高校思想政治教育教学改革中具有重要意义。通过构建信息化教学平台，充分利用现代技术手段，为教师和学生提供更加便捷、高效的教学服务。信息技术支持服务旨在整合各类资源，提供全方位的教学支持，为跨学科教学模式的实施提供技术支持。同时，信息技术支持服务也可以帮助学校更好地管理和运用教学数据，促进教学质量的提升。通过加强信息技术支持服务，高校可以更好地适应当今信息化社会的需求，推动教育教学模式的创新，促进教育教学的发展与进步。

二、开展在线教学模式

通过线上教学资源的开发，可以为高校教育教学提供更加便捷和全面的支持。这种方式不仅可以帮助教师们更好地准备教学内容，还可以让学生们在任何时间、任何地点获取所需的学习材料。线上教学资源还可以为跨学科教学提供更多的可能性，让不同学科之间的知识更好地结合起来。通过开展在线教学模式，可以更好地提升教学水平，让教学更生动、更具有实效性。同时，线上教学还可以缓解课堂教学压力，让学生在自主学习的过程中更好地消化所学知识。总的来说，线上教学资源的开发是推动高校教育教学模式创新的重要举措之一，也可以为高等教育事业的发展提供更加坚实的支撑。

本研究旨在探讨高校思想政治教育教学改革中的线上教学方法。通过深化教育教学理念，创新教育教学体制机制，并拓展跨学科教学模式，我们将加强跨学科教学资金支持，加强实践教学环节，实践教学成果展示与推广。提升信息化教学水平，开展在线教学模式，旨在推动高校教育教学模式的创新。通过研究线上教学方法，我们将为高校教育教学改革提供有力支持，为提升教学质量和水平做出贡献。

三、推进移动教学应用

在当前高校教育教学改革的背景下，移动学习工具的开发成为了推动教学创新的重要手段之一。通过利用移动学习工具，不仅可以方便灵活地进行教学资源的获取和管理，还可以帮助教师实现个性化的教学方式，提升学生的学习效果和体验。同时，移动学习工具的开发也为教育教学提供了更多元化、多样化的可能性，拓展了教学的边界，促进了跨学科教学模式的发展。在这一过程中，高校需要加大对移动学习工具开发的支持力度，提供必要的技术和资金支持，以确保移动学习工具的质量和效果。随着移动学习工具的不断改进和完善，高校教育教学将迎来更加美好的未来。

在教育教学改革中，移动教学资源整合起着重要作用。通过整合各种移动教学资源，可以更好地支持教学活动的展开，为教师和学生提供更多便利。同时，移动教学资源整合还可以促进教学内容的更新与优化，提升教学质量。针对移动教学资源的整合，我们需要建立起科学的管理机制，确保资源的有效整合和合理利用。这样，才能更好地发挥移动教学资源在教育教学中的作用，促进高校教育教学模式的创新和升级。

移动学习环境的构建是当前高校教育教学改革中的重要内容之一。通过整合技术资源，优化智能化平台，建设出一个开放、便捷、互动的学习环境，能够有效提升学生的学习积极性和参与度。在移动学习的环境下，教学内容可以更加生动直观地呈现给学生，同时也能够促进师生之间的互动交流。通过打破时空的限制，学生可以随时随地进行学习，提高学习效率和灵活性。移动学习环境的构建还能够促进教师与学生之间的深度互动，实现个性化教学和精准辅导，更好地满足学生学习需求。通过不断完善移动学习环境，可以有效推动高校教育教学模式的创新，促进教育教学质量的全面提升。

移动教学成果评价在高校思想政治教育教学改革中扮演着至关重要的角色。然而，目前评价方法存在着一些不足之处，比如评价标准不够明确、评价工具缺乏多样性、评价结果不够客观等。这些问题可能会导致评价的失真和不公正。

同时，移动教学成果评价还面临着一些挑战和障碍，比如教师对新评价方法的接受度不高、学生评价参与度不足、评价结果的可信度引起争议等。这些问题可能会影响移动教学的实施效果，限制教学改革的深入发展。

因此，我们需要对移动教学成果评价进行深入思考和反思，找出问题所在，并寻求可能的解决方案。只有不断完善评价方法，提高评价的准确性和公正性，才能更好地推动高校思想政治教育教学改革取得更大进展。

四、强化信息化教学管理

学校信息化教学规划的目的在于提升教学质量，促进学生综合素质的提高，推动高校教育教学模式的创新。信息化教学能够深化教育教学理念，拓展跨学科教学模式，加强实践教学环节，从而适应社会发展的需求。然而，当前存在着一些挑战和问题，例如规划制定难点在于资源分配和师资培训，可能的影响因素包括技术设施不全和师生对信息化教学的接受程度。面对种种挑战，高校需要认真思考如何顺利实施信息化教学，提升教学水平，实现教育教学改革的目标。

教师信息化教学培训是高校思想政治教育教学改革中不可或缺的一环。然而，目前仍存在一些问题和挑战。教师信息化水平参差不齐，部分老师对信息化教学的理解和运用仍较为模糊。培训的有效性和实用性也值得关注，有些培训内容和形式与实际教学需求脱节。教师信息化培训的投入和组织管理也面临着诸多困难。

对于这些难点和挑战，教育管理部门和高校可以采取一些措施来解决，如加强针对性培训、提供更多的实践操作机会、建立有效的反馈机制等。但要注意，每个高校的情况和需要可能不同，因此需要因地制宜地制定相应的解决方案。通过不断改进教师信息化教学培训的方式和方法，才能更好地推动高校思想政治教育教学改革的进程。

学生信息化教学能力培养是高校思想政治教育教学改革中的重要环节。然而，当前存在一些难点和挑战。学生对信息化技术的接受度和运用能力参差不齐，部分学生缺乏基本的信息化技能和意识。教师在信息化教学方面的能力和素养也需要进一步提升，缺乏高质量的信息化教学资源和平台也是制约因素之一。

面对这些挑战，高校需要加大对学生信息化教学能力的培养力度，提供更多的信息化教学资源和平台，搭建良好的信息化教学环境，引导学生主动参与和探索。同时，教师需要不断提升自身的信息化教学能力，及时更新教学理念和方法，更好地适应信息化教学的发展趋势。只有这样，高校思想政治教育教学改革才能取得实质性的进展。

信息化教学数据分析与利用在高校思想政治教育教学改革中显得尤为关键。然而，目前存在一些现状问题，比如数据采集不够及时、数据分析手段不够先进、数据利用方式单一等。这些问题使得高校在进行教学改革时难以充分发挥信息化教学的优势，无法深入挖掘学生学习行为和成效的关键数据，也无法根据数据提供有效的教学指导和支持。

除此之外，数据分析与利用还面临着诸多挑战和限制。教师们对于数据分析技术的应用不够熟练，往往难以正确解读数据；学校教学管理体制和规章制度等方面对于数据的合理利用也存在一定的束缚。因此，要想在高校教育教学中实现信息化的全面应用，需要克服种种挑战和限制，不断完善数据分析与利用的体系，推动教育教学改革迈出新的步伐。

信息化教学成果评估是高校思想政治教育教学改革中至关重要的一环。评估的结果能够客观反映教学效果，为教师提供改进教学策略的依据，同时也可以帮助学生了解自身学习水平，激发学习动力。然而，信息化教学成果评估也面临着诸多难题和挑战。评估指标的选择和设计需要与传统教学模式相适应，这需要花费大量时间和精力。评估结果可能受到学生或教师主观因素的影响，导致评价结果不够客观准确。再者，信息化教学成果评估需要采用先进的技术手段，而技术设备的更新换代也需要投入大量经费。总的来说，信息化教学成果评估在高校教学改革中扮演着重要角色，但也面临诸多难题和挑战。

第五节　推动素质教育实践

一、强化素质教育理念

然而，当前高校思想政治教育教学改革中，强化素质教育理念却面临着一些挑战和难点。传统的教育模式依然占主导地位，素质教育意识不够深入人心，难以改变。教育教学体制机制仍未完全适应素质教育的要求，缺乏整体性和系统性。再则，跨学科教学模式尚未普及和深入，学科之间的边界仍然明显。素质教育资金支持不足，导致实践教学环节的薄弱和不足。在这样的背景下，推动素质教育实践成为当务之急。

在推进全面素质评价机制的过程中，我们需要深化教育教学理念，创新教育教学体制机制。同时，拓展跨学科教学模式，强化跨学科教学资金支持也是非常重要的。加强实践教学环节，实践教学成果展示与推广，可以有效提升信息化教学水平。强化信息化教学管理，推动素质教育实践，强化素质教育理念，都是实现全面素质评价机制的关键步骤。通过全面素质评价机制的实施，我们将能够更全面地评估学生的综合素质，进一步推动高校思想政治教育教学改革，实现教育教学模式的创新。

在推动高校教育教学模式创新的过程中，我们需要深化教育教学理念，创新教育教学体制机制，拓展跨学科教学模式，强化跨学科教学资金支持，加强实践教学环节，实践教学成果展示与推广，提升信息化教学水平，强化信息化教学管理，推动素质教育实践，强化素质教育理念。同时，打造综合素质教育环境也是至关重要的。这样的环境将为学生提供更广阔的学习空间，促进他们全面发展，培养他们的创新能力和实践能力。只有在这样的教育环境下，我们才能真正实现教育教学改革的目标，为培养更加优秀的人才铺平道路。

在高校思想政治教育教学改革中，探索素质教育目标体系是至关重要的。通过深化教育教学理念，创新教育教学体制机制，拓展跨学科教学模式，强化跨学科教学资金支持，加强实践教学环节，实践教学成果展示与推广，提升信息化教学水平，强化信息化教学管理，推动素质教育实践，强化素质教育理念等一系列措施，逐步完善高校素质教育目标体系。这不仅有利于提升学生的综合素质和创新能力，更有助于促进学生全面发展和成长。因此，探索素质教育目标体系是推动高校教育教学模式创新的关键一环，也是助力高校教育事业蓬勃发展的重要保障。

二、开展素质拓展项目

学校素质教育项目设立：通过深化教育教学理念，创新教育教学体制机制，拓展跨学科教学模式，加强实践教学环节，提升信息化教学水平，推动素质教育实践，开展素质拓展项目，我们将不断优化高校思想政治教育教学改革，为学生提供更广阔的发展平台和更丰富的教育资源。同时，强化跨学科教学资金支持，实践教学成果展示与推广，强化信息化教学管理，助力学校素质教育项目的发展与成熟，助推高校培养出更加全面发展的人才。

在高校思想政治教育教学改革研究中，B推动高校教育教学模式的创新是至关重要的。其中，深化教育教学理念、创新教育教学体制机制、拓展跨学科教学模式、强化跨学科教学资金支持、加强实践教学环节、实践教学成果展示与推广、提升信息化教学水平、强化信息化教学管理、推动素质教育实践、开展素质拓展项目以及素质教育资源整合等举措都是为了提升高校教育教学水平和素质教育培养效果。素质教育资源整合将为高校构建一个有机、科学、合理的教育资源共享平台，有助于提高教育资源的综合利用效率，推动高校素质教育事业的全面发展。

三、强化素质教育能力培养

针对师资素质教育培训的重要性，我们通过创新教育教学体制机制，拓展跨学科教学模式以及强化跨学科教学资金支持等措施，不断加强师资队伍的培训和提升。在实践教学环节中，我们注重实践教学成果的展示与推广，以此不断深化教育理念，提升信息化教学水平，强化信息化教学管理。在推动素质教育实践的过程中，我们致力于强化素质教育能力的培养，将师资素质教育培训贯穿于整个教学改革的过程中，努力实现高校思想政治教育教学改革的目标与使命。

学生素质教育项目参与是提升学生综合素质和实践能力的重要途径。通过参与各类素质教育项目，学生可以拓展视野、培养创新精神和团队合作能力。在项目中，学生可以结合专业知识和实践经验，提升自身综合素质。这些项目不仅能够增强学生的实践能力，也能够激发学生的创新意识和实践能力。通过学生素质教育项目的参与，学生在实践中不断磨炼自己，培养出一系列综合素质，为未来的发展打下坚实的基础。这些项目的参与不仅可以让学生在实践中学到更多的知识，还可以培养学生的团队合作精神和创新思维能力。通过不断参与素质教育项目，学生可以更好地提升自己的实践能力和综合素质，为未来的发展打下坚实基础。

高校思想政治教育教学改革研究对于素质教育方案与实施提出了重要的指导意见。通过深化教育教学理念，创新教育教学体制机制，拓展跨学科教学模式，强化跨学科教学资金支持，加强实践教学环节，实践教学成果展示与推广，提升信息化教学水平，强化信息化教学管理等举措，不仅可以推动素质教育实践，更可以强化素质教育能力培养。同时，通过细化素质教育方案与实施，可以为高校提供更加科学、有效的教学指导，促进学生成长成才，为社会培养更多具有高素质和全面发展的人才提供有力支撑。

素质教育实践成果评价是高校思想政治教育教学改革的重要环节。不同学校或机构采取不同的评价方法和标准，例如学生综合素质评价表、实践成果展示评价等。通过对实践教学活动的评价，可以发现学生在创新能力、实践能力、团队合作能力等方面的表现，帮助教师和学校更好地进行教学调整和改进。

评价结果对素质教育改革具有启示作用。能够发现教学环节存在的问题和不足，从而积极调整教学方法和内容；有助于学校更好地了解学生的需求和发展方向，进一步完善教育教学体系；能够激励学生更加努力地学习和实践，提高综合素质水平。

素质教育实践成果评价是高校教育教学改革中不可或缺的一部分，对于推动学校的思想政治教育教学改革具有重要意义。希望通过评价结果的指引，高校能够不断完善教育教学体系，培养更具竞争力和责任感的优秀人才。

四、推动素质教育改革

为推动高校思想政治教育教学改革，政府和学校相继出台了一系列政策支持措施。政府部门加大对素质教育改革的资金投入，提供专项经费支持高校思想政治教育改革，鼓励学校开展跨学科教学模式的尝试。同时，相关政策文件强调加强对素质教育实践的引导和培训，促进思想政治教育与实践教学相结合，从而提高学生的综合素质和实践能力。

在实施过程中，高校积极响应政策号召，深化教育教学理念，优化教育教学体制机制，推动教师在课程设计和教学内容方面进行创新探索，加强跨学科教学的实施和跨学科教学资金支持。高校还加强了实践教学环节，鼓励学生参与各类实践活动，并提升了信息化教学水平，强化了信息化教学管理，全面促进素质教育实践和改革的良性发展。

通过建立科学合理的成果评价体系和方法，可以更准确地衡量学生在素质教育中的成长和发展。例如，通过考察学生的综合素质评价、参与社会实践等方面的数据，可以更全面地评估学生的素质教育成果。结合学生的实际表现和综合评价，可以为学生提供更具针对性的发展建议，促进其全面发展。

在素质教育改革中，成果评价扮演着关键的角色。只有建立科学有效的评价机制，才能真正推动素质教育的深入发展。通过案例研究和调查数据的支撑，可以验证成果评价在素质教育中的重要性和作用，为高校思想政治教育教学改革提供坚实的支撑。同时，不断完善成果评价体系和方法，也是高校素质教育改革的必然要求。

五、探索素质教育创新机制

　　不同高校在素质教育模式方面的创新实践各有所长。有些学校注重跨学科教学模式，通过开设跨学科课程，培养学生综合素质，提升他们的创新能力和解决问题的能力。这种模式可以打破学科条框，促进知识的整合和交叉学习，让学生更全面地发展。

　　另一些学校则更加注重实践教学环节，鼓励学生参与社会实践、实习和科研项目，培养学生的实践能力和创造力。这种模式可以让学生将所学知识运用到实际生活中，激发学生的学习热情和动力。

　　总的来说，不同的创新模式在促进素质教育改革方面各有所长，可以相互借鉴和交流经验，共同推动高校教育教学模式的创新，为培养更多优秀人才做出更大的贡献。

　　是高校教育教学改革的重要内容之一。素质教育机制改革的方向是以培养学生综合素质为核心，以个性化、多元化、全面发展为目标，推动教育教学模式的创新。

　　针对素质教育机制改革，高校可以采取以下措施：一是要深化教育教学理念，强调学生个性发展和创新意识的培养；二是创新教育教学体制机制，建立灵活多样的评价体系和激励机制；三是拓展跨学科教学模式，促进学科间的融合与交叉；四是加强实践教学环节，提升学生实际能力和解决问题的能力。

　　素质教育机制改革对素质教育的影响是积极的，它可以促进学生全面发展，培养学生的创新能力和综合素质，提升教育教学质量。同时，素质教育机制改革也能推动高校教育教学的不断创新和进步，为高校培养具备国际竞争力的优秀人才打下良好基础。

第七章 高校思想政治教育教学改革的主要内容

第一节 高校思想政治教育教学改革的背景和意义

一、对高校思想政治教育教学改革的要求

提高教育教学质量是高校思想政治教育教学改革的迫切要求。当前，随着社会发展和教育理念的更新，传统的教学模式已经不能满足学生的需求。高校思想政治教育教学需要更加注重学生的主体地位，促进学生的全面发展，培养更具有创新精神和实践能力的人才。

然而，现实中存在着一些问题和挑战，如教育资源不均衡，传统思想政治教育内容单一、教学手段单一等。因此，高校思想政治教育教学改革需要针对性地进行改革，加强实践教学和互动教学，注重学生的思维能力和创新能力的培养，打破学科之间的壁垒，促进跨学科教学的发展。

只有如此，才能更好地适应时代潮流，提高教育教学质量，培养优秀人才，促进高等教育的可持续发展。

学生思想政治素质的提升是高校思想政治教育教学改革的重要目标之一。当前，随着社会发展和经济变革的不断加快，学生思想政治素质面临着新的挑战和需求。一些学生存在思想上的偏向和盲从，缺乏独立思考能力和批判意识，容易受到外部信息的干扰和误导。个别学生对国家法制和社会道德规范的认知不足，缺乏应有的公民意识和社会责任感。

针对这些问题，高校思想政治教育教学改革应当从加强学生思想政治教育的全过程、融入创新创业教育、强化学生社会实践活动等方面入手，积极引导学生树立正确的世界观、人生观和价值观，提高他们的政治觉悟和思辨能力，培养党的事业的合格建设者和可靠接班人。只有通过不断改革创新，提升学生思想政治素质，高校思想政

治教育教学才能更好地适应时代发展的需求，为培养德智体全面发展的社会主义建设者和接班人打下坚实基础。

高校思想政治教育教学改革致力于促进学生的全面发展，不仅要注重学生的知识和能力培养，还要关注学生的身心健康和全面素质提升。通过教学改革，学校可以更好地满足学生不同层面的需求，为他们提供更广阔的学习平台和更丰富的发展机会。

在教学改革中，学校可以加强学生的实践能力培养，通过实践课程、社会实践活动等形式，鼓励学生将所学知识应用于实际工作中，培养学生解决问题的能力和创新意识。同时，学校还可以开展多样化的教学形式，如讨论课、小组合作学习等，激发学生的学习积极性，提高教学效果。

通过这些教学改革举措，高校可以有效促进学生的全面发展，使他们在知识、能力和素质等方面得到更全面的提升，为其未来的发展打下坚实基础。

教育现代化对高校思想政治教育教学改革提出了更高的要求。现代教育理念强调培养学生的创新能力、批判思维和自主学习能力，这些都是思想政治教育应该关注的重点。在教学内容方面，应该注重引入先进的教学理念和方法，如启发式教学、案例教学等，激发学生的学习兴趣和思考能力。同时，也需要注重教育技术的应用，通过信息化手段提高教学效率。

教育现代化还要求思想政治教育要与时俱进，贴近学生的实际需求和社会发展的要求。只有不断调整和改革教学内容和方法，才能更好地适应当下社会的需求，培养出更适应社会的高素质人才。因此，推动高校思想政治教育教学改革，也就是推动高校教育现代化的必然要求。

随着社会的快速发展和变革，高校思想政治教育教学改革显得尤为迫切。社会变革不仅带来了信息技术的快速发展和国际化的趋势，也提出了对高校教育内容和方法的重新审视和调整需求。传统的思想政治教育课程已经不能满足当代大学生的需求，而新的实践中所面临的挑战和矛盾也需要教育教学方法的创新和突破。

不仅如此，社会对高校毕业生的要求也在不断提高，他们需要具备更加全面的素质和技能才能胜任未来的工作和生活。因此，高校思想政治教育教学改革不仅需要关注知识的传授，更要注重学生的思维能力、创新意识和团队合作精神的培养，从而使他们成为既具有国际竞争力又具有社会责任感的优秀人才。

二、高校思想政治教育教学改革的基本原则

思想政治建设为中心，高校思想政治教育教学改革的背景和意义，以及相关的基本原则，是当前我国高等教育系统中亟需解决的重要问题。随着时代的发展和社会的变革，传统的思想政治教育已经难以适应当今社会发展的需求，因此需要对高校教育

体系进行深刻改革。本次改革的意义不仅在于提高学生的思想政治素质和道德水平,更在于推动高校教育与社会实践相结合,培养具有创新精神和实践能力的优秀人才。基于思想政治建设为中心的原则,高校的思想政治教育应该注重全面发展学生的思想品德,引导学生正确树立世界观、人生观和价值观,促进高校教育的全面提升。

高校思想政治教育教学改革以适应时代发展的需求,提高人才培养质量和社会责任感。改革的基本原则包括科学性、实践性、开放性、系统性和综合性等,注重培养学生的创新精神和实践能力。在教学内容与方法上,创新主要体现在教材内容更新、课堂教学方式多样化、评价体系改革等方面。教师应注重学生需求,引导他们自主学习,并通过案例分析、讨论互动等方式激发学生的思考和探索精神。这种创新教学方法能够有效促进学生成长并提高教学效果,符合现代高等教育的要求,有利于培养德智体美劳全面发展的社会主义建设者和接班人。

三、高校思想政治教育教学改革的重点任务

在高校思想政治教育教学改革中,课程体系改革是至关重要的一环。通过对课程内容、教学方法和评价体系的重新设计和调整,可以更好地引导学生树立正确的世界观、人生观和价值观,促进学生全面发展。同时,课程体系改革还能够帮助学生更好地理解和接受国家政治理论和政策,提高他们的社会责任感和参与意识。高校应当努力构建科学合理的课程架构,激发学生的学习兴趣和思考能力,培养他们具备创新精神和批判性思维。只有通过课程体系改革,高校思想政治教育教学才能实现真正意义上的转变和提升,更好地适应社会发展的需求。

教学方法改革:教学方法改革是高校思想政治教育教学改革的重要内容,是为了适应时代发展和学生需求而进行的必然选择。通过方法的创新和改善,可以有效提高教学效果,激发学生学习的兴趣和积极性,促进他们的思维能力和创新意识的培养。同时,教学方法改革也有利于形成多元化的教学模式,满足不同学生学习方式的需求,促进教育教学质量的提升。在教学方法改革的过程中,需要教师不断学习和探索新的教学方式,不断优化课堂教学环境,不断调整教学策略,确保教学过程更加生动、有效和富有启发性。

随着社会的快速发展和高校教育的不断完善,教材建设改革成为当前高校思想政治教育教学改革的重点任务之一。教材是教学的重要支撑,直接关系到教育质量和教学效果。因此,加强高校思想政治教育教学教材建设,推动教材创新和改革,势在必行。通过优化教材结构,丰富教材内容,提高教材质量,有利于培养学生全面发展和创新能力,提升教学质量和效果。只有不断完善高校思想政治教育教学教材建设,才能更好地适应社会发展需求,促进学生全面发展,推动高校思想政治教育教学改革不断深入。

高校思想政治教育教学改革的背景和意义在于促进学生全面发展。高校思想政治教育教学改革的重点任务包括培养德智体美劳全面发展的社会主义建设者和接班人。教师队伍建设改革是高校思想政治教育教学改革的重要组成部分。

高校思想政治教育教学改革的背景和意义在于鼓励学生主动参与学习，提高思想政治教育的实效性和针对性。改革的重点任务是推进教育内容和教学方法的创新，培养学生的综合素质和创新精神。同时，考核评价体系的改革是为了更好地反映学生的综合能力和水平，促进学生的全面发展。这一改革的意义在于引导学生正确树立思想观念，提高学生的政治素养和思想品德，促进学生的全面发展和成长。

四、高校思想政治教育教学改革的路径与策略

高校思想政治教育教学改革的背景和意义在于推动高校教育体制的进步和发展，促进学生的全面素质提升，培养德智体美劳全面发展的社会主义建设者和接班人。面对时代变革和社会需求，高校思想政治教育教学改革势在必行。路径与策略主要包括建立科学的教学体系、完善教育评价机制、创新教学内容和方法，促进教师专业发展，激发学生学习潜能。推动制度机制创新，是高校思想政治教育教学改革的关键环节，也是推动教育现代化发展的必然要求。建立健全的制度体系，完善教育管理机制，推进教育教学改革深入发展，是高校迈向世界一流教育的必由之路。

高校思想政治教育教学改革的背景和意义在于适应当前高校教育改革的需要，提升学生思想政治素质和综合素质。高校思想政治教育教学改革的路径与策略主要包括加强课程建设、创新教学方法，培养学生主体意识，加强社会实践教学等多方面措施，为高校思想政治教育注入新的活力和动力。在强化教师培训与引进方面，应该注重提高教师的专业水平和教学能力，引进具有实践经验和专业知识的教师，不断推动高校思想政治教育教学改革取得实质性成果。

高校思想政治教育教学改革是当前教育领域的重要议题之一，为培养具有创新能力和社会责任感的高素质人才提供了重要支撑和保障。在实施改革的过程中，充分发挥学生的主体性和参与性，能够激发学生的学习兴趣和创造力，提升教学效果和学习质量。通过引导学生积极参与教学活动，促进他们在实践中不断发展和完善自身的思想观念，培养他们的批判性思维和创新能力，为构建和谐校园环境和社会秩序作出积极贡献。

当前，高校思想政治教育教学改革已成为教育领域的重要议题。为了更好地推动这一改革，拓展社会资源支持与合作显得尤为重要。通过与政府、企业以及社会组织等多方合作，高校可以更好地整合外部资源，提升教学质量，推动改革进程。积极开展产学研深度合作，引入社会专家参与改革设计和评估，可有效提升教学质量和教育

实践能力。同时，加强与社会组织的合作，可以为学生提供更多实践机会和社会资源，培养学生的社会责任感和创新精神。综合利用社会资源支持与合作，将为高校思想政治教育教学改革注入新的活力和动力。

五、高校思想政治教育教学改革效果的评估与展望

教学改革效果评估是对高校思想政治教育教学改革实施后的成果进行客观评价和持续监测，以确定改革取得的效果和存在的问题，为改革的深化和进一步优化提供依据。通过评估，可以及时发现和纠正问题，促进教学质量的提升，进一步激发学生的学习热情和思想认同感。评估结果也可以为未来的教学改革提供经验和借鉴，指导学校制定更为科学和有效的教学改革策略。因此，教学改革效果评估不仅是对过去工作的总结，更是对未来发展的规划和引领。在未来的工作中，需要继续加强评估工作，做好数据收集和分析，为高校思想政治教育教学改革的可持续发展提供强有力的支撑。

未来发展预期：我校将继续推动思想政治教育教学改革，加强师资队伍建设，注重教学方法改革，增加学生参与度和实践机会。同时，加强对学生的思想政治工作，引导他们正确树立世界观、人生观和价值观，培养全面发展的社会主义建设者和接班人。未来，我们将进一步深化思想政治教育改革，提升教育教学质量，培养更多社会需要的优秀人才，为建设社会主义现代化国家贡献力量。

第二节 高校思想政治教育教学改革的国际比较与借鉴

一、国外高校思想政治教育教学改革的经验

美国在高校思想政治教育教学改革方面拥有丰富的经验和成功的案例。他们注重培养学生独立思考和创新能力，倡导多元化的教学方法和资源。同时，美国高校注重教师的专业发展和提高教学质量，积极营造互动式和开放式的学习环境。在内容设置上，他们关注学生的兴趣和需求，注重培养学生的现代化素养和批判思维能力。美国高校还注重与社会和行业的对接，让学生的学习更具实践性和针对性。通过不断创新和改进，美国高校在思想政治教育教学改革方面取得了显著成就，为世界各国提供了宝贵的经验和启示。

英国高校思想政治教育教学改革的经验一直备受关注。英国的经验值得我们借鉴和学习，从中可以发现许多有益的启示。虽然英国的情况与我们国家不尽相同，但他们在高校思想政治教育教学改革方面所做的努力和取得的成果，仍然可以为我们提供

宝贵的经验和教训。英国的做法在某种程度上为我们提供了一种新的思路和方法，值得我们认真学习和思考。在国外高校思想政治教育教学改革的过程中，我们应该认真总结英国的经验，为我们国家的高校思想政治教育教学改革提供有益的参考和借鉴。

德国在高校思想政治教育教学改革方面积累了丰富的经验，其中重视学生的自主学习和思辨能力的培养。德国高校注重鼓励学生参与研究性学习和跨学科的合作，推动学生自主选择学习领域。德国高校还重视培养学生的社会责任感和创新能力，注重学生全面发展。德国高校为学生提供了丰富的实践机会，帮助他们将理论知识应用到实际生活中，全面提升学生的综合素质。德国高校的思想政治教育教学改革不仅促进了学生的个人发展，也为国家和社会的发展注入了新的活力。

日本在高校思想政治教育教学改革方面积极探索，通过引进先进的教育理念和教学模式，不断提升教育质量。日本高校注重培养学生的创新能力和实践能力，通过跨学科的教学和项目式学习，激发学生的学习热情。同时，日本高校也非常重视思想政治教育的深入推进，将其纳入课程体系，引导学生积极思考社会问题，独立思考并形成正确的人生观和世界观。日本的经验为我国高校思想政治教育教学改革提供了有益的借鉴，拓宽了我们的思路，推动了我国高校教育水平的提高。

韩国在高校思想政治教育教学改革方面积极探索与实践，借鉴了国外先进的经验和教育模式，取得了显著成效。通过引进现代化的教学理念和方法，韩国高校成功提升了学生思想政治教育的质量与效果，培养出一大批具有国际竞争力的优秀人才。韩国高校在倡导民主精神、开展全面素质教育、促进学生综合发展等方面走在世界前列，为我国高校思想政治教育教学改革提供了宝贵的借鉴和启示。韩国倡导以人为本的教育理念，注重培养学生的创新能力、实践能力和自主学习能力，为高校思想政治教育教学改革树立了良好的榜样。

二、国际高校思想政治教育教学改革的启示

学生思想政治教育的参与性对于高校思想政治教育教学改革至关重要。只有通过激发学生的积极性和主动性，才能真正实现教育目标。提高学生的参与性，意味着要赋予他们更多的话语权和选择权，让他们在教育过程中能够真正做到全面发展。通过不断改进教学方式和手段，鼓励学生参与讨论、研究和实践，培养他们的批判性思维和创新能力，进而提升思想政治教育的有效性。只有让学生参与其中，才能使教育更加贴近实际需求，更加积极地引导学生树立正确的世界观、人生观和价值观。强化学生思想政治教育的参与性，不仅是一种改革需求，更是为了使教育更具有现实意义和积极影响力。

高校思想政治教育教学改革的背景和意义，评估效果并展望未来，比较国际经验

并借鉴其中启示，为教师思想政治教育培训提供指导和支持。通过这些措施，可以推动高校思想政治教育教学改革向纵深发展，提升教育水平和教学质量，为全面建设社会主义现代化国家贡献力量。

在推动高校思想政治教育教学国际化交流方面，我们必须认识到这对于提升我国高校教学水平和国际声誉具有重要意义。通过与国际先进教育理念的交流，我们可以借鉴外国教育改革经验，不断完善自身教育体系。同时，国际化交流也可以促进我国高校教师和学生的国际视野和跨文化能力，提升他们的综合素质。只有与世界接轨，才能更好地培养符合时代需求的人才，推动我国高等教育事业不断前行。

三、国际高校思想政治教育教学改革成效评估

在进行高校思想政治教育教学改革的成效评估时，我们可以采用多种方法来进行评估。其中，定量分析是其中一种方法，通过统计学的手段来评估改革的具体效果。定性分析也是一种重要的评估方式，通过深入访谈、问卷调查等方式来收集相关数据。案例研究方法也可以用来评估高校思想政治教育教学改革的成效，通过对一些具体案例的分析来了解改革的实际影响。而在评估方法的选择上，我们还可以结合多种方法，进行综合评估，以全面了解高校思想政治教育教学改革的实际效果。因此，选择合适的评估方法对于对高校思想政治教育教学改革的成效进行准确评估具有重要意义。

高校思想政治教育教学改革的背景和意义是在当前社会发展背景下的必然要求，对提高大学生的思想政治素质、促进大学生全面发展具有重要意义。通过对高校思想政治教育教学改革效果的评估与展望，可以不断完善改革政策，提升教学质量。借鉴国际经验，可以发现其他国家在高校思想政治教育教学改革方面的成功案例，为我国的改革提供参考。国际高校思想政治教育教学改革成效评估可帮助我们更客观地了解自身改革的效果，找出存在的不足和问题，进一步改进工作。未来的发展趋势预测及对策建议则是在总结经验教训的基础上，指导我国高校思想政治教育教学改革朝着更有利于学生发展的方向前进。

第八章 高校思想政治教育教学改革研究的课程设置和教学方法的调整

第一节 课程设置的调整

一、初步调整

课程目标的明确是高校思想政治教育教学改革的重要一环。在对课程设置进行初步调整时，必须确立清晰明确的目标，明确指导学生在学习过程中应该达到的预期效果。只有通过设定明确的目标，才能有效地引导教学内容的设计和教学方法的选择，使得教学过程更加有针对性和有效性。这样才能确保教育教学改革的顺利进行，为学生的综合素质提升提供有力支撑。

在课程内容的更新方面，针对当前社会发展的新问题和新需求，必须不断更新教材内容。可以通过梳理现有教材，剔除过时内容，增加新的理论观点和实践案例，使教材内容更加符合时代要求和学生实际需求。例如，可以加入最新的思想政治理论研究成果，引入一些新颖而有代表性的研究案例，提高教材的权威性和实用性。

结合实践案例的教学方法也是必不可少的。通过分析实际问题和案例，可以使学生更好地理解理论知识，提高他们的思维能力和实际应用能力。在教学过程中，可以采用案例分析、小组讨论、角色扮演等多种形式，激发学生的学习兴趣，促进他们的思考和独立思考能力的培养。通过不断调整课程设置和更新教材内容，高校思想政治教育教学可以更好地适应时代的发展需求，培养更具有社会责任感和创新精神的优秀人才。

二、深化调整

教材选择的优化：针对 A 高校思想政治教育教学改革研究的课程设置和教学方法的调整，我们需要深化课程内容，选择符合学生学习需求和课程要求的教材。优化教材选择是提高教学质量和效果的关键步骤，确保教材内容全面准确、易于理解，符合学生学习水平和个性发展需求。通过优化教材选择，能够使思想政治教育更具针对性和实用性，激发学生学习的热情和兴趣，提升他们的思想政治素养和综合素质。在教材选择的优化过程中，我们需要认真研究不同教材的特点和优势，结合课程教学目标和教学方法，精心挑选适合的教材，促进学生全面发展和提高综合素质。

教学方式的创新：在教育教学改革中，我们着力创新教学方式，引入线上线下相结合的混合教学模式，结合学生实际情况设置个性化学习方案。同时，我们积极探索问题驱动式教学、团队合作式学习等先进教学方法，注重培养学生的创新意识和实践能力。通过多样化的教学方式，提高了学生的学习积极性和参与度，进一步促进了学生的综合素质的提升。教学方式的创新成为推动高校思想政治教育教学改革的重要引擎，为培养德智体美劳全面发展的社会主义建设者和接班人奠定了坚实基础。

在高校思想政治教育教学改革研究中，课程评价的改进至关重要。通过深化调整课程设置，学校可以更好地评估学生的学习情况和能力水平，进而调整教学方法，提高教学效果。在评价过程中，不仅需要注重学生的知识掌握情况，还要考察他们的思想政治素养和实践能力。通过多种评价方法，如考试、作业、讨论、实践等，可以全面地了解学生的学习状况，帮助他们全面发展。同时，评价结果也可以为学校提供合理的教学反馈，指导课程改革和教学实践，促进思想政治教育的全面进步。通过课程评价的改进，高校思想政治教育教学改革将迈上新的台阶，不断优化教学质量，培养出更多优秀的学生。

为了更好地培养学生的实践能力和综合素质，我们对课程设置进行了深化调整。特别是在实践环节的加强方面，我们增加了更多的实践课程和项目，让学生能够通过实际操作和实践体验，更加深入地理解思想政治教育的重要性，并将理论知识与实际情况相结合。通过参与社会实践、调研项目等活动，学生不仅能够提升自己的实践能力，还能够增强对国家发展和社会进步的理解，培养家国情怀和社会责任意识。实践环节的加强不仅提高了学生的综合素养和实践能力，也为他们未来的发展打下了坚实的基础。

三、终极调整

在高校思想政治教育教学改革中，课程体系的重构是十分关键的一环。通过对课程设置的调整和终极调整，我们可以实现对教学内容、教学方法的全面提升和优化。课程体系的重构意味着要对现有的课程结构进行全面梳理和重新设计，以适应时代发展和学生需求的变化。这种重构将为学生提供更具针对性和实用性的教育内容，进一步激发学生的学习兴趣和学习动力，提高教学效果和学习效益。通过对课程体系的重构，高校思想政治教育教学将实现更高水平的发展和更深层次的教学改革。

教学团队的建设：教学团队的建设是高校思想政治教育教学改革的重要一环，只有建设好教学团队，才能确保教学质量的提高。在 A 高校的研究中发现，通过定期的培训和学术交流，教师们的教学能力得到了显著提升。同时，学校还注重引进优秀的教授和专家，组建了一支高水平的教学团队，他们能带领学生深入学习，激发学生的学习兴趣。学校还重视教师之间的合作与团队精神的培养，通过共同探讨、互相学习，不断提高教学质量。教学团队的建设不仅可以推动教学改革的顺利进行，也能够为学生提供更好的教育资源，培养出更多具有创新精神和实践能力的优秀学子。

第二节　教学方法的调整

一、传统教学模式的挑战

通过对高校思想政治教育教学改革的研究，发现课程设置和教学方法的调整是至关重要的。在课程设置的调整中，终极调整需要重点关注教学内容的更新和深化，以适应时代发展的需求。同时，教学方法的调整也是必不可少的，传统教学模式的挑战让我们意识到需要寻找更有效的教学方式。多媒体教学的应用成为重要的选择，通过利用多种多样的技术手段和工具，可以更生动地呈现教学内容，提高学生的学习兴趣和参与度。在今后的高校教育中，不断探索和推广多媒体教学的应用将是必然的趋势。

互动式教学的推动意味着对传统教学模式的挑战，通过课程设置的调整和教学方法的改变，实现最终的终极调整。在这一过程中，学生和老师的互动成为教学的核心，促进了思想政治教育教学改革的顺利进行。通过互动式教学，学生能够更好地理解和掌握知识，激发了学生的学习兴趣和主动性，使课堂变得更加生动和富有活力。互动式教学不仅提升了教学效果，也提高了学生的能力和素质，为高校思想政治教育教学改革的深入推进提供了新的动力和方向。

二、翻转课堂的探索

学生参与度的提升可以有效促进思想政治教育教学的深入开展。通过翻转课堂等教学方法的探索，学生在课堂中能够更主动地参与讨论和思考，促进了师生之间的互动与交流。学生的积极参与不仅可以提升他们的学习兴趣和主动性，还可以促进团队合作和自主学习能力的培养。终极调整课程设置和教学方法，使得学生在教学中能够更具体地了解和学习党的理论知识，激发他们的爱国情感和社会责任感，真正做到将党的思想教育融入每一节课程之中，促使学生树立正确的人生观和价值观。

学习效果的提升是高校思想政治教育教学改革的重要目标之一。通过对课程设置和教学方法的调整，特别是翻转课堂的探索，可以更好地激发学生的学习动力和自主学习能力，提高他们的参与度和学习效果。这种教学方式能够打破传统的教学模式，更好地激发学生的学习兴趣和思维潜力，使他们在课堂内外都能获得更多的知识和技能。通过这种方式，学生可以更好地理解和掌握课程内容，提升他们的学习兴趣和学习主动性，从而达到学习效果的提升的目的。

随着高校思想政治教育教学改革的深入，教师的角色也在悄然发生着转变。他们不再是简单的传授知识的"灌输者"，而是更多地扮演着引导者和激励者的角色，激发学生的思考和创新意识。教师们不再是唯一的知识源泉，他们更注重引导学生自主学习，培养学生的自主学习能力和解决问题的能力。在课堂上，教师们更多地扮演着指导者和组织者的角色，引导学生积极参与讨论和合作学习，营造积极向上的学习氛围。他们注重学生的个性化需求，针对不同学生的学习情况和特点制定个性化的学习方案，使每个学生都能得到有效的指导和帮助。通过不断地探索和实践，教师们正在逐渐适应这种新的教学角色，并不断提升自己的教学水平和能力。随着教师角色的转变，高校思想政治教育教学改革也将迎来更加积极的发展。

三、实践教学的强化

实践基地的建设是高校思想政治教育教学改革的重要举措之一。通过建设实践基地，可以为学生提供更加丰富的实践活动和实践机会，促进他们将理论知识与实际生活相结合，增强实践能力和解决问题的能力。实践基地的建设需要与社会各界进行深入合作，为学生提供多元化、实践性强的教学环境和资源，提升教学质量和效果。同时，实践基地的建设还可以促进教师的教学方法创新和实践教学的强化，推动高校思想政治教育教学改革不断深化和完善，更好地培养学生的综合素质和能力。

实践项目的设计：在高校思想政治教育教学改革中，实践项目的设计是至关重要的一环。通过合理设计实践项目，可以有效促进学生的思想政治素养的提升，培养学生的实践能力和创新意识。在设计实践项目时，应该结合课程内容和学生的实际情况，注重项目的针对性和可操作性。同时，要注重项目的引导性和创新性，鼓励学生运用所学知识进行实践探究和创新实践，培养学生的问题解决能力和团队合作意识。还应该重视实践项目的评估和反思，及时总结经验，不断完善和提升实践项目的设计水平，确保实践教学的质量和效果。通过精心设计的实践项目，可以有效促进高校思想政治教育教学改革的实施，推动学生全面发展和综合素质的提升。

实践教学的重要性不言而喻，它可以让学生在真实场景中应用所学知识，培养他们解决问题的能力和实践能力。高校可以通过组织实习、社会实践、实验实践等形式，让学生参与其中，提升他们的实践能力。在这个过程中，学生可以从中学习到更多专业技能和实际操作经验，培养分析问题、解决问题的能力。

高校还可以通过开展案例分析、小组讨论、实践课程等形式，培养学生的实践能力。通过实践能力的培养，学生可以更好地适应社会需求，提高就业竞争力。同时，实践能力的培养也可以促进学生的全面发展，培养他们综合素质和创新能力。

通过以上措施，高校可以有效地培养学生的实践能力，提高他们的综合素质，更好地适应社会发展的需要。实践教学的重要性不容忽视，希望高校能够加强对实践教学的重视，为学生的综合发展和社会需求做出积极贡献。

实践成果的评价是高校思想政治教育教学改革中至关重要的一环，能够客观地反映学生在实践中的表现和成果。然而，目前实践成果评价体系存在一些问题，如评价指标不够科学、评价标准不够严谨、评价内容不够全面等。因此，进行实践成果评价的制定与完善至关重要。

在高校进行实践成果评价时，应当结合学生在实践活动中展现出来的思想政治素养、实际能力和解决问题的能力等方面进行综合评价，避免片面化和机械化评价。同时，评价指标的制定应当与实际情况相结合，既要考虑学生的成长过程，也要考虑社会对人才的需求，提高评价的科学性和针对性。

实践成果评价的重要性不言而喻，它能够促进学生思想政治教育的深入发展，指导学生的学习和实践，为高校培养具有社会责任感和创新能力的优秀人才打下良好基础。因此，对实践成果评价体系的制定与完善需引起高校的高度重视，为高校思想政治教育教学改革提供坚实支撑。

高校在思想政治教育教学改革中，实践经验的分享显得尤为重要。通过各种渠道，如学术会议、研讨会、教学展示等，高校可以分享各自的实践经验，并可以借鉴他校的成功经验。这种实践经验的分享不仅可以促进教学改革的良性循环，还能把教师们的教学水平和经验提升到一个新的高度。通过分享实践经验，不仅可以加深教师之间的合作交流，增进师生关系，还可以为学生提供更加丰富的学习体验，激发学生的学习兴趣和积极性。实践经验的分享,可以为高校思想政治教育教学改革提供更多的思路和方向,为培养德智体美劳全面发展的社会主义建设者和接班人提供有力支撑。

第三节 案例分析与实证研究

一、个案研究

从个案研究中可以看出,成功经验主要体现在教师的专业能力和教学方法上。一方面,教师们在课程设计上进行了深度思考,结合学生的实际需求和教学大纲要求,进行了科学合理的课程设置与调整。另一方面,教师们注重采用多元化的教学方法,例如案例教学、讨论式教学等,激发学生的学习兴趣和主动性,使教学更加生动有趣。

随着教师们在实践中不断摸索和实践,高校思想政治教育教学改革取得的显著成效也在不断显现。学生的综合素质得到了有效提升,他们对思想政治课程的兴趣愈发浓厚,学习效果也得到明显提升。这些成功经验的总结为今后的教学改革提供了宝贵的借鉴,为高校思想政治教育的质量提升奠定了坚实基础。

通过对高校实践教学中存在的问题进行分析,可以看出,问题症结主要体现在教育资源分配不均衡、教学内容单一化、教学方法传统化等方面。由于教育资源的不均衡分配,导致一些学校在教学条件、师资力量等方面存在明显差距,影响了教学质量的提升。教学内容的单一化使得学生缺乏综合性的学习能力,无法应对复杂多变的社会环境。

同时,传统的教学方法也限制了学生的思维发展和创新能力。教师主导式教学模式使得学生缺乏自主学习的机会,难以培养独立思考和解决问题的能力。缺乏案例分析与实证研究的教学方式也限制了学生对学科内容的深入理解和实践应用能力的培养。

这些问题症结共同阻碍了高校思想政治教育教学改革的实施,需要深入思考和探讨如何从根本上解决这些问题,提升高校教育教学质量。

针对高校实践教学问题,需要加强教师队伍建设,提高他们的教学能力和专业水平。通过培训和进修课程,使教师更加熟悉实践教学方法,能够灵活运用不同的教学手段和资源,从而更好地引导学生进行实践学习。

还可以优化教学资源配置,使用先进的教学设备和技术,提高实践教学的效果和质量。同时,建立多元化、实用性强的实践教学项目,鼓励学生参与其中,培养他们的创新意识和实践能力。

高校思想政治教育教学改革需要从多个方面入手,综合利用各种资源和手段,不断探索适合当代高校教育的教学方式和方法，为培养德智体美全面发展的社会主义建设者和接班人做出应有的贡献。

教学模式的改良是高校思想政治教育教学改革的关键环节。通过对课程设置和教学方法的调整，可以更好地激发学生的学习兴趣和参与度。在实践教学的强化方面，可以让学生更加深入地了解理论知识与实际操作的结合，从而提高他们在实践中解决问题的能力。案例分析与实证研究也是教学改革的重要方向，通过对真实案例进行分析和研究，可以帮助学生更好地理解理论知识，并将其应用到实际问题中解决。在个案研究方面，可以针对不同类型的学生，采取个性化的教学方法，更好地满足他们的学习需求。通过改良教学模式，可以提高高校思想政治教育教学的质量，培养更多具有创新能力和实践能力的优秀人才。

效果评估是高校思想政治教育教学改革中至关重要的一环。当前，虽然已经建立了一定的评估体系，但存在着评估内容单一、指标设置模糊等问题，无法全面客观地反映教学效果。未来，应该加强对评估指标的细化和量化，注重对学生成长和发展的全面评价，引入多元化评估方法，如问卷调查、学生反馈等，以更好地了解教学效果和改进方向。同时，需要关注效果评估结果的运用，将评估结果纳入教学改革决策的重要参考，推动高校思想政治教育教学不断优化和提升。效果评估的展望将成为未来教学改革发展的重要方向和趋势。

二、教学工作坊

通过教学工作坊和案例分析与实证研究，高校思想政治教育教学改革研究的交流与分享得以实现。在这个过程中，教师们可以相互交流自己的教学心得和经验，分享教学中的挑战和解决方案。通过交流和分享，教师们可以更好地相互启发，提升教学水平，进一步促进高校思想政治教育教学改革的深入发展。

通过对A高校思想政治教育教学改革研究的课程设置和教学方法的调整，我们可以看到教学技能的提升是其中至关重要的一环。在实践教学的强化中，教师们能够更好地指导学生将理论知识运用到实际生活中，从而提升他们的应用能力和创新思维。同时，通过案例分析与实证研究，学生们能够深入了解现实问题的本质，并通过解决问题的实践来提升自己的能力。教学工作坊则为教师提供了一个交流经验、共同提升教学水平的平台，促进教学方法的不断创新和完善。终极调整是对课程设置和教学方法进行系统性、深入的优化和提升，使教育教学在更高水平上得以实现。通过这些调整，教师们的教学技能得到全面提升，为高校思想政治教育教学改革的全面推进提供了有力支持。

在高校思想政治教育教学改革研究中，效果的跟踪是不可或缺的一环。通过对课程设置和教学方法的调整,可以更好地评估和跟踪学生的学习效果,及时发现问题并进行相应的调整。实践教学的强化能够让学生在实践中更好地理解和运用所学知识,案例分析与实证研究则能够帮助学生将理论联系实际。教学工作坊则提供一个互动式的学习环境,激发学生的学习兴趣和主动性。通过对教学效果的跟踪,可以及时发现教学过程中的问题并进行调整,确保教学目标的达成。

三、研究报告

调研结果的分析:通过对 A 高校思想政治教育教学改革研究的课程设置和教学方法的调整进行研究和实证分析,我们发现课程设置的调整是为了更好地适应当代大学生的学习需求,不断满足他们对思想政治教育的需求。同时,终极调整的目的在于提高教学质量,促进学生全面发展。教学方法的调整则呼应了实践教学的强化,使学生在实践中感悟真理,提高自身实际能力。

案例分析与实证研究进一步证明了这些调整对提升教学效果的积极影响。研究报告指出,通过引入更加贴近实际和生活的案例分析,学生在思想政治教育课程中得到了更具体、更实在的启发和感悟,激发了他们的学习兴趣。调研结果的分析显示,这些调整措施为学生的全面发展和学习质量的提高提供了有力支持,对 A 高校思想政治教育教学改革起到了积极的推动作用。

在高校思想政治教育教学改革研究中,需要重点关注课程设置和教学方法的调整。针对课程设置,应该进行终极调整,结合实践教学的强化,以案例分析与实证研究为基础,进行研究报告的撰写。在教学方法上,需要创新,注重实践教学的引入,提高学生的实际操作能力和解决问题的能力。通过以上调整措施,可以更好地促进高校思想政治教育的深入发展,为学生提供更加有效的教育教学体验。希望相关部门能够认真考虑这些建议,推动高校思想政治教育教学改革取得更好的成效。

下一步工作的规划:在研究高校思想政治教育教学改革的过程中,我们需要进一步深入探讨课程设置的调整、教学方法的转变以及实践教学的强化。我们计划继续进行案例分析与实证研究,撰写研究报告并进行讨论与交流。下一步,我们将重点关注实践教学在思想政治教育中的作用,并寻求更有效的教学方法以推动课程改革的落实。通过持续的研究与实践,我们希望为高校思想政治教育的发展贡献我们的力量,推动学生思想政治素养的提升。

学科研究的创新在高校思想政治教育教学改革中起着举足轻重的作用,通过不断探索和实践,我们能够更好地适应当代大学生的需求。在课程设置的调整中,终极调整将促进教学内容的精准对接,使学生能够更好地领会教育教学的核心理念。同时,在教学方法的调整中,实践教学的强化能够提升学生的实际操作能力,培养他们的综合素质。通过案例分析与实证研究，我们能够更好地总结经验，为今后的教学提供参考。研究报告的撰写将成为学术交流的平台，促进学科研究的创新，不断推动高等教育的发展。

第四节　教师队伍的建设

一、师资结构的调整

在高校思想政治教育教学改革研究中，优秀教师的留住显得尤为关键。要实现优秀教师的留住，首先需要加强师资结构的调整，提高教师队伍的整体素质。同时，通过对教师的综合考核和激励机制的建立，激发教师的学术研究热情和工作激情，从而更好地留住优秀教师。在教师队伍的建设中，还要重视教师个人的职业发展规划，为优秀教师提供更广阔的发展空间和更多的成长机会。只有通过这些措施的综合施行，才能真正实现优秀教师的留住，为高校思想政治教育教学改革提供强有力的师资支持。

随着高校思想政治教育教学改革的不断深入，新生教师的引进变得尤为重要。针对现行教师队伍中存在的结构不合理和学科覆盖范围不足等问题，学校需要加大对新生教师的引进力度，引进一批具有创新意识、专业素养和实践经验丰富的优秀教师。这不仅可以有效提升教师队伍整体水平，还能够注入新的思想和活力，推动教学改革的深入发展。通过新生教师的引进，学校可以实现师资结构的调整，更好地满足学生的学习需求，推动高校思想政治教育教学的创新与发展。

二、教师培训的加强

教学理念的更新是高校思想政治教育教学改革中的重要环节。通过不断反思和总结，我们认识到传统的教学理念已经无法满足当代大学生的需求。因此，我们积极倡导开放式的教学方法，鼓励学生们自主探索和思考，培养学生的批判性思维能力和创新意识。同时，我们也注重践行"以人为本"的教育理念，关注学生的个性差异，注重个性化教学，使每个学生都能得到适合自己的教育。在教学实践中，我们注重将理论与实践相结合，引导学生通过实践活动，将所学理论知识转化为实际能力，从而真正提高他们的综合素养。通过不断地更新教学理念，我们期待能够培养出更多具有创新精神和实践能力的优秀人才。

在高校思想政治教育教学改革研究中，专业技能的提升是至关重要的。通过加强教师队伍的建设和教师培训的加强，可以有效提升教师的专业素养和教学水平。教师在不断提升自身专业技能的过程中，将更好地适应教育教学改革的需要，提供更高质量的教学服务。同时，专业技能的提升也能够帮助教师更好地与学生互动，引导学生积极参与课堂活动，激发学生的学习兴趣和潜能。通过专业技能的提升，可以有效促进高校思想政治教育教学改革的深入发展，为培养德智体美全面发展的社会主义建设者和接班人提供有力支撑。

教学风格的改进是高校思想政治教育教学改革中至关重要的一环。通过不断地探索和实践，我们逐步形成了一套符合现代教育理念的教学风格。这种教学风格注重互动式教学，强调师生之间的交流与互动，激发学生的学习兴趣和参与度。同时，我们还注重引导学生自主学习，培养其批判性思维和解决问题的能力。教师在课堂上更注重激发学生思考，引导他们从多角度去思考问题，从而提高他们的综合分析能力和判断能力。通过教学风格的改进，我们相信能更好地培养学生的思想政治素养，为他们的未来发展奠定坚实的基础。

在高校思想政治教育教学改革研究中，教学团队的协作显得尤为重要。通过建立一个团结合作的教师团队，可以更好地协同合作，共同探讨教学方法和课程设置的调整，为学生提供更加优质的教学。教师们可以相互交流经验，互相启发，不断创新教学方式和理念。同时，教师之间的互相支持和鼓励，也能够增强团队凝聚力，提升教学效果。

在教学团队中，每位教师都应该承担起自己的责任，积极发挥自身优势，为团队提供更多的可能性和选择。通过团队的互相配合与协作，可以在教育教学领域中取得更好的成果，为学生的综合素质提升贡献力量。只有团结协作，才能让教学工作更加高效，让教育事业更上一层楼。

三、教师激励机制的建立

为了进一步提高高校思想政治教育教学改革研究的水平，我们迫切需要完善教师评价体系。通过建立科学的评价标准和体系，可以更好地激励教师的积极性和创造性，促进他们在教学中不断提升专业能力和教学水平。只有通过完善的教师评价体系，才能确保高校思想政治教育教学的质量和有效性，为学生提供更加优质的教育资源和教学环境。因此，我们需要加强对教师评价体系的研究和完善，为高校思想政治教育教学改革提供坚实的保障。

制定教师奖励政策是高校思想政治教育教学改革中至关重要的一环。教师是教育教学的核心，他们的教学质量、教学效果直接关系到学生的思想政治教育成效。因此，制定教师奖励政策可以激励教师积极参与教学改革，提高他们的教学水平和教学热情。

同时，教师奖励政策的建立也可以带动整个教师队伍的建设，促进教师的专业发展和教学能力提升。通过奖励优秀教师，可以树立榜样，吸引更多优秀人才从事思想政治教育工作，进一步推动整个教育教学体系的不断完善和提升。因此，在高校思想政治教育教学改革中，制定教师奖励政策是必不可少的一环。

教师发展通道的拓展是高校思想政治教育教学改革中至关重要的一环。如今，越来越多的教师在岗位上长时间徘徊，缺乏发展的动力和机会。因此，建立起更加科学、完善的教师激励机制和发展通道显得尤为紧迫。

教师激励机制的建立对于激发教师的工作热情和创造力至关重要。通过提供晋升机会、加薪奖励等措施，能够有效地激励教师积极投入到教学改革中。拓展教师的发展通道，不仅可以帮助教师实现个人职业发展规划，还可以为学校带来更多的人才储备和创新思维。

高校思想政治教育教学改革需要从教师这个关键环节入手，充分挖掘教师的潜力和创造力，为教育事业的发展注入新的活力和动力。

教师精神文化的培养对高校思想政治教育教学改革具有重要意义和必要性。高校教师作为学生身心发展的引领者和示范者，其思想素质、道德品行、专业精神直接影响着学生的认知和行为。通过对教师精神文化的培养，可以提高其教育教学水平和价值观念，推动思想政治教育教学更加深入有效地开展。

教师精神文化的培养包括不断提升教师的思想境界和文化修养，引导教师积极投身社会实践，推动教师职业发展与自我完善。只有具备高尚情操和卓越道德品质的教师，才能在高校教育中起到示范和引领作用，引导学生成长成才。因此，加强对教师精神文化的培养，是高校思想政治教育教学改革的重要环节，也是推动高校教育事业发展的关键之举。

第九章 高校思想政治教育教学改革研究教师队伍建设和培训

第一节 确定培养目标和需求

一、分析当前高校思想政治教育教学改革的形势

教师队伍结构和素质对于高校思想政治教育教学改革至关重要。教师队伍的结构应该多样化,涵盖不同学科背景和教学经验。这样可以为学生提供更广泛的视野和思考方式,促进他们的全面发展。教师的素质也至关重要,包括专业知识和教学技能,教育理念和情感态度等方面。只有具备高素质的教师,才能真正引领学生积极参与思想政治教育教学改革,提高课堂教学质量。

通过调研教师队伍的结构和素质,可以更好地了解当前教师队伍的优势和不足,为今后的培训和发展提供指导。因此,建议高校加强对教师队伍的调研工作,针对性地开展培训和提升计划,不断提高教师的综合素质和教学水平,促进高校思想政治教育教学改革的实施和发展。

在高校思想政治教育教学改革中,教师队伍建设和培训是一个亟待解决的问题。目前,教师队伍中存在着教学经验不足、教学理念陈旧、教育教学方法单一等情况。由于大部分教师长期从事教学工作,缺乏更新观念和知识技能的机会,导致他们在思想政治教育教学中难以适应时代潮流和学生需求。

目前高校思想政治教育教学中缺乏明确的培养目标和需求,教师在教学过程中往往缺乏具体的指导和评价标准,导致教学效果难以达到预期目标。由于教师队伍中的年龄结构偏大,年轻教师的培养和磨练也是一个亟待解决的问题。

因此,高校思想政治教育教学改革需要重视教师队伍的建设和培训,提升教师的综合素质和专业水平,以更好地适应当下高校教育的需求。

在确定改革的方向和目标时,我们需要深入分析当前高校思想政治教育教学的现

状和存在的问题。随着社会的快速发展和文化的多样化，传统的思想政治教育方式已经不能完全满足学生的需求。因此，我们需要不断探索符合时代发展和学生需求的教学方式和内容，以提高教学质量和教育效果。

确定改革方向和目标是推动高校思想政治教育教学改革的关键。通过明确教育的目标和需求，我们可以更好地指导教师的教学工作，并激发学生的学习兴趣和积极性。同时，根据确定的方向和目标，我们可以有针对性地制定改革措施和教学计划，进一步提升教育教学质量，培养德智体美劳全面发展的社会主义建设者和接班人。

正因为如此，确定改革方向和目标是高校思想政治教育教学改革的基础和前提。只有明确了目标，我们才能更好地指导改革实践，为高校思想政治教育的发展和进步提供坚实的基础。

二、设计培训方案

在确定教师队伍建设和培训的策略时，首先需要明确培养目标和需求。通过对教师队伍的现状进行分析和评估，可以确定出需要进行改革和提升的方向。接着，设计培训方案是至关重要的一步。培训方案应该根据教师的实际情况和需求，结合学校的发展战略和教育教学改革的要求，制定出切实可行的培训计划。

而制定培训内容和形式也是影响教师队伍建设和培训效果的关键因素。培训内容应该具有前瞻性和实践性，能够帮助教师拓展思维、更新知识、提升能力。同时，在选择培训形式时，要考虑到教师的实际情况和需求，灵活运用线上线下结合、集中培训和分散培训等多种形式，以达到最佳的培训效果。

总的来说，设计培训内容和形式对于教师队伍建设和培训的重要性不可忽视，只有通过科学合理的设计，才能使教师队伍更加专业化、素质化，进一步推动高校思想政治教育教学的改革与发展。

确定培训的时间和地点对于高校思想政治教育教学改革至关重要。合理的时间安排可以确保教师们在最适宜的状态下参与培训，提高培训效果。比如安排在假期或空闲时间，避免与繁忙的教学任务冲突。选择合适的培训地点也能营造良好的学习环境，有利于教师们的学习和交流。比如选择靠近自然风景优美的地方或者设施完备的培训中心等。同时，培训时间和地点的确定还需要考虑教师的需求和便利性，确保能够最大程度地满足教师的学习需求和个人方便。因此，在高校思想政治教育教学改革的研究中，合理确定培训时间和地点是非常重要的一环。

三、开展培训活动

邀请专家学者进行授课是高校思想政治教育教学改革中不可或缺的环节。专家学者具有丰富的学术经验和研究成果，能够为教师们提供新颖的教学理念和方法。他们的授课不仅可以激发教师们的教学热情，还能够提升其专业水平和教育教学能力。

通过邀请专家学者进行授课，可以为高校教师搭建与国内外学术界交流的平台，促进教师们的学术成长和专业发展。同时，专家学者的授课也可以带来新思想、新观念，为高校思想政治教育教学改革注入新的活力和动力。因此，高校应该积极邀请专家学者进行授课，推动思想政治教育教学改革不断深化。

组织教师进行案例分析和讨论是高校思想政治教育教学改革的重要环节。通过案例分析，教师可以深入了解学生的思想状况和需求，及时调整教学方法和内容，促进教育教学质量的提升。在讨论过程中，教师们可以分享自己的教学经验和心得体会，相互启发，共同探讨如何更好地引导学生，激发他们的学习潜力。通过案例讨论，教师们还能对自身的教学方法和理念进行反思和修正，不断提升自己的教学水平和能力。因此，组织教师进行案例分析和讨论，不仅有利于教师的专业发展，也有助于推动高校思想政治教育教学的创新和改革。

实地考察和调研是高校思想政治教育教学改革的重要环节。通过实地考察，可以深入了解各地高校思想政治教育的实际情况，发现存在的问题和不足，为教学改革提供依据和方向。同时，实地考察也能够促进高校之间的交流与合作，分享成功经验和教训，推动整体水平的提升。

调研是对实地考察的补充和延伸，通过问卷调查、访谈等方式，系统地搜集各方面的信息和意见，为制定改革方案和措施提供参考。只有深入了解实际情况和真实需求，才能制定出切实可行的改革措施，推动思想政治教育教学向更高水平发展。

因此，高校思想政治教育教学改革研究中，安排实地考察和调研是必不可少的一步，是实现教育教学改革的基础和前提。通过认真有序的考察和调研，才能找准问题症结，实现改革目标，提升教学质量和效果。

对于教师培训而言，制定培训效果评估措施是至关重要的。通过评估培训效果，可以及时了解培训的实际效果和问题，为下一步的教师培训提供依据和指导。同时，评估结果也可以帮助学校、教育机构和教师自身更好地调整培训方向，提升培训的实效性和实用性。

在制定培训效果评估措施时，可以考虑从培训目标的达成度、教师专业发展、教学质量提升等方面进行评估。通过问卷调查、面试访谈、教学观摩等方式收集数据，客观评估教师培训效果。同时，也可以建立长期的跟踪机制，持续跟进教师培训效果，及时发现问题并采取相应的改进措施。

制定培训效果评估措施是高校思想政治教育教学改革研究中不可或缺的一环，能够有效提升教师培训的质量和效果，推动高校思政教育教学改革向更好的方向发展。

完善培训记录和档案对于高校思想政治教育教学改革至关重要。完善的培训记录和档案可以帮助学校更好地了解教师的培训需求和学习情况，为进一步的培训提供基础和依据。通过记录和档案的完善，可以及时跟踪和评估教师的培训效果，保证培训的实效性和可持续性。而且，完善的培训记录和档案也能为教师的职称评定和晋升提供重要依据，有效激励教师参与培训，提高教育教学水平。因此，高校应当重视加强培训记录和档案管理工作，确保教师培训的有效推进和落实。

四、提升教师队伍素质

教学氛围的建设对于提升教师队伍素质至关重要。一个积极向上的教学氛围能够激发教师的教学热情，增强他们的责任感和使命感。通过营造良好的教学氛围，可以激励教师们不断学习、自我提升，不断优化教学方法，提高教学质量。同时，一个积极的教学氛围也会激发学生对学习的兴趣，提高教学效果。在这样的氛围中，教师们会相互学习、交流经验，促进教学水平的共同提升。因此，高校应该重视教学氛围的建设，为教师提供创造性的工作环境和发展空间，从而推动教师队伍素质的提升。

教师在自身发展中需要关注的重点主要包括：不断提升专业素养，不断加强教学方法和手段的创新，在实践中不断总结经验，提高自身教学水平。然而，目前在高校思想政治教育教学中，一些教师缺乏进修的动力和机会，导致他们在教学中不能及时学习最新的教学理念和方法，无法适应时代的需求。

同时，一些教师在发展意识上存在偏差，只注重教学业绩和学术研究，缺少对自身的教育教学工作的认识和重视。因此，高校应该加强教师培训，提供更多的学习机会和平台，激励教师不断提升自身的综合素质，努力提高思想政治教育的教学效果。同时，教师个人也需要不断调整自己的发展目标，注重专业发展和教学能力的提升，从而为高校思想政治教育教学改革做出更大的贡献。

五、持续跟踪评估

为了有效地收集教师培训的实施情况和效果数据，我们可以采取多种方式。可以通过问卷调查、访谈或焦点小组讨论等方式收集教师参与培训的反馈意见和感想，了解他们对培训内容和方式的看法。可以通过教师的教学评估数据和学生的反馈意见来评估教师在培训后的教学效果和影响。可以定期组织专门的教师培训评估会议，让教师们分享培训后的改变和成效，以便及时调整培训计划和内容。

分析这些数据对思想政治教育教学改革的意义和影响是至关重要的。通过收集和分析教师培训的效果数据，可以及时发现存在的问题和不足，进一步完善培训计划，提高培训的针对性和实效性。同时，有效的培训可以帮助教师提升专业水平和教学能力，更好地开展思想政治教育教学工作，促进学生思想政治素质的全面发展，推动高校思想政治教育教学改革取得实质性进展。

通过收集教师队伍的反馈意见，可以更全面地了解他们对培训内容、方式和效果的评价和建议。教师们通常能够提供宝贵的实践经验和专业见解，这些反馈意见对于指导教学改革至关重要。

教师们的评价和建议可以帮助我们及时调整和优化培训内容和方式，确保其符合实际教学需求和教学理念。通过分析教师们的反馈意见，可以及时发现培训的不足之处，及时修正和改进，提高培训的针对性和实效性。教师们的反馈意见也可以帮助我们更好地了解他们的需求和期望，从而更好地进行个性化培训，提升教师队伍的整体素质和水平。

因此，收集教师队伍的反馈意见不仅有助于改进培训工作，还能够有效指导教学改革的方向和目标，实现高校思想政治教育教学改革的长远发展和持续进步。

在收集到的数据和反馈意见的基础上，我们认识到教师的培训需求是多样化的。因此，我们制定了针对不同层次和需求的培训方案，包括定期的专业知识培训、教学方法改进培训和心理健康辅导等内容。同时，我们还建立了定期的反馈机制，及时了解教师的培训效果和需求，持续跟踪评估培训成果。

为了进一步提升教师培训的效果，我们采取了多种改进措施。加强了培训内容的针对性和实用性，确保培训内容贴近实际教学需求。优化了培训方式，采用线上线下相结合的形式，提高了培训的灵活性和参与度。加大了培训资源的投入，提升了培训的质量和水平。

经过一段时间的改进和调整，我们发现教师的教学水平和情绪状态均有显著提升，学生的思想政治教育效果也得到了明显改善。这表明我们的培训工作取得了积极的成效，为高校思想政治教育教学改革提供了有力支持。

第十章 学生参与和评价机制的建立

第一节 基于学生需求的参与机制

一、学生需求分析

调研方法是了解学生需求的重要途径,常见的调研方法包括问卷调查、访谈、焦点小组讨论等。问卷调查可以快速获取大量的数据,但有时学生可能缺乏主动性,导致回复率较低。访谈则能深入了解学生个体需求,但耗时较长,样本容量有限。焦点小组讨论则可以促进学生之间的交流和碰撞,但受到主持者水平和参与者数量的限制。

在实际应用中,应根据需求的具体情况选择适当的调研方法。对于大规模的需求调研,可以选择问卷调查;对于个体化需求的了解,可以采用访谈;而对于深入讨论和交流的需求,则适合使用焦点小组讨论。同时,不同的调研方法也可以相互结合,以获得更全面和准确的学生需求信息。通过科学合理地选择调研方法,可以更好地指导高校思想政治教育教学改革,以满足学生的实际需求。

通过对收集到的数据进行分析,我们可以更准确地了解学生的需求。我们可以对学生参与校园活动的意愿进行统计分析,找出他们感兴趣的领域和活动类型。我们可以分析学生对当前思想政治教育课程的反馈意见,找出课程的不足之处和改进空间。我们可以调查学生对于思想政治教育参与机制的看法,了解他们对参与和评价的态度与期望。

通过数据分析,我们可以发现学生对于参与机制的期望和需求,从而针对性地建立起更加符合学生需求的参与机制。建议学校在制定教学改革方案时,根据数据分析结果,采取多种方式鼓励学生参与,如设立奖励机制、提供更多社团活动和课外实践机会等。同时,也要重视学生的反馈意见,不断调整和改进教学内容,提高教学质量和参与度。只有真正了解和满足学生的需求,才能更好地促进高校思想政治教育教学改革的推进。

结果解读：通过对学生需求的分析，我们建立了基于学生需求的参与机制。学生需求分析显示，学生对思想政治教育的参与度和评价体系有着明确的期待和需求。我们对学生需求进行了充分的调研和分析，从而设计出更加符合学生实际需求的参与和评价机制。这一机制的建立不仅可以促进学生对思想政治教育的积极参与，还能够提高教学效果和学生成绩。通过结果解读，我们可以看到基于学生需求的参与机制对高校思想政治教育教学改革起到了积极的推动作用。

二、参与机制设计

参与规则的设计是为了让学生有更多的机会参与到思想政治教育教学改革的活动中来。参与规则的制定需要考虑学生的需求和实际情况，提供一个公平公正的参与机制，让每个学生都有平等的机会表达自己的观点和想法。通过制定明确的参与规则，可以有效地引导学生参与讨论、提出建议，从而促进教学改革的顺利进行。在设计参与机制的过程中，需要综合考虑学生的年级、专业、兴趣等因素，确保每个学生都能够找到适合自己的参与方式，并且能够获得相应的奖励和认可。通过制定科学合理的参与规则，可以激发学生的参与热情，提高他们对思想政治教育的满意度，推动教学改革的不断深入。

为了更好地满足学生的需求，我们设计了一套参与机制，以确保学生能够积极参与到思想政治教育教学改革中。参与机制包括四个步骤：学生可以通过填写调查问卷的方式表达自己的观点和建议；学生可以参加定期举行的座谈会，与教师和管理人员进行深入的交流讨论；第三，学生可以组织提出自己的想法和建议，并在相关平台上进行交流和分享；通过学生代表的方式将学生的声音传达给相关部门，促进改革的进一步推进。通过这样的参与流程，我们相信这将有助于建立一个更加民主、开放、多元的教育环境，推动高校思想政治教育教学改革的不断深入和完善。

在高校思想政治教育教学改革研究中，学生参与和评价机制的建立至关重要。基于学生需求的参与机制设计能够更好地激发学生的学习热情和积极性，促进他们参与到教学改革中来。确定参与岗位是关键的一步，通过合理设定不同的参与岗位，可以让每位学生都找到适合自己的角色，发挥自己的长处和特长。这样的参与机制设计不仅可以更好地满足学生的需求，也能够促进学生之间的合作和交流，实现教学改革的良性循环和持续发展。

本研究提出了基于学生需求的参与机制，旨在促进高校思想政治教育教学改革的深入发展。参与机制的设计包括 C 学生参与和评价机制的建立，通过学生的积极参与和反馈，实现教学质量的不断提升。在具体实施过程中，学生将根据不同课程的需求和特点，分工合作，共同完成任务，实现教学效果最大化。通过学生们的努力，高校思想政治教育教学改革将取得更加显著的成果，为培养德智体美全面发展的社会主义建设者和接班人做出积极贡献。

三、参与效果评估

短期效果评估：通过建立基于学生需求的参与机制，可以有效评价参与效果。学生的参与程度和表现将成为评估的重要依据，从而实现短期效果评估的目的。这种评估方式能够及时反馈学生对教学改革的态度和看法，有利于及时调整教学方向和方法，以提高教学效果和学生满意度。通过短期效果评估，可以更好地了解教学改革的实施情况，发现问题并及时解决，从而保证思想政治教育教学改革的顺利推进。

中期效果评估是对高校思想政治教育教学改革实施过程中学生参与和评价机制的建立情况进行定量和定性的评估。通过分析基于学生需求的参与机制的实施效果，可以全面了解改革措施的执行情况和学生的反馈意见，进而对改革方向和策略进行调整和优化。参与效果评估将重点关注学生在教学改革中的参与程度、主动性和满意度，以及改革对学生的学习兴趣、思想境界和能力提升等方面的影响。中期效果评估的结果将为高校进一步完善思想政治教育教学改革提供重要依据，确保改革措施能够达到预期效果并真正符合学生的需求和期望。

四、持续改进机制

收集学生反馈意见是高校思想政治教育教学改革中至关重要的一环。建立基于学生需求的参与机制，为学生提供更多参与教学决策的机会，可以有效激发学生学习的兴趣和积极性。同时，持续改进机制也是必不可少的，只有不断地收集和分析学生的反馈意见，及时调整教学方法和内容，才能更好地满足学生的需求，提高教学效果。因此，建立起一个有效的收集反馈意见的机制至关重要。通过这一机制，学校可以更好地了解学生的想法和需求，更好地引导学生的学习，推动高校思想政治教育教学的不断完善和发展。

在高校思想政治教育教学改革的研究中，建立起基于学生需求的参与和评价机制是十分重要的。通过学生的积极参与和反馈意见，可以更好地了解他们的需求和期望，从而针对性地进行课程的改进调整，使教学效果得到进一步提升。而持续改进机制的建立则可以确保教学改革的持续性和稳定性，保持教学内容的更新和适应性。在不断进行改进调整的过程中，随时关注和倾听学生的意见和建议，及时响应他们的需求，促进思想政治教育的有效开展。通过这样的举措，可以更好地激发学生的学习兴趣和参与度，推动高校思想政治教育教学的全面提升。

在高校思想政治教育教学改革研究中，建立基于学生需求的参与机制是至关重要的。通过持续改进机制，不断优化教学方式，使教育更贴近学生需求，更符合时代潮流。同时，定期评估机制的建立能够及时了解教学效果和学生满意度，为教学改革提供数据支撑和方向，确保教育质量不断提升。愿意我们在这一过程中，始终坚持尊重学生意见，主动听取他们的建议，共同探讨教学改进的方向和方式，共同推动高校思想政治教育的不断完善和进步。

在高校思想政治教育教学改革中，建立奖惩机制是非常重要的一环。通过奖励表扬优秀学生，激励他们充分发挥自己的潜力和能力；同时，对于不遵守规定或者表现不佳的学生，采取相应的惩罚措施，以示警示和规范行为。这种奖惩机制不仅能够促进学生参与教育教学改革的积极性和主动性，还可以构建一个良好的学习氛围，推动整个教育教学改革工作的顺利进行。通过不断完善和落实奖惩机制，更好地激发学生的学习热情和创造力，为高校教育教学改革提供强有力的支持。

第二节 学生评价机制建立

一、评价指标确定

为了不断改进高校思想政治教育教学，我们需要建立基于学生需求的参与机制，让学生在教学过程中真正参与其中。同时，必须持续改进这一机制，不断调整和完善，以适应社会发展和学生需求的变化。为了确保教学效果的准确评估，我们还要建立学生评价机制，并确定评价指标，从而更加客观地了解教学质量和学生学习效果。通过以上措施，我们的目标将更加明确，为高校思想政治教育教学改革奠定坚实基础。

在高校思想政治教育教学改革研究中，学生参与和评价机制的建立是至关重要的一环。基于学生需求的参与机制能够更好地满足学生的学习需求，进而促进教学质量的提升。持续改进机制可以保证评价方式和内容的及时调整，确保其与学生实际需求相契合。学生评价机制的建立意味着学生在教学过程中的话语权得到了充分保障，评价指标的确定能够更好地反映教学效果和学生满意度。数据采集是评价机制中不可或缺的一环，通过对学生反馈数据的搜集和分析，可以更全面地了解教学实效并及时调整教学方法和内容。

二、评价工具设计

　　为了更好地促进高校思想政治教育教学改革，建立基于学生需求的参与机制是至关重要的。通过持续改进机制，我们可以不断优化教育教学的过程，使之更贴近学生实际需求。同时，建立学生评价机制也是必不可少的一环，通过评价工具的设计和问卷调查，我们可以更准确地了解学生的想法和反馈，从而有效地引导教学改革的方向。在此基础上，我们可以更好地为学生提供更优质的教育教学服务，促进他们的全面发展。

　　在高校思想政治教育教学改革研究中，C学生参与和评价机制的建立是至关重要的。基于学生需求的参与机制可以有效促进学生的积极参与，持续改进机制则能不断提高教学质量。学生评价机制的建立则可以让学生的声音被充分听取，评价工具设计的合理性也是提高评价效果的关键。而在访谈过程中，运用恰当的访谈技巧，则能更好地引导学生表达观点，从而更准确地了解他们的需求和想法。通过这些努力，我们可以更好地激发学生的学习热情，提高思想政治教育的实效性和针对性。

　　观察方法：在高校思想政治教育教学改革研究中，建立基于学生需求的参与机制是至关重要的。通过持续改进机制，学生评价机制得以建立，并设计有效的评价工具，以实现对教学效果的全面评估。观察方法的运用能够帮助我们更好地了解学生的学习情况和需求，为改革提供数据支持和指导方向。通过不断优化观察方法，我们能够深入了解学生参与教学改革的方式和效果，为进一步的改进和提升提供重要的参考依据。在实施教学改革过程中，观察方法的科学运用将成为评估教学改革效果的重要手段，有助于促进教学质量的提升和学生思想政治教育水平的提高。

　　实地考察是高校思想政治教育教学改革中不可或缺的环节。通过与学生面对面交流，了解他们的需求和意见，可以有效地建立基于学生需求的参与机制，持续改进教育教学工作。同时，学生评价机制的建立也是十分重要的，需要设计好评价工具，以便更全面地了解学生的学习状况和需求。在实地考察中，我们也可以发现一些问题和不足之处，并及时采取措施进行改进，以提高教学质量和学生成绩。通过不断地实地考察和改进，我们能够更好地满足学生的需求，促进教育教学水平的提升。

三、评价结果分析

　　独立评估的意义在于评估机制的客观性和公正性。基于学生需求的参与机制可以有效地促进学生投身到教学改革中来，从而增强他们的参与感和责任感。持续改进机制能够帮助高校不断优化教学方式和方法，确保教学质量的持续提升。建立学生评价机制不仅可以让学生参与到教学评价工作中，还能够为教师提供重要的改进建议。通过对评价结果的分析，可以及时发现教学中存在的问题，并及时进行调整和改进。最终实现独立评估的目的，确保高校思想政治教育教学的质量和效果得到有效提升。

在高校思想政治教育教学改革研究中，C 学生参与和评价机制的建立是至关重要的一环。基于学生需求的参与机制能够有效激发学生的学习兴趣和积极性，促进教学质量的提升。同时，持续改进机制能够及时调整教学方法和内容，满足学生多样化的需求，使教学更具针对性和实效性。通过学生评价机制的建立，可以客观地了解学生对教学活动的反馈，有针对性地改进教学策略，进一步提升教学质量。评价结果的分析对教学改革的深入推进起到了重要作用，有助于发现问题、改进措施，并为未来的教学改革提供参考和借鉴。综合分析学生参与和评价机制的建立，将不断完善高校思想政治教育，推动教学改革持续向前发展。

问题解决：在高校思想政治教育教学改革研究中，建立了基于学生需求的参与机制，不断持续改进机制，同时建立了学生评价机制。通过对评价结果的分析，可以发现一些问题并及时解决，以提升教学质量和效果。

收集意见：我校正在探索一种基于学生需求的参与机制，以更好地满足学生的教育需求。同时，我们也在持续改进机制，不断提升教学质量和学生满意度。学生评价机制的建立也是我们重点关注的方向，通过对评价结果的分析，我们将更好地了解学生的需求和诉求，进一步提升教育教学的质量。在未来的工作中，我们将继续收集意见，不断优化教学模式，创新教学方法，促进高校思想政治教育教学改革的深入发展。

四、评价效果监测

建议在高校思想政治教育教学改革中，应该建立基于学生需求的参与机制。这一机制可以帮助学生更加主动地参与课堂教学活动，增强他们对教学内容的理解和掌握。同时，学校需要持续改进这一参与机制，不断调整和优化，以适应不同学生群体的需求。除此之外，建立学生评价机制也是十分重要的，通过学生的评价反馈，教师可以及时了解教学质量和效果，进一步提高教学水平。同时，需要对评价效果进行监测，确保评价系统的有效性和公正性。建议高校在思想政治教育教学改革中重视学生参与和评价机制的建立，以提升教学质量和学生满意度。

通过学生参与和评价机制的建立，高校思想政治教育教学改革的效果得到了有效落实。学生能够更加积极地参与到思想政治教育中，主动思考问题、发表观点，增强了学生的思想品德修养。同时，学生的评价也成为改革的重要参考，通过对学生的反馈意见进行调研和分析，及时调整和优化教学内容和方式，使教学更加贴近学生的实际需求。

然而，目前仍存在一些问题和不足之处。一方面，学生参与和评价机制的建立仍存在一定的不足，学生参与意识不足，评价结果缺乏客观性和权威性。另一方面，评价效果的监测和追踪也相对薄弱，缺乏科学的监测机制和评估标准，难以准确评估教学改革后的效果。

因此，未来高校应该进一步完善参与和评价机制，加强学生对思想政治教育的认同感和责任感，提高评价的客观性和科学性，建立有效的监测和追踪机制，不断完善教学改革，确保思想政治教育教学改革的效果达到预期目标。

定期汇报在高校思想政治教育教学改革中扮演着至关重要的角色。定期汇报的方式可以通过定期开展教学改革成果展示会、教学研讨会等形式，向学校领导、教师团队以及学生进行汇报。内容主要包括改革措施的实施情况、效果评估、存在的问题和下一步的计划。

定期汇报可以及时总结教学改革的成果和经验，有助于发现问题并及时调整方向。向学生随时通报改革进展，增强他们的参与感和责任感，促使他们积极参与到思政教育改革中来。同时，定期汇报也能加强教学改革的透明度和公开性，让学生更加深入了解教学改革目标和努力方向。

通过定期汇报，可以全面了解学生成绩、态度、情况的反馈，为更好地推进思想政治教育教学改革提供依据。因此，定期汇报不仅是改革工作的重要环节，也是对改革效果及时评估的有效手段。

第三节　学生参与与评价机制协调

一、教师参与机制整合

教师培训是教师参与高校思想政治教育教学改革的关键环节。然而，当前教师培训存在的挑战和障碍主要包括培训内容单一、形式呆板、师资力量不足等问题。为了改进教师培训，提高教师参与改革的效果，可以采取以下措施：

需要丰富培训内容，结合实际需求，引入新颖的教学理念和方法，提升教师的思想政治素养和教育能力。

多元化培训形式，除了传统的讲座和研讨会外，还可以引入实地考察、互动讨论等活动，激发教师的学习热情，增强教师的参与感和归属感。

加强师资队伍建设，培养一支专业化、高素质的教师队伍，提供定期的培训和交流机会，促使教师不断提升自身能力，更好地适应思政教育改革的需要。通过以上措施，可以有效提高高校教师参与教学改革的积极性和质量，推动高校思想政治教育工作不断向前发展。

任务分配是教师参与机制整合中的关键问题。目前，高校思想政治教育教学改革中存在的不足之处是任务分配不够清晰明确，导致教师在参与过程中缺乏有效的指导和支持。为了促进教师更好地融入到改革中，应当建立起合理的任务分配机制。

可以通过明确定义教师的角色和职责，明确他们在改革中的具体任务。可以根据教师的专业特长和兴趣爱好进行任务分配，让每位教师在自己擅长的领域发挥最大作用。也可以设立相应的奖励机制，激励教师积极参与到改革中去。

通过合理分配任务，可以有效地激发教师的主动性和创造性，促进他们更好地参与到高校思想政治教育教学改革中去。同时，也能够提升整体改革效果，推动高校思想政治教育教学工作向更高水平发展。

针对教师参与机制整合中的效果评估问题，当前存在一些局限性，如评价标准不够科学客观、评价方法单一等。为完善效果评估机制，可以采取以下措施：建立科学合理的评价标准，包括教学成果、学生表现、教学态度等方面，确保评价全面客观；采用多元化的评价方法，结合学生评价、专家评价、自我评价等多种途径进行评估，增加评价的准确性和可靠性；加强评价效果的监测，及时调整改进评估机制，确保评价结果能真实反映教师参与高校思想政治教育教学改革的效果。通过以上措施的实施，可以提高评价的科学性和有效性，促进教师参与机制的整合和高校思想政治教育教学改革的实施效果。

二、学生干部参与机制衔接

当前，学生干部参与机制衔接中存在着岗位规划不够具体和全面的问题。许多学生干部在参与高校思想政治教育教学改革时，并没有明确的岗位职责和发展路径，导致他们在实践中缺乏方向和动力。因此，完善岗位规划显得尤为重要。

应该在制定岗位规划过程中充分考虑学生干部的个人特长和兴趣爱好，将其与高校思想政治教育教学改革的需要相结合，为他们量身定制岗位职责。需要建立健全的岗位晋升机制，激励学生干部在高校思想政治教育教学改革中不断提升自身能力和积累经验。

通过完善岗位规划，可以让学生干部更好地参与到高校思想政治教育教学改革中去，不仅提升了他们的主动性和创造性，也有利于促进高校思想政治教育教学改革的深入发展。岗位规划的完善不仅是对学生干部的尊重和重视，也是高校全面提升思想政治教育教学质量的重要保障。

学生干部参与机制的衔接需要加强能力建设。目前，学生干部存在着思想政治教育理论知识掌握不够扎实、组织领导能力不足等问题。为了提高学生干部参与高校思想政治教育教学改革的能力和效果，需要采取有效措施加强他们的能力建设。可以通过开展专题培训讲座、组织实践活动、设立导师制度等方式，提高学生干部的理论水平和实践能力，增强他们在思想政治教育领域的竞争力。同时，建立健全学生干部能力建设跟踪评估机制，及时发现和解决存在的问题，不断完善能力建设体系，促进学生干部参与机制的顺畅衔接与有效运行。只有不断加强学生干部的能力建设，才能更好地推动高校思想政治教育教学改革的深入发展。

本研究探讨了高校思想政治教育教学改革中学生参与和评价机制的建立。基于学生需求的参与机制是改革的关键，通过不断持续改进机制，建立了学生评价机制并监测评价效果。在学生参与与评价机制的协调下，学生干部参与机制得到有效衔接，形成了有机的管理模式。这一模式不仅激发了学生参与的热情，还实现了学生评价的客观公正，为教育教学改革提供了重要参考。

信息共享：学校应该建立一个基于学生需求的参与机制，不断改进这个机制。同时，学校也需要建立学生评价机制，并对评价效果进行监测，确保学生参与和评价机制的协调性。学校还需要将学生干部参与机制进行有效衔接，实现信息共享，以促进高校思想政治教育教学改革的顺利进行。

高校思想政治教育教学改革研究中，学生参与和评价机制的建立是至关重要的一环。基于学生需求的参与机制可以有效促进学生的参与度和主动性，进而推动教学改革的深入发展。同时，持续改进机制的建立可以不断完善教学过程，提升教学效果。建立学生评价机制，并对评价效果进行监测，有助于及时发现问题和改进不足之处。在实践中，学生参与与评价机制需要协调配合，确保教学改革方向与学生需求保持一致。学生干部参与机制的衔接也是必不可少的一环，可以通过经验交流，促进学生干部之间的互相学习和成长，从而推动高校思想政治教育教学改革不断向前迈进。

三、教学管理参与机制融合

为了更好地推动高校思想政治教育教学改革研究，建立基于学生需求的参与机制是至关重要的。通过持续改进机制，学生参与和评价机制得以建立，同时监测评价效果，确保教学质量。在制度建设过程中，学生参与与评价机制需要协调一致，与教学管理参与机制融合，以实现高效运作。这一系列措施的落实将有助于在高校中建立起更加健全、完善的教学管理制度，为高校思想政治教育教学改革研究提供有力支持。

在高校思想政治教育教学改革研究中，建立基于学生需求的参与机制，持续改进机制，建立学生评价机制并监测评价效果，协调学生参与和评价机制，融合教学管理参与机制，实现流程优化。通过不断完善机制，促进教育教学工作的有效开展，提升教学质量，推动学生全面发展。流程优化还能促进学生参与和评价机制的有序开展，使教学管理更加规范高效。通过对评价效果进行监测，及时调整改进机制，实现教学过程的精细化管理和持续优化。学生参与和评价机制的协调,将有效提高教育质量,满足学生需求,促进教学教育水平不断提升。

在高校思想政治教育教学改革研究中,学生参与和评价机制的建立是至关重要的。基于学生需求的参与机制能够有效地激发学生的学习兴趣和积极性。持续改进机制可以不断优化教学方法和内容,提高教育质量。建立学生评价机制,监测评价效果,有助于全面了解教学效果,及时调整教学策略。同时,协调学生参与与评价机制,融合教学管理参与机制,实现教育教学全方位的管理与监控。最终,进行效果检验,确保教育教学改革措施的有效性和可持续性。通过这些措施的实施和不断完善,可以促进高校思想政治教育教学改革的顺利进行,为培养优秀人才提供更加有效的保障。

四、学生社团参与机制整合

资源整合是高校思想政治教育教学改革中的重要环节。基于学生需求的参与机制能够有效提升教学质量,促进学生的学习积极性。持续改进机制能够及时发现问题并进行调整,确保教育教学工作不断优化。学生评价机制的建立使得教师能够更好地了解学生的需求和意见,提高教学效果。评价效果监测则是验证评价机制的有效性和科学性。学生参与与评价机制的协调能够将学生的意见和建议有效整合进教学工作中。学生社团参与机制的整合也能够为学生提供更多的参与机会和发展空间。资源整合不仅是整个教学改革工作的重要保障,还是提升学生参与度和增强教学效果的重要途径。

为了推动高校思想政治教育教学改革的发展,建立起了一套基于学生需求的参与机制。同时,持续改进机制的建立也是非常重要的,让教学工作能够与时俱进。为了更好地反映教学效果,学生评价机制也得以建立,通过评价效果的监测,不断优化教学内容和方式。学生参与与评价机制的协调工作也需要不断加强,确保教育质量和学生满意度的提升。而学生社团参与机制的整合,更是为了促进学生全面发展,提升学生综合素质。服务标准的制定和执行,则是保证高校教育工作高效运转的重要保障,从而构建起一个良好的教育环境,为学生成长成才提供更好的支持与保障。

团队建设在高校思想政治教育教学改革中具有重要意义。一个团结、合作、互相支持的团队可以有效推动教学改革的顺利进行,促进教师之间的交流与合作,增强教学质量和效果。团队建设能够激发教师的工作激情,增强他们的责任感和团队意识,提高教学效率和教学成果。团队成员之间的密切合作和互动,有助于分享教学经验、资源和创新理念,促进共同进步。

团队建设还有助于构建和谐的教学氛围,增进师生之间的互信和沟通,有利于更好地理解学生的需求和意见,提高教学内容和方式的贴近度和针对性。因此,在高校思想政治教育教学改革中,加强团队建设是至关重要的,能够有效推动教育教学的创新和提高。

教育教学改革中项目开发对高校思想政治教育教学质量的提升效果是显著的。项目开发可以有效激发学生的学习兴趣和参与热情，使其更加积极地投入到教育教学活动中。通过项目开发，可以创造更多的教学资源和平台，提供更多元化的学习机会，促进学生全面发展。项目开发还可以促进师生之间的交流与互动，构建更加和谐的教学氛围，提升教学效果。

项目开发的意义和作用在于丰富了教育教学内容和形式，创新了教学方法和手段，提高了教学质量和教学效果。通过不断探索和实践，我们可以不断完善和改进项目开发的模式和机制，使其真正发挥出更大的教育教学价值，为高校思想政治教育的发展贡献更多力量。

高校思想政治教育教学改革中，建立学生参与和评价机制至关重要。通过有效收集学生反馈信息，可以更好地了解他们的需求和意见，及时调整教学内容和方法，提高教学效果。基于学生需求的参与机制可以让学生更多地参与到教学改革中来，增强他们的主体意识和责任感。同时，持续改进机制也是关键，要不断监测学生的评价效果，及时调整改进措施。

建立学生评价机制是收集学生需求的有效途径之一，监测评价效果可以帮助教师更好地了解教学效果和学生反馈。同时，学生参与与评价机制的协调也至关重要，要确保学生的声音得到充分重视和落实。整合学生社团参与机制也是很好的途径，通过学生组织的参与，可以更好地反映学生群体的需求，为教学改革提供更多的参考意见。

第四节　学生参与与评价机制持续完善

一、制度化建设

在高校思想政治教育教学改革中，制度化建设扮演着至关重要的角色。规章制度的建立不仅可以为学生参与和评价机制提供有力保障，还能够有效规范教育教学活动的进行。通过不断完善和实施规章制度，可以确保高校思想政治教育的顺利开展，促进学生的全面发展。

规章制度的建立有助于为学生参与和评价提供明确的指导，使其更加有序和规范化。学生在参与教育教学活动时，可以依据规章制度中的规定进行操作，确保各项工作的顺利进行。同时，规章制度的建立也能够监督和评价学生的参与和表现，促使其更加积极参与教育教学改革中的各项工作。

总的来说，高校思想政治教育教学改革中制度化建设的意义和作用不可低估。规章制度的建立为学生参与和评价机制提供了有效的支撑，推动了教育教学活动的规范化和持续改进。希望未来在高校思想政治教育教学改革中，能够更加注重规章制度的建设，为学生提供一个更好的学习和发展环境。

在高校思想政治教育教学改革中，流程规范的建设和遵循至关重要。流程规范不仅能够确保教学活动的有序进行，还能够提高学生参与和评价机制的效率和透明度。流程规范的制定可以明确学生参与教学活动的程序和要求，确保每位学生有平等的参与机会，从而促进学生的积极参与。流程规范的执行可以使评价机制更加公正和客观，避免主管观点和个人偏见的影响，确保评价结果的准确性和公正性。流程规范的监督和改进可以帮助学校及时发现问题和不足，并进行及时调整和改进，不断完善学生参与和评价机制。因此，建立健全的流程规范是推动高校思想政治教育教学改革的关键之一。

信息化辅助在高校思想政治教育教学改革中发挥着重要的作用。通过信息化辅助工具，可以更好地激发学生的参与积极性，提高他们对教学内容的理解和掌握程度。同时，信息化辅助也能够有效地提升学生的评价机制，使评价更加客观、科学，真正体现学生的学习成果。

信息化辅助不仅可以帮助学生更方便地参与到思想政治教育中，还可以通过数据分析的方式监测评价效果，及时调整教学策略，使教学效果得到最大化的提升。同时，通过信息化辅助工具，还可以实现学生参与与评价机制的协调，确保评价结果准确无误。

总的来说，信息化辅助在高校思想政治教育教学改革中起到了至关重要的辅助作用，有助于学生参与和评价机制的建立和完善，推动思想政治教育教学工作不断发展和创新。

二、政策支持

政策宣导在高校思想政治教育教学改革中扮演着至关重要的角色。高校需要了解政策的指导思想和发展方向，将其贯彻到具体的教学实践中。政策宣导可以为高校提供明确的改革目标和路径，促进教学改革的顺利推进。

在具体措施上，政策宣导能够引导高校关注重点领域，推动相关改革举措的落实。通过政策宣导，高校可以更好地整合资源，加强师资队伍建设，优化课程设置，提高教育教学质量。政策宣导还可以促进高校与社会各界的沟通与交流，形成多方参与、共同推动的局面，为思想政治教育教学改革提供更广阔的发展空间。

政策宣导不仅是高校思想政治教育教学改革的重要支撑，也是推动改革措施的有效手段。高校应积极倡导并贯彻政策精神，将其融入到日常教育教学实践中，不断推动高校思想政治教育教学改革取得实质性成果。

在高校思想政治教育教学改革中，资源的充分保障至关重要。教学人员是推动教学改革的核心力量，他们的数量和素质直接决定了改革的成效。教学设施和教材的更新和完善也是必不可少的，为教学活动提供了必要的支持。充足的经费举足轻重，保证了改革的顺利进行和全面实施。

由于资源不足会直接影响教学改革的进程和效果，所以在高校思想政治教育教学改革中，资源保障的重要性不容忽视。资源短缺可能导致教学质量下降，教师教学积极性不高，教学设施不完善，教材陈旧等问题，最终影响到学生的学习效果和教育质量。因此，应该加大对资源的投入和保障，才能更好地推动高校思想政治教育教学改革的进行。

激励机制在高校思想政治教育教学改革中发挥着至关重要的作用。政策支持是激励机制的基础，为教师和学生提供更好的工作和学习条件。同时，有效的激励机制也能够激发教师和学生的积极性，促进其参与思想政治教育教学改革的活动。

然而，现有的激励机制存在一些问题，比如激励方式单一、激励标准不够明确等。这些问题制约了激励机制的发挥效果，不利于提高教学质量。因此，我们需要对现有的激励机制进行深入分析，找出问题所在，进一步完善和调整激励机制。只有这样，才能更好地推动高校思想政治教育教学改革的深入发展。

针对高校思想政治教育教学改革中存在的问题，政策支持和效果奖惩措施显得尤为重要。然而，目前的奖惩制度虽然在一定程度上能够促进教育质量的提升，但也存在一些不足之处。比如，有些学生可能会因为奖励而产生功利心理，从而影响其对教育的真正认识和投入程度；同时，一些惩罚措施可能会引发学生反感情绪，造成教育过程中的负面影响。

因此，在推动教育质量提升的过程中，应该更加注重奖惩制度的合理性和科学性，避免片面追求奖励或惩罚，而是要综合考虑学生个体特点和教育目标的实际情况，在奖惩之间取得平衡，确保教育效果的真正提升。只有这样，高校思想政治教育教学改革才能更好地实现其目标，使教育更有温度、更能触动学生内心的需求。

三、经验借鉴

同行交流是一种有效的方式，可以帮助高校更好地借鉴和分享其他院校在思想政治教育教学改革方面的经验。通过与其他高校的同行进行交流，我们可以了解他们在教学改革中所遇到的挑战和解决方案，从而避免重复努力和犯同样的错误。

然而，同行交流也存在一些挑战，比如学校之间的差异性、信息的不对称等问题可能会影响到交流的效果。由于每个高校的特点和背景不同，所以并不是所有经验都能够直接套用到自己的学校中。因此，在进行同行交流时，需要谨慎对待，思考如何将别人的经验与自己的实际情况相结合，最大程度地实现借鉴和分享的效果。

外部合作是推动高校思想政治教育教学改革的重要途径之一。通过与其他单位和机构合作，可以借鉴其优秀经验和教学方法，进一步优化自身教育模式。外部合作还可以拓展高校的资源和视野，促进教学质量的提升和创新。

然而，外部合作也面临着一些挑战，比如合作伙伴的选择、合作内容的确定和合作过程的顺利推进等问题。这些挑战需要高校在探索合作模式和机制时加以克服和解决，以确保合作的顺利进行和取得实质性成果。在外部合作的过程中，高校需要保持开放的心态，不断学习和积累经验，从而不断推动思想政治教育教学改革的进程。

在过去的高校思想政治教育教学改革中，建立学生参与和评价机制是一项成功的经验。通过基于学生需求的参与机制和持续改进机制，学生的主体地位得到了充分体现。同时，学生评价机制的建立和评价效果监测也为教育改革提供了有力支持。学生社团参与机制的整合，为学生提供了更多参与思想政治教育的平台。

然而，也有一些失败的经验需要我们总结。例如，在学生参与与评价机制协调方面存在不足，导致评价结果与实际教育情况不符。学生参与与评价机制的持续完善过程中，可能会面临资源不足、管理混乱等问题。

鉴于此，未来在进行高校思想政治教育教学改革时，需要更加注重学生的主体地位，加强学生参与和评价机制的建立，同时及时调整和改进机制，确保教育改革能够顺利实施。

四、效果检验

但是，当前量化指标的使用也存在一些问题和挑战。如何确定哪些指标是最有效的仍然是一个争议的话题。有些人认为应该关注学生的综合素质发展，而有些人则认为应该重点关注学生的政治立场和思想觉悟。如何准确测量这些指标也是一个挑战，因为学生的表现往往受到多种因素的影响，而没有一种简单的方法可以排除这些因素的干扰。如何在不同学校和不同背景下进行比较和评估也是一个复杂的问题。因此，在使用量化指标评估高校思想政治教育教学改革效果时，需要谨慎对待这些挑战和问题，以确保评估的准确性和科学性。

通过以上步骤的实施和完善，高校思想政治教育教学改革的实际效果得到了初步评估。接下来需要进行全面的结果评估，以验证改革举措的有效性和可持续性。评估的方法和工具需要更加科学和客观，可以采用问卷调查、实地观察、学生表现评定等多种手段进行评估。还需要用户满意度调查和专家评审来确保评估的全面性和准确性。通过结果评估，可以更清晰地了解改革举措的影响力和局限性，为进一步改进和提升思想政治教育教学改革提供参考依据。

五、持续改进

学生学习反馈是高校思想政治教育教学改革中至关重要的一环。通过学习反馈，学校可以更好地了解学生的需求和意见，及时进行调整和改进教学方式。在实施学生参与和评价机制的过程中，学生们积极提出意见和建议，认为教学内容需要更贴近实际生活，注重实践性和交互性。他们呼吁增加开放性讨论的机会，鼓励自主学习和思考，同时也希望加强与其他学科的交叉融合。

学生社团参与机制的整合也受到广泛关注，学生们普遍认为社团活动对提升综合素养和思想品德有积极作用。他们希望学校能够给予更多支持，鼓励更多优秀社团的发展，为学生提供更多展示和实践的平台。在学习反馈中，学生们的声音不容忽视，他们的建议将对高校思想政治教育教学改革起到重要的促进作用。

在高校思想政治教育教学改革中，应该不断完善学生参与和评价机制。建立基于学生需求的参与机制，让学生能够更主动地参与到教学改革中来，提出自己的意见和建议。持续改进机制，及时调整和完善学生参与和评价的方式和途径，确保其有效性。同时，建立学生评价机制，让学生能够对教育教学工作进行评价，提供宝贵的反馈意见。

在进行评价的同时，还要监测评价效果，确保评价的公正性和客观性。学生参与与评价机制要协调一致，保持一贯性和连续性。整合学生社团参与机制，为学生提供更多参与思想政治教育的渠道和平台。总的来说，持续改进学生参与和评价机制，是提高高校思想政治教育教学质量的关键所在。

在高校思想政治教育教学改革中，建立学生参与和评价机制是提高效果的关键。通过基于学生需求的参与机制和持续改进机制，可以确保教学内容与学生实际需求密切相关。学生评价机制的建立及评价效果的监测能够促进教师的教学质量提升，同时也能够激发学生的学习动力。

学生社团参与机制的整合也是重要的增效方式。通过整合学生社团资源，可以为学生提供更广泛的参与机会和发展空间，激发他们的创造力和自我管理能力。持续完善学生参与与评价机制，并不断改进教学方法和内容，也是提高高校思想政治教育教学改革效果的关键。

总的来说，建立多样化的学生参与和评价机制，整合学生社团资源，持续改进教学内容与方法，是提高高校思想政治教育教学改革效果的有效途径。

第十一章　高校思想政治教育教学改革的实施路径

第一节　教学改革的背景和意义

一、高校思想政治教育的现状分析

传统思想政治教育在理论教育方面存在着重理论、轻实践的问题。学生大多数时间被要求阅读大量理论文章，却缺乏实际操作和实践锻炼，导致其对理论知识的理解和应用能力存在欠缺。思想政治教育往往停留在灌输式和单向传授的模式，缺乏与学生互动、讨论和思辨的环节，使得学生思维僵化、创新能力欠缺。

传统思想政治教育也存在教材内容陈旧、教学方法单一、教育资源不足等问题。教材内容大多停留在理论基础，缺乏时代性和实用性；教学方法局限于课堂讲授，缺乏多样性和趣味性；教育资源紧缺，师资力量不足、实践基地匮乏，难以满足多样化的思想政治教育需求。

传统思想政治教育存在诸多不足之处，亟待进行教育教学改革，以适应当代大学生的需求和时代发展的要求。

学生对思想政治教育的态度存在着多样性，一部分学生认为思想政治教育是必须的，可以帮助他们树立正确的人生观、价值观，培养爱国情操。另一部分学生则认为现行的思想政治教育模式比较呆板，缺乏活力，难以引起他们的兴趣和关注。而且一些学生认为思想政治教育内容过于抽象，与实际生活脱节，无法与时代接轨。总体来看，学生们对思想政治教育的态度各有不同，需要进一步研究和探讨如何更有效地传达和实施思想政治教育，使其能够更好地关照学生的需求和期望。

社会对高校思想政治教育的期待主要体现在培养学生的思想品德、社会责任感和创新能力方面。社会希望高校能够通过思政课程，引导学生树立正确的世界观、人生观和价值观，增强他们的社会责任感和使命感。同时，社会也希望高校能够通过教学改革，激发学生的创新精神，培养他们的批判思维和解决问题的能力，使他们成为社会发展的中坚力量。

教育改革需要顺应社会对高校思想政治教育的期待，与时俱进，不断探索适合时代发展和社会需求的教学模式和方法。只有这样，高校思想政治教育才能更好地为社会培养出品德高尚、能力卓越的新一代人才。

二、高校思想政治教育的发展趋势

在新形势下，高校思想政治教育面临着诸多挑战。社会变革不断加速，多元化的社会思潮和文化价值观不断冲击传统的思想政治观念，对高校思想政治教育提出了更高的要求。学生的观念变化较为显著，随着信息技术的快速发展，学生获取信息的途径更加宽广，他们的思维方式和认知结构也在发生着深刻的变化。

全球化背景下，国际交流与合作的频繁进行，也对高校思想政治教育提出了新的挑战。高校需要重视全球意识的培养，加强国际视野的拓展，使学生能够在全球化的背景下更好地适应和发展。因此，高校思想政治教育教学改革面临着更加复杂和严峻的挑战。

国内外一些高校在思想政治教育方面的先进实践为我们提供了宝贵的借鉴。例如，有些高校开设了创新的课程，通过引入新的教学方法和内容，激发学生的思维和创造力。同时，一些高校注重思想政治教育与实践结合，通过社会实践、志愿活动等方式，培养学生的社会责任感和公民意识。一些高校也开展了跨学科合作，将思想政治教育与其他学科相结合，使学生在学习中更加全面地了解国家、社会和时代。这些实践的经验表明，创新性和有效性是高校思想政治教育教学改革的关键路径之一。

高校思想政治教育改革的必要性在于适应时代发展需求和学生群体特点。随着社会的不断发展，青年学生的思想观念和认知水平也在不断提高，传统的思想政治教育方式已经不能完全满足他们的需求。因此，高校思想政治教育需要更加符合时代潮流和学生的实际情况来进行改革。

思想政治教育是高校教育中的一项重要任务，它不仅关系到学生的思想觉悟和政治立场，也关系到整个社会的发展和稳定。因此，高校思想政治教育改革是必要的，可以通过创新教育理念和教育方式，激发学生的思想活力，增强他们的社会责任感和公民意识，培养更加符合时代要求的优秀人才。

高校思想政治教育教学改革的实施路径是当下教育领域的重要议题之一。通过改革，可以更好地适应时代发展的需求，提升学生的综合素质和创新能力。高校思想政治教育改革对于培养学生的思想素质、社会责任感等方面至关重要。只有通过不断创新教学方法和内容，才能更好地激发学生的学习兴趣，引导他们树立正确的世界观、人生观和价值观。

高校思想政治教育改革的推进将对高校及社会产生积极影响。改革后的教育体系将更加符合社会需求，培养出更有社会责任感、创新精神和团队合作能力的优秀人才。这不仅有助于提升高校的教育水平和影响力，也将对社会的发展起到重要推动作用。因此，高校思想政治教育教学改革是当前亟待进行的重要工作，应引起各界的高度重视和关注。

三、高校思想政治教育教学改革的理论基础

思想政治教育理论的演变可以追溯到上世纪50年代初期，当时关于思想政治教育的理论主要集中在阶级斗争理论和无产阶级专政理论等马克思主义基本原理上。到了上世纪80年代，随着改革开放的深入推进，思想政治教育理论开始拓展到更广泛的领域，包括社会主义核心价值观、法治、民主等内容，形成了更为多元的教育体系。

然而，随着社会发展的变化，思想政治教育的范畴也在不断拓展和深化。当前，随着互联网技术的发展和全球化的影响，思想政治教育的传播和接受方式也面临着新的挑战和机遇。在这个新的背景下，如何更好地适应时代发展的需要，加强高校思想政治教育教学改革，成为当前面临的重要问题。

教育教学理论对高校思想政治教育的启示可以从多个方面展开。教学理论强调学生的主体地位和主动性，提倡教师在教学中引导学生主动参与、独立思考和自主学习，这对于培养学生的思想素质和政治意识至关重要。教学理论强调任务驱动和问题意识，倡导在实践中解决问题、学习问题，这对于引导学生积极参与社会实践、了解时事、认识社会现实有重要的促进作用。教学理论还强调跨学科整合和多元化教学方法，这对于拓宽思想政治教育的课程内容、提高教学质量、激发学生学习兴趣和创造力有重要意义。教育教学理论在高校思想政治教育改革中具有重要的指导意义，有助于提升思想政治教育的实效性和现代化水平。

内容建构论强调学生是知识的主体，故教学过程应以学生为中心，引导学生主动构建知识结构。实践教学则是将理论知识与实际应用相结合，培养学生的实践能力和创新思维。内容建构论和实践教学相结合，能够激发学生学习的兴趣和主动性，提高教学效果。

在高校思想政治教育中，既要注重理论知识的传授，又要重视实践能力的培养。以内容建构论为理论基础，结合实践教学的方法，可以更好地激发学生对思想政治教育的热情，使其在实践中学习、在实践中提高。因此，将内容建构论与实践教学相结合，对高校思想政治教育改革具有重要意义和可行性。通过探索和实践，可以找到更适合当代高校学生的思想政治教育模式，促进学生全面发展和社会主义核心价值观的传承。

学生作为教育活动的主体，其参与程度和主动性对思想政治教育改革至关重要。学生主体地位的提升可以促进教育活动更加贴近学生实际需求，激发学生的学习热情和思维创新能力。通过充分发挥学生在教育中的主体作用，可以有效地促进教育教学质量的提升，增强学生的思想道德素质和综合能力。

学生作为主体，应该在教育活动中扮演更加积极的角色，不仅要注重知识的接受和积累，更要培养自主学习和参与实践的能力。高校思想政治教育教学改革需要重视学生的主体地位，激发他们的参与意识和创造力，推动教育教学方式的创新与改进。只有让学生真正成为教育活动的主体，才能达到教育的真正目的。

高校思想政治教育教学改革的实施路径是面向未来的重要任务。在当下多元化的社会背景下，传统教育方式已经无法满足学生的需求，因此教学改革势在必行。高校思想政治教育教学改革的理论基础主要包括国家政策导向、教育教学理论以及学生需求分析等方面的研究。多元化价值观与思想政治教育改革的途径包括完善课程设置、更新教学方法、加强师资队伍建设等方面的措施，这些途径能够促进学生的全面发展，并使思想政治教育更贴近现实，更具有针对性和实效性。通过不断探索和实践，高校思想政治教育教学改革的实施路径将更加清晰，有助于培养出更加具有社会责任感和创新精神的优秀人才。

四、高校思想政治教育教学改革的实施策略

在高校思想政治教育教学改革中，教材建设是至关重要的一环。当前问题在于教材内容的更新与完善并不及时，无法满足学生多样化的学习需求。因此，教材建设既需要依托最新的理论研究成果，又需要结合学生的实际情况进行调整和优化，以提高教学效果。同时，教材的编写质量直接关系到学生的学习成果，因此需要关注教材内容的全面性、科学性和可操作性。只有不断完善教材建设，才能更好地引导学生树立正确的政治理念，培养他们正确的思想观念和道德观念，促进学生全面发展。

教师队伍建设是高校思想政治教育教学改革中不可或缺的一环。只有建设一个高素质、专业化的教师团队，才能提高教学质量，推动学生思想政治教育水平的提升。师范培训是实现教师队伍建设的有效途径，通过不断提升教师的专业知识和教学技能，使其具备更好的教学能力和教育理念。教师队伍建设旨在培养一支思想政治教育的专业化、专业化的教师队伍，为高校思想政治教育的发展提供坚实的人才支撑。师范培训作为培养教师的重要途径，需要结合实际情况，不断完善培训内容和方式，促进教师的全面发展，为高校思想政治教育的教学改革提供有力的支持。

高校思想政治教育教学改革的实施策略在教学方法创新与教育教学模式改革中起着至关重要的作用。通过不断挖掘和探索先进的教学理念和方法，逐步改变传统的教

学方式，实现更加有针对性和有效性的教学。同时，教育教学模式的改革也是教学改革的重要一环，不断完善和优化教育教学环节，提高教育资源的利用效率，促进学生的全面发展。通过实施各项教学改革措施，不断提升高校思想政治教育教学的质量和水平，更好地适应社会发展和教育需求的变化，为培养德智体美劳全面发展的社会主义建设者和接班人作出应有的贡献。

  高校思想政治教育教学改革的实施路径需要建立完善的评价体系与绩效考核机制。评价体系建设应围绕教学质量、教学效果、师资队伍建设等方面展开，确保评价内容全面客观。而绩效考核则是对教师和学生在教学过程中的表现进行定量和定性评价，激励教师积极参与改革实践，提升教学质量。同时，绩效考核也能有效促进学生的学习动力，提高学生的学术水平和全面素质。通过建立科学合理的评价体系和绩效考核机制，可以为高校思想政治教育教学改革提供有力保障，推动改革取得持续有效的成果。

  在高校思想政治教育教学改革的实施中，校园文化建设与教育教学环境营造扮演着至关重要的角色。通过加强校园文化建设，可以激发师生的学习热情，营造积极向上的学习氛围。同时，改善教育教学环境，能够提高教学质量，促进师生之间更加密切的互动和交流。为了实现这一目标，高校应该注重培养和践行社会主义核心价值观，加强师生之间的沟通和信任，打造积极向上的校园氛围。只有如此，才能实现高校思想政治教育教学改革的有效推进和持续发展。

第十二章 政策支持和指导文件发布

第一节 国家政策支持

一、中央文件发布

国家高校思想政治教育改革方针意味着高等教育领域将得到更多支持和指导，政府将出台更多具体政策措施以推动思想政治教育的改革和发展。这将有助于在大学校园中提高师生的思想政治觉悟，推动教育教学形式的创新与改革，确保高校思想政治教育工作能够更好地贯彻落实国家的相关政策与要求。同时，国家政策支持也将为高校营造一个更加良好的学术氛围，促进高等教育事业的繁荣与发展，为社会培养更多具有高素质的人才做出更多贡献。

中央关于高校思想政治教育的重要讲话：随着时代的发展和社会的变革，高校思想政治教育的重要性愈发凸显。国家政策支持和中央文件的发布，为高校思想政治教育改革提供了有力的指导和支持。中央关于高校思想政治教育的重要讲话明确了教育教学改革的方向和目标，督促各高校认真贯彻落实政策，提升教育教学质量。高校思想政治教育教学改革既是当前的迫切需求，也是未来发展的长远规划。我们要深入贯彻中央精神，不断创新教育教学方式，培养学生的爱国情怀和社会责任感，助力高校思想政治教育事业迈上新台阶。

国务院关于高校思想政治教育改革的指导意见指出，为进一步深化高校思想政治教育改革，加强高校学生的思想道德教育和政治引领，国家将持续出台相关政策支持。中央文件发布对高校进行整体指导，要求各地高校严格执行政策规定，切实加强教育教学管理。同时，国务院的指导意见明确提出了改革的路径和目标，希望通过推行新的教育理念和方法，让高校思想政治教育更加贴近时代和实际需要，培养更具创新精神和社会责任感的优秀人才。

教育部发布了具体政策文件，支持高校思想政治教育教学改革。这为高校思想政治教育的深化和发展提供了有力支持。同时，中央也发布了相关文件，对高校思想政治教育教学改革提出了明确要求。这些政策文件的发布，为高校思想政治教育工作指明了方向，提供了重要的依据。在国家政策支持和指导下，高校应积极落实这些政策文件，努力推动思想政治教育教学改革的进程。通过实施这些政策，可以更好地培养学生的思想道德素质，提升他们的综合素质和创新能力，为中国特色社会主义事业培养更多优秀人才作出贡献。

在高校思想政治教育教学改革研究中，国家政策支持是至关重要的。中央文件的发布为高校思想政治教育教学改革提供了指导和支持。除了中央文件外，还有其他相关国家政策文件也对高校思想政治教育教学改革起着重要作用。这些政策文件的内容和精神为高校教育工作者提供了方向和动力，推动着教育教学改革的深入发展。在政策文件的引领下，高校思想政治教育教学改革不断推进，取得了显著成效。政策支持的力量将继续促进高校思想政治教育教学改革的健康发展，为培养德智体美劳全面发展的社会主义建设者和接班人做出更大贡献。

二、地方政策支持

地方政府对高校思想政治教育的政策支持体现了对高等教育工作的关注和重视，为校园思想政治教育提供了有力支持和指导。地方政府发布的相关政策文件，为高校思想政治教育的改革和发展提供了政策依据和指导方针。地方政府还积极组织开展各类思想政治教育活动，营造有利于学生思想政治教育的良好氛围。同时，地方政府还加大对高校思想政治教育工作的经费投入，确保教育资源的充足和均衡。地方政府的政策支持为高校思想政治教育的改革与发展注入了强劲动力，为培养德智体美劳全面发展的社会主义建设者和接班人做出了积极贡献。

地方教育部门发布的具体政策文件：具体政策文件着重指导高校思想政治教育教学改革的深入推进，要求高校结合本校实际情况积极探索，创新教学方式方法，提升教学质量和效果。同时，要求高校加强师资队伍建设，提高教师的理论水平和教学能力，以更好地引领和指导学生思想政治教育工作。具体政策文件还要求高校强调学生主体性，鼓励学生参与到思想政治教育中来，培养学生的自主学习和自主思考能力，促进学生全面发展。

三、公共部门支持

　　公共机构对高校思想政治教育的政策支持是高校教育领域发展的动力源泉之一。国家政策的积极支持为高校思想政治教育提供了坚实的法律基础和政策支持，使高校在教育改革中更加积极进取。同时，公共部门的支持和指导也为高校思想政治教育提供了全方位的支持和指导，为高校教师和学生提供了更好的教育资源和环境。公共机构对高校思想政治教育的政策支持不仅体现了国家对高校教育的重视，也为高校教育改革提供了更为有力的保障，促进了高校教育事业的不断发展和进步。

　　国家政策支持，公共部门的支持是高校思想政治教育教学改革的重要保障。公共机构发布的相关指导文件，为高校思想政治教育教学改革提供了明确的方向和指引。这些文件的发布，将进一步促进高校思想政治教育教学改革的深入推进，推动高校教育事业不断向前发展。在国家政策和公共支持的大环境下，高校思想政治教育教学改革将迎来更加有力的推动力量，有望取得更为显著的成效。希望高校能深入贯彻落实相关文件精神，进一步加强教育教学改革工作，为培养更多社会主义建设者和接班人而努力奋斗。

　　政府部门对高校思想政治教育的资金支持政策，是为了促进高校思想政治教育的深入发展，提高教学质量和教育水平。这一政策的发布，为高校思想政治教育教学改革提供了有力支持和保障。国家政策支持是政府对高校思想政治教育事业的重视和扶持，为高校思想政治教育的发展注入了强大动力。公共部门的支持也为高校提供了更多的资源和帮助，使高校思想政治教育能够更好地开展。政府部门对高校思想政治教育的资金支持政策的实施，将进一步加强高校思想政治教育的力量，推动高校思想政治教育教学改革向更高水平迈进。

四、行业组织支持

　　教育行业对高校思想政治教育改革的支持是非常重要的，国家政策的支持为改革提供了有力的保障。行业组织也在提供专业的指导和支持，促进高校思想政治教育教学改革取得更好的成效。教育行业对高校思想政治教育改革的支持是全方位的，涵盖了政策、理论、实践等多个方面，为高校的改革提供了坚实的基础。在这种支持下，高校思想政治教育教学改革能够不断取得新的突破和进步，为培养德智体美劳全面发展的社会主义建设者和接班人做出积极贡献。

　　教育部发布的相关政策文件为高校思想政治教育教学改革提供了有力支持，指导各大学加强对学生的思想政治教育工作。行业组织也积极响应国家政策，出台了一系列支持高校思想政治教育教学改革的文件，促进思想政治教育工作的开展。行业协会发布的相关文件进一步强调了高校思想政治教育教学改革的重要性，为高校提供了具体的指导和帮助，推动了思想政治教育教学改革的深入开展。这些政策文件的发布，为高校思想政治教育教学改革注入了强大动力，推动了高校思想政治教育教学工作的不断创新与发展。

　　针对高校思想政治教育教学改革，行业专家认为，国家政策的支持是推动改革的重要动力。随着 A 政策的发布和指导文件的出台，高校思想政治教育的发展将迎来更加有利的环境。同时，行业组织对教育改革的支持也是至关重要的。只有各行各业团结一心，共同推动高校思想政治教育的改革，才能够取得实质性的进展。

　　行业专家建议，高校应该不断优化教育教学模式，加强师资队伍建设，注重学生思想政治教育的质量和效果。同时，需要深化课程内容，加强实践教学，促进学生全面发展。只有这样，高校思想政治教育改革才能够走上正确的道路，真正发挥其应有的作用。

第二节　高校内部政策支持

一、校内领导支持

　　在高校思想政治教育教学改革研究中，校领导对这一工作的重视至关重要。国家政策支持和行业组织支持为高校思想政治教育提供了有力保障，高校内部政策支持和校内领导的支持也是推动改革的重要力量。校领导深刻认识到思想政治教育对学生成长的重要性，将其作为教育工作的重中之重，并出台了一系列措施加强思想政治教育的开展。校领导不仅高度重视改革工作的实施，还积极关注教师队伍建设，提升教师的专业水平和教学质量。他们深刻理解高校思想政治教育的独特意义，希望通过改革创新，推动教育事业取得更好的发展。在校领导的领导下，高校思想政治教育教学改革研究工作将迎来更为广阔的发展空间。

　　校领导提出的改革方向：在高校思想政治教育教学改革中，我校领导要求各位老师要充分认识到国家政策和行业组织的支持，积极借鉴和吸收其他高校的先进经验，提高我校的教学水平和教育质量。同时，我校领导也提出了要加强高校内部政策支持，明确教育改革的目标和方向，引导全校师生积极参与改革，形成教育改革合力。同时，校领导还鼓励各部门和各个教研室积极配合，共同推动思想政治教育教学改革的深入发展，为培养德智体美劳全面发展的社会主义建设者和接班人做出贡献。

　　在高校思想政治教育教学改革中，校内政策制定与执行是至关重要的环节。高校应当根据国家政策支持和行业组织的指导，结合学校实际情况，制定符合本校特色和发展需求的政策措施。同时，校内领导的支持和推动也是政策执行的关键。

针对思想政治教育教学改革，一些高校已经制定了相关政策，如加强教师培训、优化课程设置、推进教学方法创新等。然而，政策执行情况仍面临挑战。有的高校缺乏监督机制和考核手段，导致政策落实不到位；有的政策过于理论化，难以落地实施。

因此，高校需进一步完善政策执行机制，建立有效的监督和评估体系，确保政策能够落地生根。只有通过校内政策的切实执行，才能真正推动思想政治教育教学改革取得实质性成效。

在高校思想政治教育教学改革中，校内机制的建设至关重要。首先是建立健全的改革工作机制，包括设立专门的教学改革领导小组，明确任务分工，加强统筹协调。其次是推动机制的建立，例如制定激励机制，激发教师参与改革的积极性；建立评估机制，对改革效果进行定期评估，及时调整和完善措施。

然而，目前校内机制仍存在一些不足之处。首先是在改革工作机制方面，部分高校仍存在任务不清晰、分工不明确的情况，导致改革工作推进缓慢。其次是推动机制还不够完善，激励机制不够灵活，评估机制不够科学，缺乏有效的监督和评估手段。因此，高校需要进一步完善内部机制，提高改革工作的效率和质量。

二、教职员工支持

教职员工对高校思想政治教育教学改革的态度是多样化的。一些教职员工积极支持改革，认为更新教学内容和方法，推动教育教学的创新发展是必要的。他们坚信通过改革可以激发学生的思想活力，提高教学质量，培养出更具有竞争力的人才。

然而，也有些教职员工对改革持反对态度。他们担心改革可能带来教学质量下降，教育内容失真等问题。他们认为传统的思想政治教育教学模式已经经过时间的考验，没有必要轻易改变。

这种对立的态度的形成，可能受到个人的教育观念、思想倾向、专业背景等因素的影响。为了推动改革的顺利进行，有必要对这些不同态度的教职员工进行深入的沟通和交流，化解分歧，共同为高校思想政治教育的改革与发展贡献力量。

教职员工在高校思想政治教育教学改革中扮演着至关重要的角色。他们积极参与改革，表现出高度的责任感和使命感。在实际工作中，教职员工主动学习和研究最新的教育理论和方法，不断更新教学内容，提高教学质量。他们还积极参与教学评估和教学反馈，及时调整教学方法，促进学生思想政治教育的有效实施。

然而，影响教职员工参与改革的因素也是存在的。一方面，部分教职员工可能缺乏足够的动力和热情参与改革，他们可能对新理念和新方法持保守态度。另一方面，一些教职员工可能由于工作压力过大或者时间紧张，无法全身心投入到思想政治教育教学改革中。因此，需要进一步加强对教职员工的培训和指导，激发他们参与改革的积极性，推动高校思想政治教育教学改革取得更大成效。

教师作为高校思想政治教育的主体力量，承担着传道授业解惑的责任，应当注重理论知识的传授和实践教学的开展，引导学生树立正确的世界观、人生观和价值观。辅导员作为学生思想政治工作的重要参与者，应当关注学生心理健康和发展需求，及时解决学生在学习、生活中的困难和问题。管理人员则需要制定有效的制度和政策，促进思想政治教育工作顺利开展。

然而，在实际工作中，教职员工的角色定位和改革目标之间还存在一定的脱节现象，部分教师辅导员过于关注学术研究而忽视思想政治教育的重要性，管理人员过分强调规章制度而忽视人文关怀。因此，需要加强对教职员工的培训和教育，提高他们的专业水平和使命感，使其更好地与高校思想政治教育改革目标相符合。

在高校思想政治教育教学改革中，教职员工的培训与支持是至关重要的。目前，针对教师的培训计划主要包括理论知识学习、教学方法探讨以及案例分析等内容。高校还会组织教师参加相关学术会议和培训班，以提升他们的教学水平和能力。

然而，目前的培训计划存在的不足之处也是有目共睹的。培训内容较为单一，缺乏针对性和实用性，无法满足不同教师的需求。培训形式多为传统讲授模式，缺乏互动和实践环节，教师的参与度和学习效果有待提高。

为了改进教职员工的培训与支持情况，可以考虑增加教师学习社群，促进教师之间的交流和合作；加强实践教学环节，提升教师的实践能力；建立专业化的教学团队，为教师提供更多的支持和指导。只有不断完善培训计划和支持措施，才能更好地推动高校思想政治教育教学改革的深入发展。

三、学生支持

学生对改革的反驳是一种正常的现象，他们可能对改革的速度、内容、方法等方面提出质疑和反对意见。然而，在这个过程中，我们也需要给予学生足够的理解和支持，帮助他们更好地理解并适应改革带来的变化。只有通过与学生建立良好的沟通和互动，才能更好地引导他们参与到思想政治教育教学改革中来，让他们深入体会改革的意义和价值。只有这样，学生才能逐渐接受并支持这一教学改革，最终实现改革的目标与意图。

学生在高校思想政治教育教学改革中发挥着重要作用。他们通过参与学生会组织、撰写专题研究报告、组织讨论会等方式，积极参与到改革中来。学生的参与程度和积极性直接影响改革的成效和效果。因此，如何促进学生更有效地参与改革成为一个重要课题。

　　一方面，高校可以通过加强学生组织建设，提升学生参与改革的平台和机会。另一方面，高校还可以建立起学生参与改革的奖励机制，激发学生积极性和创造性，并且定期开展与学生的沟通交流，听取他们的意见和建议。通过这些措施，可以促进学生更加主动地参与到高校思想政治教育教学改革中，提升改革效果和影响力。

　　学生是高校思想政治教育的重要参与者和推动者。他们作为青年一代，应当积极参与思想政治教育活动，增强政治意识和责任感。通过参与思政课程的学习和讨论，学生可以深入了解国家的政治制度和发展方向，提高自身的思想修养和道德素质。同时，学生还可以作为传播者，将所学到的知识和观点传播给周围的同学，形成良好的思想交流氛围。

　　除了在课堂上的参与，学生还有责任守护校园文明和秩序，维护校园安全和稳定。他们应当自觉抵制不良思想和行为，积极传播正能量，为创造良好的学习环境和校园氛围贡献力量。总而言之，学生在高校思想政治教育中扮演着重要的角色，他们的参与和努力是推动思想政治教育改革与发展的关键。

四、校内资源支持

　　在高校内部，资源的分配政策是非常重要的，它直接影响到思想政治教育教学改革的推进和落实。校内资源包括人力、物力、财力等方面，它们的合理分配需要在教学、科研、管理等各个方面加以综合考量。

　　在一些高校中，资源分配政策存在着不公平、不透明的情况，导致一些学院或部门资源相对匮乏，难以有效开展思想政治教育教学工作。这种资源倾斜现象不利于高校整体的发展，也影响到学生成长和学术氛围的建立。

　　因此，高校需要加强对资源的合理配置和监管，建立更加公平、公正的资源分配政策，确保每个部门、每个教师都能够得到应有的支持和资源，共同推动高校思想政治教育教学改革的深入发展。

　　在高校内部，为了加强思想政治教育的教学改革，各校纷纷加大了教育设施的建设力度。一方面，学校在课堂教学中引入了多媒体教学设备，提高了教学效果；另一方面，学校还加强了教育实践基地的建设，为学生提供更多的实践机会和参与感。学校还增加了心理健康教育中心和德育中心等辅助机构，为学生提供更加全面的教育服务。

　　在高校内部政策支持的推动下，各个院系和教学单位也纷纷加强了思想政治教育的课程设置和教学内容更新，为学生提供更加符合时代需求和学生实际的教育内容。通过不断完善教育设施建设和教学模式创新，高校思想政治教育教学改革取得了显著成效。

高校内教学与研究资源支持是高校思想政治教育教学改革的重要保障。高校内部政策支持与资源分配的合理性直接影响着思想政治教育教学改革的深入开展。例如，学校内部需提供足够的经费支持、人力支持和教学设备支持，以保障教学改革的顺利实施。课程设置与教学团队建设也需要得到学校内部的支持和关注。

教学与研究资源的充足程度直接决定了高校思想政治教育教学改革的深度和广度。仅有政策支持是不够的，还需要高校内部各方的积极配合和资源倾斜，才能真正推动思想政治教育教学改革取得实质性进展。因此，高校需要不断完善内部资源的整合与利用机制，提高资源的使用效率，为思想政治教育教学改革提供更有力的支持。

在高校内部，为了推进思想政治教育教学改革，校内师资队伍的建设至关重要。学校需要加强对教师的培训和引进高水平的思想政治教育专家。学校要注重对教师的评价和激励，提高他们的教学水平和研究能力。同时，学校还要给予教师足够的资源支持，包括经费、设备和研究项目等方面的支持，以确保他们能够全力投入到教学改革的工作中。

除了学校内部的支持，还需要行业组织和国家政策的支持。行业组织可以提供专业指导和资源共享，为高校思想政治教育教学改革提供更多的支持。国家政策也是推动高校思想政治教育教学改革的重要力量，相关政策的发布和指导可以为高校改革提供有力保障。

总的来说，高校思想政治教育教学改革需要多方面的支持，包括学校内部的师资队伍建设和资源支持，行业组织和国家政策的支持。只有各方共同努力，才能推动高校思想政治教育教学改革取得实质性进展。

校内其他资源支持方面，高校图书馆、学术期刊、科研基地等资源发挥着重要作用。学生与教师可通过图书馆的丰富藏书和电子资源进行研究学习，获得更广泛的知识视野。同时，学术期刊提供了教师发表成果的平台，促进了教师的学术交流与成长。科研基地则为教师提供了实践平台，促进了理论与实践的结合。

除此之外，高校内部的专家团队、学生组织、实践基地等资源也能够为思想政治教育教学改革提供支持。专家团队可以为教师提供学术指导和专业支持，学生组织可以促进学生间的交流互动，实践基地则为学生提供实践机会，增强他们的实践能力和社会责任感。这些校内资源的支持，为高校思想政治教育教学改革提供了有力支撑。

第三节　职能部门支持

一、教育部门支持

教育部一直以来对高校思想政治教育的政策支持是十分重视的，通过发布一系列支持文件和政策法规，为高校提供了指导和支持。同时，国家政策也明确表示支持高校的教育改革和发展，行业组织在这一进程中也不遗余力地支持高校的工作。高校内部也积极制定相关政策，为教育改革提供有力保障。校内资源的支持和职能部门的协助也是教育部支持高校思想政治教育的重要环节。在整个教育思想政治领域，教育部门一直在积极推动政策的实施和落实，为高校的教育改革提供了坚实的后盾。

教育部对高校思想政治教育改革的指导文件旨在落实国家政策支持，并得到了行业组织、高校内部政策以及校内资源、职能部门的支持。教育部门的相关政策文件将为高校提供指导和支持，推动思想政治教育教学改革的深入开展。这些文件将为高校提供更多的发展机遇，使教育改革更加有序进行，为培养更多高素质人才提供更有力的保障。

二、文化部门支持

文化部对高校思想政治教育的政策支持是非常重要和必要的，这不仅体现了国家对高等教育的重视，也彰显了文化部对培养学生健康成长的责任感和担当。文化部在发布相关政策支持文件后，为高校思想政治教育的改革发展提供了指导和支持，引导高校积极探索教育教学改革的途径和方法。这也使得高校在进行思想政治教育时更具有方向性和针对性，为学生思想的健康成长提供了更好的保障。在文化部的政策支持下，高校能够更好地理解和把握思想政治教育的重要性，从而更好地培养学生的社会责任感和使命感。

文化部对高校思想政治教育改革的指导文件，得到了国家政策、行业组织、高校内部政策、校内资源、职能部门以及文化部门的全方位支持。这些支持体现了国家对高校思想政治教育的重视和支持，为高校内部改革提供了有力保障。文化部指导文件的发布，将为高校思想政治教育改革指明方向，推动高校教育事业不断发展壮大，为培养优秀人才提供更有力的支持和保障。

三、卫生部门支持

在高校思想政治教育教学改革研究中,卫生部对高校思想政治教育的政策支持至关重要。国家政策支持、行业组织支持以及高校内部政策支持都是推动高校思想政治教育教学改革的关键因素。校内资源的支持、职能部门的协助以及卫生部门的政策支持也对高校思想政治教育的发展起着积极的促进作用。卫生部对高校思想政治教育的政策支持意味着卫生部将加大对高校思想政治教育的关注,并为高校提供更多的政策支持和指导,从而推动高校思想政治教育教学改革取得更大的成效。

卫生部对高校思想政治教育改革的指导文件,体现了国家政策支持和行业组织支持,对高校内部政策和校内资源的支持也起到了积极作用。同时,职能部门和卫生部门的支持更加坚定了高校思想政治教育改革的重要性。卫生部发布的指导文件为高校的思想政治教育改革提供了清晰的指导和方向,促进了高校内部政策的制定和资源的整合利用。这些支持和指导都是为了推动高校思想政治教育教学改革不断向前发展,提高学生的思想品德素质,推动高等教育事业的健康发展。

卫生部对高校心理健康教育的支持政策,是促进高校学生心理健康成长的重要举措。通过发布相关文件和政策指导,卫生部为高校提供了重要的支持和指导,倡导高校把心理健康教育纳入教学计划,并加强心理健康教育师资队伍建设。卫生部还支持高校建立心理健康教育工作机制,鼓励高校开展心理健康教育活动,并提供相应的经费支持。通过卫生部的政策支持,高校得以更好地开展心理健康教育工作,帮助学生更好地适应学习和生活压力,提升心理素质和健康水平。

第四节 社会机构支持

一、企业支持

在高校思想政治教育教学改革研究中,企业的支持至关重要。企业可以提供实践机会、实习岗位和就业机会,为学生提供更多的机会接触社会和实践。企业还可以提供资金支持、科研合作和人才培养等方面的支持,促进高校的教学科研水平的提升。企业的支持不仅可以为高校带来更多的资源和机会,也可以为学生提供更好的发展平台和就业机会,是高校思想政治教育教学改革中不可或缺的一部分。企业的支持将为高校思想政治教育的教学改革注入新的活力和动力,推动高校思想政治教育教学改革不断向前发展。

企业对高校思想政治教育改革的合作是推动高校教育改革与发展的重要力量。通过与企业的合作，高校可以更好地结合企业需求，提升学生的实践能力与就业竞争力。企业对高校思想政治教育改革的支持不仅是对高校教育质量的认可，也是对国家未来发展人才需求的倡导。企业可以提供实践机会、技术支持、职业指导等方面的支持，为高校教育改革注入新的动力和创新思路。企业与高校的合作可以促进双方的共赢发展，推动高校教育朝着更加务实和实践导向的方向前进。

企业对高校就业指导是高校思想政治教育教学改革中的重要一环。企业的支持为学生提供了实践机会和就业指导，帮助他们更好地融入社会。通过企业对高校就业指导的支持，学生能够更好地了解自己所学专业在实际工作中的应用，提高就业竞争力。企业对高校就业指导也促进了高校与企业之间的合作与交流，为学生和企业搭建了沟通的桥梁。企业对高校就业指导的意义不仅在于为学生提供就业机会，更在于引导学生树立正确的就业观念和规划未来发展方向。企业的支持不仅推动了高校思想政治教育教学改革的深入发展，也为学生的求职之路增添了更多可能性。

二、文化机构支持

文化机构对高校思想政治教育的支持是非常重要的。这些机构通过举办相关的文化活动、展览和讲座，为高校的思想政治教育提供了丰富多彩的资源和平台。同时，文化机构还可以为高校提供专业的指导和支持，帮助学生更好地理解和学习思想政治理论知识。通过与这些机构合作，高校可以拓展教育领域的视野，提高教学质量，培养更加全面发展的人才。因此，文化机构对高校思想政治教育的支持是不可或缺的，有助于推动教育教学改革的深入发展。

文化机构的支持对高校文化建设起着至关重要的作用。作为传承和弘扬优秀传统文化的组织，文化机构能够为高校提供丰富多样的文化资源和活动，为师生们营造良好的学习和生活氛围。文化机构不仅可以组织丰富多彩的文化活动，还可以为高校的文化建设提供专业指导和支持，促进师生们的文化素养和审美能力的提升。同时，文化机构的支持还可以拓展高校的文化视野，促进文化的交流和融合，为高校师生们提供更多的文化发展机遇。通过文化机构对高校文化建设的支持，可以有效推动高校文化建设的健康持续发展，为打造具有特色和魅力的高水平大学提供坚实的文化基础。

文化机构与高校合作项目在高校思想政治教育教学改革研究中起着重要作用。通过国家政策支持和行业组织支持，文化机构与高校开展合作项目得到了有力的支持。高校内部政策也对此起到了积极作用，为开展合作项目提供了便利条件。校内资源的支持使合作项目得以顺利进行，职能部门和卫生部门的参与进一步加强了合作的有效性。社会机构和文化机构的支持也为合作项目的开展增添了动力。文化机构与高校合作项目的意义重大，可以促进思想政治教育教学改革的深入发展，为高校教育事业的提升提供了重要支持。

三、科研机构支持

科研机构对高校思想政治教育的支持是非常重要的，他们提供了宝贵的学术资源和研究成果，为高校的教学改革提供了理论支持和指导。通过与科研机构的合作，高校可以借鉴先进的教育理念和方法，不断优化教学模式，促进学生的综合素质提升。科研机构的支持也为高校的教师培训和学术交流提供了重要平台，促进了师生之间的互动和合作，推动了高校思想政治教育的深入发展。在今后的教学改革中，科研机构将继续发挥重要作用，为高校思想政治教育的创新和提升贡献力量。

科研机构对高校研究项目的支持是非常重要的，他们通过提供资源、技术和经验支持，帮助高校教师和学生开展深入的研究。这些科研机构多年来一直致力于推动教育改革和创新，加强与高校的合作，共同探讨和解决教育领域的重大问题。他们的支持不仅能够促进高校的学术研究水平和科研实力的提升，也有助于培养学生的创新意识和实践能力。这种紧密的合作关系促进了高校研究项目的顺利推进，为推动高校思想政治教育教学改革做出了重要贡献。

科研机构与高校研究合作是推动高校思想政治教育教学改革的重要途径。通过与科研机构开展合作研究，高校可以借鉴科研机构的先进理念和研究方法，提升教学质量和效果。同时，科研机构的支持也为高校提供了更多的研究资源和实践机会，促进教学改革的深入开展。科研机构与高校之间的合作不仅可以加强双方在学术研究方面的交流与合作，还能促进双方在师资队伍建设、教学资源共享等方面的合作与发展。通过共同努力，科研机构与高校可以实现优势互补，共同推动高校思想政治教育教学改革取得更大成果。

科研机构对高校科研成果的推广是一项重要的工作，通过与高校合作，科研机构可以有效地帮助高校将科研成果转化为实际应用。同时，科研机构的专业技术和资源优势也为高校科研工作提供了有力支持。在推广过程中，科研机构不仅可以提供专业指导和培训，还可以协助高校建立行业合作关系，促进科研成果的转化与应用。通过双方的密切合作，高校的科研实力得到提升，同时也加速了科研成果的推广和产业化进程。

四、公益机构支持

公益组织对高校思想政治教育的支持，是整个社会共同关注和支持高校教育事业的体现。公益组织的支持不仅包括物质上的资源投入，更体现在理念的传播和社会责任的意识。他们积极参与高校思想政治教育的改革与发展，为学校提供了丰富多彩的教育资源和项目支持，促进了教育教学水平的不断提升。公益组织的参与不仅仅是为了满足社会责任，更是为了培养更多具有社会责任感和使命感的优秀人才，推动整个教育体系朝着更加健康和可持续的方向发展。他们的支持和帮助，为高校思想政治教育的改革注入了新的活力和动力。

公益组织发起的支持项目：公益组织积极倡导并支持高校思想政治教育教学改革，通过开展各类培训、研讨活动，提升教师教育水平和专业能力，推动教学改革深入发展。同时，公益组织还组织志愿者参与学生思想政治教育工作，开展各种形式的主题活动，促进学生全面发展和健康成长。通过公益组织的积极支持和参与，高校思想政治教育教学改革取得了显著成效，为培养德智体美劳全面发展的社会主义建设者和接班人提供了有力保障。

公益组织与高校的合作项目是高校思想政治教育教学改革研究中的重要一环。国家政策的支持为公益组织和高校的合作项目提供了坚实的法律依据，行业组织的支持为项目的顺利推进提供了专业指导，高校内部政策的支持促进了合作项目的顺利实施。校内资源的支持为项目提供了必要的物质条件，职能部门和卫生部门的支持为项目的顺利开展提供了重要支持。同时，社会机构和公益机构的支持也为合作项目的发展提供了宝贵的资源和帮助。由此可见，公益组织与高校的合作项目是一项得到广泛支持的重要工作，将为高校思想政治教育教学改革研究的深入推进起到积极作用。

公益组织对社会责任教育的支持是高校思想政治教育教学改革中不可或缺的重要力量。公益组织在推动社会责任教育方面发挥着积极作用，通过开展相关活动和项目，引导学生关注社会问题，培养他们的社会责任感和使命感。公益组织的支持为高校提供了丰富的教育资源和实践机会，帮助学生将理论知识应用于社会实践中，提升他们的综合素质和社会影响力。同时，公益组织的支持也为学生提供了更多参与社会公益活动的平台，促进了学生的成长与发展。在高校思想政治教育教学改革中，公益组织的支持将起到至关重要的作用，推动学生树立正确的人生观和价值观，促进社会和谐稳定的发展。

五、政府机构支持

政府机构对高校思想政治教育的支持至关重要。国家政策的支持不仅为教育改革提供了指导，同时行业组织、高校内部政策及校内资源的支持也为教育工作的开展提供了保障。职能部门、卫生部门以及社会机构的支持也在推动高校思想政治教育教学改革中发挥着积极作用。在这一过程中，政府机构的支持更是至关重要，其对高校思想政治教育的支持意味着对教育事业的认可和重视，为高校提供了更广阔的发展空间和更好的发展环境。政府机构的支持不仅可以推动高校教育事业的健康发展，也可以提升高校教育的质量和水平，为培养更多优秀人才提供有力保障。因此，政府机构的支持对于高校思想政治教育的发展具有重要意义。

政府机构对高校思想政治教育改革的投入,是在整个国家政策支持和行业组织支持的大环境下展开的。同时,高校内部政策支持和校内资源支持也为政府机构投入提供了重要保障。职能部门、卫生部门、社会机构等多方支持也为政府机构的投入提供了有力支持。政府机构以实际行动支持高校思想政治教育改革,为高校提供了政策倾斜和资金支持,推动了高校思想政治教育的深化发展。政府机构的支持和投入为高校思想政治教育改革注入了强大动力,为高校育人工作提供了坚实基础。

政府机构在高校社会服务中起着至关重要的作用。政府机构通过发布政策支持和指导文件,为高校社会服务提供了规范和方向。例如,国家政策支持鼓励高校开展社会服务项目,行业组织支持提供专业指导,高校内部政策支持为项目实施提供保障。

政府机构还通过经费支持、人力支持等方面为高校社会服务提供支持。校内资源支持、职能部门支持、卫生部门支持等提供了实际帮助,社会机构支持也为高校社会服务提供了更广泛的资源渠道。

然而,现有支持措施也存在不足之处。政府机构在支持高校社会服务中,需要更加精准地了解高校的需求和问题,提供更加有效的支持措施,以促进高校社会服务的发展和壮大。

第五节　效果评估与持续改进

一、效果评估

高校思想政治教育改革的效果评估体系建设是一项复杂而重要的任务。评估指标的建立是评估体系的基础。这些指标应该包括学生参与度、思想政治教育覆盖率、教师培训情况等方面,以全面地反映教育改革的效果。

评估方法的选择至关重要。传统的问卷调查、访谈等方法仍然适用,但也应考虑引入先进的数据分析技术,如大数据分析、情感分析等,以提高评估结果的科学性和客观性。

数据收集与分析也是评估体系中不可或缺的环节。高校应建立完善的数据采集机制,确保获取真实可靠的数据,然后通过专业的数据分析师进行深入分析,发现改革中存在的问题和不足之处。

综合来看,高校思想政治教育改革的效果评估体系建设需要在政策支持、指标建立、方法选择、数据收集与分析等方面不断完善和提升,以确保改革取得实质性成效,为培养德智体美劳全面发展的社会主义建设者和接班人奠定坚实的基础。

在高校思想政治教育教学改革的效果评估中，需要选取一系列的指标和方法来评估改革的实际效果。在量化指标方面，可以考虑学生参与度、课程成绩、学生思想政治素质测试成绩等指标；在定性指标方面，可以考虑学生的政治认知、思想意识提升情况、学习氛围改善程度等指标。

评估方法的选择也至关重要，可以采用问卷调查、实地观察、学生访谈等多种方法来全面评估改革的效果。然而，各种指标与方法在评估中也存在一定的局限性，比如定量指标无法完全反映学生的思想政治素质提升情况，定性指标又可能存在主观性较强的问题。

因此，在评估中需要综合运用多种指标和方法，以确保对高校思想政治教育改革的效果有一个全面、客观的评价，在评估的基础上及时调整和改进教学方法，提升改革的实效性和持续性。

通过对高校思想政治教育教学改革效果的评估，我们发现，政策支持和指导文件的发布对改革效果起到了重要的推动作用。国家政策支持、行业组织支持、高校内部政策支持等多方面的支持，为改革提供了有力保障。同时，校内资源、职能部门、卫生部门、社会机构和政府机构的积极支持也为改革提供了必要的条件。

在效果评估方面，我们发现改革实施后学生的思想政治素质得到了明显提升，他们的思想觉悟和政治意识得到了有效激发和增强。教学效果得到了显著改善，学生参与度和学习积极性明显提高，教育教学质量得到了有效提升。

总的来说，高校思想政治教育教学改革的效果积极且显著，为提高学生的综合素质和培养社会主义建设者和接班人做出了重要贡献。评估结果对高校思想政治教育改革的指导意义和启示深远，必须持续改进和加强，不断优化改革方案，更好地服务于高校教育发展和社会进步。

估报告的编写要点包括对改革方案的实施情况进行详细梳理、效果评估数据的收集和分析、问题和困难的反馈、改进建议等。报告的传达方式可以通过会议、文件等形式，将报告结果传达给相关负责人和教师，同时也可以通过学术期刊、网站等途径向社会公众披露。反馈结果的利用则可以通过定期召开评估报告反馈会议，听取各方意见和建议，及时进行调整和改进。

评估报告对决策制定和实践改进至关重要，它可以为高校领导层提供客观的数据支撑，帮助他们判断改革效果是否达到预期目标，指导下一步改革方向和措施。同时，评估报告也可以为教师提供指导，帮助他们更好地理解和落实改革政策，提升教学效果和学生思想政治教育质量。通过不断评估和改进，高校思想政治教育教学改革才能真正取得实质性的进展，为培养德智体美劳全面发展的社会主义建设者和接班人提供有力支撑。

二、持续改进

　　持续改进机制的建设是高校思想政治教育改革的重要保障。需要建立健全的评估体系，定期对思想政治教育教学进行评估，发现问题并及时解决。要加强师资队伍建设，提高教师的教育水平和教学质量，保证教学效果。同时，通过举办研讨会、座谈会等形式，促进教师之间的经验交流，提升整体教学水平。还可以借助信息化手段，加强教学管理，提高教学效率。要加强学生参与感，鼓励学生积极参与思政活动，增强思政教育的实效性和针对性。持续改进机制的建设将为高校思想政治教育改革注入新的活力和动力，推动教育事业不断迈向新的高度。

　　估结果显示，目前高校思想政治教育教学改革已经取得了一定的成效，但仍存在一些问题和不足之处。为此，我们提出了一系列改进建议，包括加强师资队伍建设、优化教学内容和方式、提高学生参与度等方面。在实施过程中，我们注重与相关部门合作，利用各种资源和支持，包括政府机构、社会机构、行业组织等，共同推动改革的顺利进行。

　　在持续改进的过程中，我们坚持不懈地推进各项具体措施，例如开展系列讲座、举办思政教育活动、建立学生社团等，取得了一些显著的效果。通过不断调整和优化教学计划，我们让思政教育更贴近学生需求，引导他们树立正确的世界观、人生观和价值观，为他们的成长和发展提供更好的支持和保障。

　　未来，我们将继续探索持续改进的路径和策略，进一步改善思想政治教育的质量和效果，为培养德智体美劳全面发展的社会主义建设者和接班人做出更大的贡献。

　　在高校思想政治教育教学改革中，评估和调整是持续改进的重要环节。通过不断评估教学效果，我们可以了解学生的接受程度和效果，及时发现问题并提出调整方案。同时，调整教学内容、方法等方面也是提高思想政治教育质量的关键。我们需要根据评估结果，及时对教学计划进行调整，改进教学内容和方式，确保教育目标的实现。

　　除了对教学过程的评估和调整，我们还要注重对教育效果的评估和调整。通过调查问卷、听取学生意见等方式，了解学生对思想政治教育的认知和态度变化，及时对教育效果进行评估和调整，使教育更加贴近学生需求和实际情况。

　　持续改进的评估和调整是高校思想政治教育教学改革中不可或缺的环节，只有不断优化教学过程和教育效果，才能提高思想政治教育的质量，培养更加符合时代要求的高素质人才。

　　持续改进的成果包括教学效果的提升、学生思想政治素质的提高、教师教学水平的提升等。这些成果得益于对高校思想政治教育教学改革的不断调研和检验，正是这种持续改进的精神，让高校思想政治教育教学在不断完善中不断取得新的进步。

　　针对这些成果，高校建立了有效的反馈机制，以便及时获取各方面的意见和建议。

这些反馈信息通过各种渠道收集并整合，为下一阶段的改进提供了宝贵的参考。同时，高校还积极组织评估团队进行效果评估，确保改进措施的真正实施和效果的落地。

通过持续改进和及时有效的反馈机制，高校思想政治教育教学改革得以稳步推进，逐渐走上了一条符合时代发展需求和学生特点的道路。

通过政府机构、社会机构和高校内部的支持，高校思想政治教育教学改革得以顺利推广和应用。各级政府出台政策文件，指导高校教育教学改革的方向和目标；行业组织提供专业支持和指导，促进改革实践的深入发展；高校内部各职能部门共同参与，资源共享，推动改革工作的顺利进行。

在持续改进的过程中，各方不断总结经验，分享成功案例，加强交流合作。只有通过持续改进，不断推广和应用改进经验和成果，高校思想政治教育教学改革才能取得更好的效果，更好地服务于学生的全面发展和社会的进步。

第十三章　校内管理体制改革

第一节　教学管理体制改革

一、教学内容设置

在教学内容设置方面，高校思想政治教育需要更加注重实际应用和社会实践的结合，引入更多的案例分析和实践活动。通过开设多元化丰富的课程模块，可以更好地激发学生的学习兴趣和参与度，提高课堂教学效果。课程模块的创新不仅可以拓宽学生的知识视野，还可以帮助他们更好地理解和应用所学知识。

教学内容设置中的课程模块创新是高校思想政治教育教学改革的重要环节，可以促进学生对思想政治教育的深入理解和实际运用。在教学内容设置中，不断探索和创新，将是高校思想政治教育教学改革的一项重要任务。通过不断改革和创新，才能适应时代的发展和学生的学习需求，提升教学质量，培养更具有社会责任感和创新精神的优秀人才。

在高校思想政治教育教学改革中，教学方式改革是至关重要的一环。传统的思政教育教学往往以灌输为主，学生 passively 接受知识，缺乏互动与参与。而通过教学方式改革，可以引入多元化的教学手段和方法，如案例分析、小组讨论、互动游戏等，激发学生的兴趣和参与度，提高教学效果。

通过教学方式改革，不仅可以让学生在思想政治教育中更加主动地学习、思考和参与，还可以培养他们的创新意识、批判性思维和团队合作能力。更重要的是，这种改革能够使教育者更加贴近学生，更好了解他们的需求和兴趣，从而更好地引导他们的学习。因此，教学方式改革在高校思想政治教育中的应用和意义不可忽视。

在高校思想政治教育教学改革中，教学资源整合是至关重要的一环。通过整合各类资源，包括师资、课程、教学设备等，可以有效提升教学效果和效率。例如，可以通过整合优秀的师资力量，促进教师间的交流和合作，提高教学质量；整合不同学科的课程资源，创新教学方式和内容，激发学生的学习兴趣和能动性。

同时，整合教学设备和技术资源，充分利用现代化教学手段，提高教学效率，使学生在互动性强、多样化的教学环境中获得更好的学习体验。因此，高校应该不断探索适合自身发展的资源整合模式，为思想政治教育教学改革提供更有力的支持，培养更加优秀的人才。

在高校思想政治教育教学改革中，课程评估机制发挥着至关重要的作用。通过评估，可以及时了解教学效果，发现存在的问题和不足，为改进教学方法和内容提供依据。课程评估机制可以促使教师更加关注学生的学习效果和需求，激发其教学热情和创新能力。同时，评估结果也可以为学校领导制定更科学的教学管理决策提供参考。

在 B 校内管理体制改革中，课程评估机制不仅是提升教学质量的重要手段，也是推动校内教学管理体制不断完善的关键环节。只有通过建立科学有效的评估机制，才能实现高校教学管理的现代化和民主化，为学校的长远发展提供可靠保障。因此，我们应该进一步探讨如何完善评估机制，促进高校思想政治教育教学改革不断深入和完善。

实践教学环节是高校思想政治教育教学中不可或缺的一部分。通过实践教学的环节，学生可以将理论知识与实际情况相结合，从而更好地理解和掌握所学内容。在教学管理体制改革的大背景下，实践教学环节也呈现出了新的形式和特点。为了更好地促进学生的实践能力和创新精神，教师们不断探索和改进实践教学的方式和方法，积极引导学生参与各类实践活动。同时，教学内容设置也更加注重贴近时代发展和学生需求，突出实践能力的培养，强化学生的实际操作能力和解决问题的能力。通过这样的教学模式，学生们能够更好地将所学知识运用到实际生活中，培养出更为全面和创新的人才。

二、教学质量评价

教学评估制度是高校思想政治教育教学改革中的重要一环。通过建立科学合理的评估机制，可以全面评估教育教学的质量，促进教学水平的提高。教学评估制度的建立和完善，是推进教育教学改革的关键举措之一。只有不断优化评估标准，完善评估方法，才能真正实现对教学质量的有效监控和评估。同时，教学评估制度的建立也需要充分调动教师和学生的积极性，促使他们在教学过程中不断进行自我反思和提升，实现教学教育目标的有效落实。通过教学评估制度的全面实施和不断完善，可以更好地推动高校思想政治教育教学改革取得实质性进展。

教学质量监控是高校思想政治教育教学改革中不可或缺的重要环节。通过对教学过程的全面监控和评估，可以及时发现学生学习中存在的问题和困难，帮助学生更好地掌握知识和技能。这种监控不仅包括课堂教学的实施情况，还要关注学生的学习情况和教师的教学效果。通过建立科学有效的监控机制，可以及时调整教学策略和方法，提高教学质量，促进学生成长与发展。在教学质量监控的过程中，应该注重定量和定性相结合，注重数据分析和问题诊断，从而为高校思想政治教育教学改革提供有力的支持和保障。

在高校思想政治教育教学改革研究中，师生互动评价扮演着重要的角色。教学管理体制改革需要更多地关注师生间的互动，通过评价机制促进教学质量的提高。师生之间的有效沟通与互相理解可以帮助教师更好地了解学生的需求和学习情况，从而更好地调整教学方法和内容。而学生对老师的评价也可以为教师的教学提供及时、准确的反馈，帮助教师不断改进教学方式，提升教学效果。通过师生互动评价，可以建立更加平等、民主的教学氛围，促进学生积极参与学习，提高教学质量。

在高校思想政治教育教学改革研究中，教学成果的考核是至关重要的一环。通过对学生的学习情况和表现进行评价，可以及时发现问题、指导学生改进和提高教学质量。教学成果考核不仅仅是对学生学习成绩的评定，更重要的是能够全面评价学生的综合素质和能力。只有通过科学合理的考核方式，才能更好地激发学生学习的动力和潜能，促进学生全面发展和个性成长。因此，在教学管理体制改革中，教学成果的考核也应得到更加重视和完善，为高校思想政治教育教学的改革和发展提供更有力的支持和保障。

三、学术研究支持

学术资源整合是高校思想政治教育教学改革中至关重要的一环。通过整合学术资源，可以更好地促进教师间的合作交流，提升教学水平。同时，学术资源整合也能够为学生提供更丰富的学习资源，满足其个性化学习需求。在教学改革中，学术资源整合的意义不可忽视。通过整合各方学术资源，可以形成一种共享与协作的教学环境，推动高校的教学质量不断提升。在B校内管理体制改革的背景下，学术资源整合更显得尤为重要，为教学管理体制改革提供了有力的支撑。

针对高校思想政治教育教学改革的研究课题指导，本文将重点探讨B校内管理体制改革的现状和挑战。教学管理体制改革是当前高校发展的重要议题，需要从教师培训、教学评价、课程设置等方面进行全面革新。同时，学术研究支持也是推动教学改革的关键，需要加强对新理论、新技术的研究和应用。研究课题指导的目的在于引导教师深入研究教学管理体制改革的实际问题，提出可行的解决方案，推动高校思想政治教育教学改革的进程。

科研团队建设是高校思想政治教育教学改革的重要内容之一，对于提升教学质量、促进学术研究具有重要意义。通过建设科研团队，不仅可以加强师生之间的交流互动，还可以提高研究效率，促进学术研究成果的产出和转化。同时，科研团队建设还可以促进学术氛围的形成，营造积极向上的研究氛围，为学术研究提供有力支持。在推进高校思想政治教育教学改革的过程中，加强科研团队建设，培养具有创新精神和独立思考能力的科研人员，是非常重要的一环。通过科研团队的建设，可以不断提升高校的学术水平和科研实力，推动教学管理体制改革的深入发展。

在高校思想政治教育教学改革的推广方面，学术成果的传播和推广起着至关重要的作用。学者们通过撰写论文、举办学术研讨会、开设研究课程等方式，将他们在思想政治教育领域的研究成果传播给更广泛的学术界。这种方式有助于让更多的专家学者参与到思想政治教育的研究和改革中，促进学术界对该领域的研究和讨论。

学术成果的推广也对高校和教师产生积极的影响。通过学术成果的推广，高校可以吸引更多优秀的专家学者加入到思想政治教育的研究和教学改革中，提升学校的学术声誉和影响力。同时，对教师而言，这些学术成果为他们提供了更多的研究参考和教学方法，帮助他们不断提升自身的教学水平和专业能力。因此，学术成果的推广对高校和教师都具有重要意义。

在高校思想政治教育教学改革中，专业实践与教学内容的结合是至关重要的。然而，目前在一些高校中，课程设置并未完全贴近实际，教学内容与专业需求的符合程度也有待提高。

在一些高校中，思想政治教育课程仍然停留在传统的理论教学阶段，缺乏专业实践的支持。教学内容与当前社会需求和专业发展方向之间存在一定的脱节，导致学生在实际应用中缺乏相关知识和技能。

因此，高校在思想政治教育教学改革中需要更加注重与专业实践的结合，通过更加贴近实际的课程设置和教学内容，为学生提供更加全面的知识和技能，使他们能够更好地适应未来的社会和职业发展。同时，高校也需要不断完善教学管理体制，为教师提供更多的学术研究支持，促进思想政治教育教学改革的持续发展。

第二节 师资队伍建设

一、师资梯队建设

高校思想政治教育教学改革的师资队伍人才培养机制是关键的一环。在师资队伍建设中，我们将注重教师的培养路径和培训计划。我们会建立完善的师资梯队体系，包括不同层级的教师培养和选拔机制，确保教师队伍的高质量和稳定性。我们将制定个性化的培训计划，根据教师的不同需求和特长，为其提供定制化的培训内容和方式，提升其教学水平和专业能力。我们还将加强对教师的评价和激励机制，通过多种形式的评价和奖励，激励教师积极参与教学改革活动，促进师资队伍的持续发展和进步。通过这些举措，我们将不断提升高校思想政治教育的教学质量和效果，为学生提供更好的教育服务。

师资队伍结构是高校思想政治教育教学改革中的重要一环。目前，我校师资队伍结构较为多样化，既有具有丰富实践经验的中青年教师，也有在学术研究领域有突出成就的资深教授。教师职称分布相对均衡，包括教授、副教授和讲师等不同职称，能够满足不同层次学生的教育需求。

在学历背景方面，师资队伍也呈现出多样性。有的教师本科毕业于名校，有着扎实的学术基础；而有的教师则拥有海外留学背景，带来了国际化的视野和理念。这种多元化的师资队伍结构为高校思想政治教育教学改革提供了丰富的人才资源，有利于推动教育教学质量的提升和教学内容的更新。

在高校思想政治教育教学改革中，师德师风建设是至关重要的一环。教师们的教育教学态度和职业操守直接影响着学生的思想政治教育效果。因此，高校积极进行师德师风建设，加强对教师的道德规范和职业道德的培养，提高教师的责任感和使命感，促进其积极投身于思想政治教育工作中。

通过开展各种形式的师德师风培训和研讨活动，高校不断强化教师的职业操守和专业素养，鼓励他们树立正确的人生观和价值观。同时，高校也注重对教师的心理健康和教育教学质量进行全方位的评估和指导，以确保教师在教学过程中能够成为学生的榜样和引路人。

师德师风建设不仅是高校思想政治教育教学改革的重要内容，也是提升高校教育教学质量和塑造良好校园文化的关键之举。希望通过各项举措，教师们能够不断提升自身综合素质，为学生成长成才提供更好的思想政治教育环境。

高校思想政治教育教学改革中，教师的教学能力得到了显著提升。学校积极开展培训计划，为教师提供了更多的教学技能和方法，使他们能够更好地融入到新的教学模式中。同时，学校建立了完善的教学评估机制，对教师的教学水平进行定期评估，提供了更多的指导和支持。

在师资队伍建设方面，学校注重建立起一支高素质的师资团队，不断强化教师的专业能力和教学水平。通过梯队建设，学校为教师提供了更多的发展机会和空间，促使他们不断提高自身的教学水平，更好地适应新时代教育的需求。

总的来说，高校思想政治教育教学改革取得了显著成效，教师的教学能力得到了全面提升，为学生的综合素质和思想政治教育提供了更好的保障。

二、师资培训机制

在高校思想政治教育教学改革中，教师培训计划的实施是至关重要的一环。培训内容主要包括思想政治理论知识更新、教学方法研讨、教育技术应用等方面，旨在提升教师的教学水平和专业能力。培训形式多样，包括集中培训、分散培训、在线培训等，以满足教师的不同需求。

在师资队伍建设方面，高校积极引进具有丰富教学经验和研究成果的专家学者，为教师提供学术指导和支持。建立健全的师资培训机制，定期组织培训课程和学术交流活动，注重教师个性发展和专业成长，进一步激发教师的教学热情和创新能力。

通过教师培训计划的有效实施，高校思想政治教育教学改革取得了显著成效，促进了教师的专业提升和教学质量的提高，为培养德智体美劳全面发展的社会主义建设者和接班人做出了积极贡献。

然而，当前高校思想政治教育教学中存在着一个普遍问题，即教学研讨交流不足。教师之间缺乏交流，无法共享教学经验，导致教学中的问题无法得到有效解决。一些优秀的教学案例和经验没有得到有效传播，使得教学水平无法得到全面提升。

教学研讨交流是教学改革的重要一环，可以通过教师之间的互相学习和思想碰撞来不断完善教学方法和策略。建议学校加强师资队伍建设，设立定期的教学研讨会，让教师们分享自己的教学实践和经验，共同探讨教学中的难点和问题，从而促进教学质量的提升。只有这样，才能真正实现高校思想政治教育教学改革的目标。

在高校思想政治教育教学中，教师的教学技能提升尤为关键。然而，教师缺乏专业培训和教学技能更新不及时已成为一个普遍存在的问题。因此，高校应建立完善的师资培训机制，定期举办教师培训和交流活动，提高教师的教学水平和教学能力。

教师的教学技能提升需要多方面的支持。高校可以邀请专家学者开展教学能力提升的培训课程，也可以在日常教学中加强对教师的指导和监督。高校还应该鼓励教师参与学术研究活动，不断提升教师的学术水平和教学能力。

只有不断提升教师的教学技能，才能更好地完成高校思想政治教育的使命，培养出更多具有社会责任感和创新能力的优秀学生。高校教师要不断学习和成长,适应时代的变化,为学生的发展提供更好的指导和服务。

在高校思想政治教育教学中,激励机制的建设是一个重要环节。然而,目前存在着一些问题,如教师奖励机制不明确或者激励政策不公平等。一些教师反映,他们在教学和科研工作上付出了很多,却没有得到应有的认可和奖励,导致工作积极性受到一定影响。

为解决这些问题,高校应加强教师激励机制的建设。建立明确的奖励机制,为教师提供更多的晋升和荣誉机会,激励他们为教育事业奉献更多。要确保激励政策的公平性和透明度,避免出现仁者见仁、智者见智的情况,让每位教师都能感受到公平和公正。

通过加强激励机制的建设,可以有效提升高校思想政治教育教学的质量和效果,推动教育改革和发展。希望高校能够重视这一问题,加强相关措施的实施,为教师提供更好的工作环境和发展空间。

在高校思想政治教育教学中,学术导师制度是至关重要的一环。然而,目前在一些高校中,学术导师制度存在着不规范和指导不到位的问题。有些学术导师制度并不明确,导师与学生之间的权责关系模糊不清,导致指导工作无法有效展开。一些导师忙于自己的科研工作,忽略了对学生的指导,导致学生在思想政治教育方面得不到及时帮助和引导。再者,一些导师指导方式单一,缺乏创新和有效的指导方法,难以激起学生的学习兴趣和积极性。

为解决学术导师制度存在的问题,高校应加强制度建设,明确导师与学生的权责关系;同时,导师们应认识到思想政治教育教学的重要性,做好指导工作;高校还应加强对导师的培训,提高他们的指导能力和水平。只有这样,学术导师制度才能真正发挥作用,促进高校思想政治教育教学的改革和发展。

三、师资流动机制

在高校思想政治教育教学改革中,人才引进政策的问题是一个关键性的因素。一些高校存在着人才引进政策不明确或不具吸引力的情况,这直接影响着教育教学质量和人才队伍建设。一方面,部分高校的人才引进政策缺乏具体的政策支持和优惠措施,导致优秀人才不愿前来。另一方面,一些高校在引进人才时注重的更多是学术成果而非思想政治教育的专业能力,这导致了一些思想政治教育教学方面的专业人才难以加入高校团队。因此,高校应该加强人才引进政策的制定和实施,明确政策导向,提供良好的工作条件和发展空间,从而吸引更多优秀人才加入思想政治教育教学工作,推动高校思想政治教育教学的持续发展与进步。

在高校思想政治教育教学改革中，人才流动渠道一直是一个亟待解决的问题。目前的流动渠道存在着不畅或者机制不完善的情况，导致一些优秀的教育工作者无法得到更好的发展机会。为了解决这一问题，高校可以加强人才引进和流动机制的建设，为有志于从事思想政治教育教学的人才提供更广阔的发展空间。

同时，高校还需要加强人才培养和激励机制的建设，提高教师的专业水平和教学质量。通过建立健全的评价制度，激励教师从事思想政治教育教学，并为他们提供更多的学术研究支持，推动教育教学质量的提升。只有通过改善人才流动渠道，提高教师队伍的素质，才能更好地促进高校思想政治教育教学的改革与发展。

然而，高校思想政治教育教学中师资交流机制存在诸多问题。师资交流机制不畅，很多优秀的教师想要出去交流学习的机会并不多，导致教育教学的新理念、新方法无法及时引进。交流机会有限，很多中青年教师都面临着能力提升和经验积累的需求，但有限的交流机会无法满足他们的需求。再者，师资交流缺乏长期规划和系统化安排，导致交流的效果和成果并不明显。

因此，高校思想政治教育教学改革亟需重视师资交流机制的建设。应该加强对师资交流的重视，拓宽交流渠道，增加交流机会，建立健全交流机制，督促教师积极参与学习交流，促进教育教学水平的不断提升。只有如此，才能更好地适应时代发展的需求，为高校思想政治教育教学改革提供坚实的师资支撑。

四、师资考核评价

在高校思想政治教育教学中，教师的绩效评价是一个关键问题。然而，当前存在着一些问题，例如评价标准不够清晰、评价方式不够科学等。评价标准不够清晰会导致评价过程中出现主观性较强的情况，容易造成评价结果的不公正性。评价方式不够科学也会影响到评价结果的准确性，无法客观反映教师的教学水平和教学效果。

针对这些问题，高校可以在教师绩效评价方面进行改革，建立科学、客观、公正的评价机制。可以制定明确的评价标准，包括教学水平、教学效果、科研成果等多个方面，以确保评价标准的科学性和客观性。同时，可以采用多种评价方式，如学生评价、同行评价、教学观摩等，综合考量教师的教学表现，准确评价教师的绩效水平。通过这样的改革，可以提高教师的积极性和敬业精神，促进高校思想政治教育教学的进一步发展。

高校还需要对教师的发展进行评估。教师发展评估是为了全面了解教师在教学、科研、科技创新、学科建设等方面的表现和贡献，促进他们的职业成长和提升。评估的标准主要包括教学水平、科研业绩、师德师风等方面，评估方法主要有问卷调查、学生评价、同行评审等多种途径。

然而，目前在教师发展评估过程中存在一些问题。评估标准不够科学、合理和客观，容易导致评估结果的主观性和片面性。评估方法相对单一，缺乏全面性和多样性，无法充分反映教师在不同方面的表现。评估结果对教师的激励和激情缺乏有效的引导和支持，影响了教师的积极性和创新性。

在教师发展评估中存在的问题，需要高校进一步探讨和完善，以实现对教师的科学、公正和全面评价。

师资激励政策是高校思想政治教育教学改革中的重要一环。目前，许多高校都实行了一系列奖励措施，如评优授奖、晋升加薪等，以激励教师在思想政治教育领域的教学研究工作。评定标准主要以教学成果、学术研究水平、教学宣传以及指导学生参与社会实践等方面为主要考核指标。

然而，师资激励政策在实施过程中也存在一些问题。评定标准的制定可能存在主观性和不公正性，容易导致师资队伍内部的不公平现象。奖励措施的力度和范围也需要进一步完善，以更好地激发教师们的工作积极性。

因此，高校在思想政治教育教学改革中还需进一步关注师资激励政策的完善和落实情况，以为高校师资队伍的建设提供更加有力的支持。

教学团队考核是高校思想政治教育教学改革的重要环节之一。在现实中，针对教学团队进行考核存在一定的困难和挑战。考核方式的多样化会导致评价标准的不一致性，从而影响考核结果的客观性和公正性。考核内容的设置需要综合考虑教学效果、教学能力、教学研究等多方面因素，这就需要一个全面、科学的评价体系来支持。考核结果的运用也是一个重要问题，如何让考核结果真正起到激励和引导作用，促进教学团队的进步与发展。

因此，对于高校思想政治教育教学改革而言，如何有效地对教学团队进行考核，是一个需要认真思考和解决的问题。只有通过不断地完善考核方式、内容和结果运用，才能真正推动高校思想政治教育教学的进步和发展。

教师职业发展路径是高校教育改革中一个重要的方面。在当前的体制下，教师的晋升通常是通过评优评先等形式进行，但是这种评价方式存在着一定的主观性和片面性。培训机会也是教师职业发展的重要途径，但是目前高校教师的培训机会相对有限，很难满足他们不断提升自身教学水平和专业素养的需求。

在发展方向方面，应该注重教师的专业成长和学术研究能力的提升，而不是仅仅关注其管理能力或行政职务的晋升。应该建立更加公平和客观的教师评价体系，避免片面评价导致教师职业发展的偏差。教师职业发展路径的改革需要综合考虑教师个体的发展需求和高校的整体发展目标，才能真正推动高校思想政治教育教学的改革和进步。

第十四章　多方合作和资源整合

第一节　多学科合作

一、教育学、心理学、社会学合作

该合作项目的主题包括高校思想政治教育教学改革的研究与实践，旨在探讨如何提高学生的思想政治素养和综合素质。合作机构涵盖多个高校、研究机构和教育部门，通过资源整合和人才交流，实现共同研究目标。教育学提供教学理论支持，心理学深入探讨学生心理变化，社会学考察社会背景对思想政治教育的影响。

通过多学科合作，可以更好地理解和解决高校思想政治教育中存在的问题，提高教育教学质量。科研项目合作也有助于促进学术交流与合作，推动高校教育改革和发展。然而，如何在多学科合作中协调不同领域的利益和观点，以及如何克服学科壁垒和思维定式，仍是需要解决的难题。

跨学科课程设置已成为高校思想政治教育教学改革的重要一环。教育学、心理学、社会学等学科的合作，可以为跨学科课程提供更丰富的理论支持和实践基础。例如，心理学的研究可以帮助教师更好地了解学生需求，社会学的视角可以拓展学生的社会思维。因此，高校在课程设置时需要整合各学科资源，打破学科壁垒，促进多方合作。

当下，一些高校已经开始尝试跨学科课程的设置，但在实施过程中也面临诸多挑战。不同学科之间的语言沟通障碍、教师团队的配合问题等都需要解决。而且，跨学科课程的设置也需要考虑到学生的接受程度和课程的实际效果，避免过分理论化而忽视实际应用。因此，高校需要更加细致周密地规划跨学科课程的设置，确保其能够真正促进思想政治教育教学的深入发展。

该高校通过多方合作和资源整合，建立了多学科合作的学生实习项目。教育学、心理学、社会学等专业的教师共同参与，为学生提供全方位的指导和支持。实习项目根据学生的专业方向和兴趣定制,旨在让学生在实践中学习,提升思想政治教育的实际操作能力。

实习项目的设置侧重于与现实社会紧密结合,围绕着当前社会的热点问题进行设计。学生通过参与社区服务、调研访谈、社团活动等方式,深入了解社会现状,培养社会责任感和团队合作精神。

项目的实施过程中,学生得到了来自不同学科领域的专业指导和反馈,帮助他们更好地理解问题、分析情况、提出解决方案。通过实习项目,学生们不仅获得了实践经验,也在与同行合作中提升了自己的沟通能力和团队协作能力。这些积极成果为高校思想政治教育教学改革提供了宝贵的经验和借鉴。

学术交流会议是促进多学科合作与资源整合的重要平台,各领域专家学者共同探讨高校思想政治教育教学改革的现状与前景,不仅能够为教育学、心理学、社会学等学科领域的合作提供契机,还能够促进不同学科之间的交流与碰撞。在会议中,专家学者们围绕改革的关键问题展开讨论,分享研究成果与经验,汇聚各方力量,共同推动高校思想政治教育教学改革取得更加显著的成效。通过学术交流会议,不仅可以促进学术界内部的多学科合作,还能够拓展外部合作的广度与深度,为推动高校思想政治教育教学改革提供有力支持。

二、文理融合

高校思想政治教育教学改革研究主题下,文科与理工科教师的合作具有重要意义。这种跨学科合作不仅能够促进学科间的信息交流和思想碰撞,还可以拓宽教学内容的视野,提升教学质量。文科与理工科教师的合作,有助于实现知识的融合和综合运用,培养学生的创新思维和解决问题的能力。通过共同探讨和合作研究,可以打破学科壁垒,促进学科之间的交叉融合,为学生提供更加全面和多样化的教育资源。在高校思想政治教育教学改革中,文科与理工科教师的合作是实现教学综合化和优质化的重要途径,也能够更好地满足学生的个性化需求,推动高校教育的不断创新和发展。

近年来,高校思想政治教育教学改革一直是我国教育领域的热点问题。在这个背景下,跨专业合作项目的重要性凸显出来。这种项目促进了不同学科之间的交流与合作,实现了文理融合的目标。通过各学科之间的合作,不仅能够提高教育教学的质量,还能够为学生提供更加全面的知识体系。同时,跨专业合作项目还能够优化资源配置,实现资源整合,提高教学效率。在这样的项目中,学生在不同学科的指导下,能够得到更加全面的教育培养,提高综合素质。因此,跨专业合作项目在高校思想政治教育教学改革中扮演着重要的角色,将会为我国教育事业的发展起到积极的推动作用。

高校思想政治教育教学改革研究,是当前高等教育发展的重要方向之一。在这一背景下，多学科合作和资源整合是一种必然选择。文理融合不仅可以拓宽学生的学术视野，也有助于提升学生综合素质。开设综合性思政课程，有助于深化学生对思想政治教育的理解，促进学生的道德修养和社会责任感的培养。在实施过程中，需要各方协作，整合资源，使得课程内容更加有针对性和实用性。通过这种教学改革，可以有效提高学生的综合素质和思想政治素养。

三、校内外资源整合

在高校思想政治教育教学改革研究中，与政府机构合作是非常重要的一环。通过与政府机构的紧密合作，大学可以获取更多的政策支持和资源投入，为思想政治教育教学改革提供更好的条件。政府机构可以通过政策引导和支持，推动高校教育改革的顺利进行。双方的合作将促进高等教育教学质量的提升，更好地培养学生的思想政治素质，推动高等教育事业的发展。在这个过程中，政府机构和高校可以共同探讨思想政治教育的改革方向和路径，充分发挥各自的优势，实现资源共享，实现优势互补，共同推动高校思想政治教育教学改革的不断深化和完善。

在高校思想政治教育教学改革研究中，企业合作项目扮演着重要角色。通过与企业的合作，学校可以借助外部资源，提升教学质量和教育水平。同时，企业合作项目也为学生提供更多实践机会，促进他们的综合素质和能力的提升。多学科合作是企业合作项目的重要组成部分，通过不同学科领域的融合，可以促进知识的跨界传播和创新。同时，校内外资源的整合也是企业合作项目成功的关键，只有充分整合学校内外各方资源，才能实现合作项目的最大效益。因此，企业合作项目在高校思想政治教育教学改革中具有重要意义，为推动教育事业不断发展做出积极贡献。

在高校思想政治教育教学改革的研究中，社会组织共建项目起着至关重要的作用。通过与社会组织合作共建项目，可以促进高校之间的资源共享和优势互补，进一步推动教学改革的深入发展。多学科合作是实现高校教育教学改革的重要途径，各个学科之间的交叉融合，可以为广大学生提供更加全面和专业的教育培养。校内外资源的整合也是关键，通过整合校内外的资源，可以最大程度地提高高校的教学水平和教学质量，为学生提供更好的学习环境和教育资源。多方合作和资源整合是推动高校思想政治教育教学改革的重要手段，应该得到各方的重视和支持。

第二节 教学设施资源整合

一、实践基地建设

随着高校思想政治教育教学改革研究的深入，校内实验室建设作为重要环节受到了越来越多的重视。在这一过程中，各方合作和资源整合起着至关重要的作用。多学科合作不仅促进了各领域知识的交流和融合，也为实验室建设提供了更广阔的思路和资源支持。同时，校内外资源的整合也为实验室建设提供了更丰富的支持和条件。教学设施资源的整合更是为实验室建设提供了实践操作的重要保障和支持。而实践基地建设的不断完善，则为学生提供了更广阔的实践平台和机会，帮助他们更好地应用所学知识。通过这些努力，高校的实验室建设将会更加完善，为学生的思想政治教育提供更好的支持与保障。

在高校思想政治教育教学改革研究中，校外实践基地合作是至关重要的一环。通过与外部机构的合作，学生能够接触到更广泛的社会资源，拓展视野，增加实践经验。同时，校外实践基地的合作可以为教学提供更多的案例和实践机会，促进学生的综合素质和能力的提升。这种合作模式不仅可以丰富教学内容，也能够培养学生的实践能力和创新意识。在实践基地建设过程中，学校需要与外部机构进行有效的对接和合作，共同促进高校思想政治教育教学改革的深入发展。通过校外实践基地的合作，学校可以更好地利用外部资源，推动教育教学的创新与发展。

高校思想政治教育教学改革研究是当前高校教育领域的重要课题。在这个研究中，我们将不断探索多学科合作的模式，通过整合校内外的资源，充分利用教学设施资源，建设实践基地，推动校企合作实践基地的建设。通过各方的合作与资源整合，我们将不断提升教育教学的质量和效果，为高校思想政治教育的深化和改革提供有力支撑。这种合作模式不仅可以促进学科之间的交叉融合，还可以提升学生的实践能力和创新能力。在建设实践基地的过程中，我们将注重校企合作，积极开展实践项目，为学生提供更多的实践机会，让他们在真实的工作环境中学习，提升自己的综合素质和竞争力。通过这种方式，我们相信高校思想政治教育教学改革将迈上一个新的台阶。

学校教育教学装备更新是高校思想政治教育教学改革中的关键环节。通过多学科合作，校内外资源整合，以及教学设施资源整合，学校可以更好地建设实践基地，提升教育教学水平。更新学校教育教学装备不仅可以适应时代发展的需求，还可以为教师提供更好的教学工具，为学生提供更好的学习环境。只有不断更新学校教育教学装备，并将其融入到实践教学中，才能更好地推动高校思想政治教育教学改革的深入发展，实现教育事业的创新和升级。

二、图书馆资源整合

数字化图书馆建设是高校思想政治教育教学改革中不可或缺的重要环节。通过多方合作和资源整合，我们可以将教学资源、研究资源整合到数字化图书馆中，为师生提供更加便捷、高效的学习和研究环境。数字化图书馆不仅可以收录各学科领域的相关文献资料，还可以提供多样化的数字化服务，包括在线阅读、文献检索、学术交流等功能。通过与校内外合作伙伴密切合作，我们可以共同努力打造一个符合现代教学需求的数字化图书馆，为高校思想政治教育教学改革注入新的活力和动力。

在高校思想政治教育教学改革研究中，联合采购与资源共享是非常重要的一部分。通过不同学科之间的合作，校内外资源的整合，以及教学设施和图书馆资源的共享，可以充分发挥各方的优势，提高资源利用效率，提升教育教学质量。这种跨学科、跨领域的合作模式，可以为教育教学工作提供更多元化的视角和资源支持，促进知识的交流和共享。联合采购和资源共享的方式，不仅可以节约成本，还可以加强学校间的合作关系，推动高校教育事业的不断发展。通过这种方式，可以更好地满足学生和教师的需求，提升教学质量，促进教育教学改革的深入发展。

随着高校思想政治教育教学改革的不断深入，多方合作和资源整合成为推动教学改革的重要手段。多学科合作为教育教学提供了丰富的资源支持，校内外资源整合打破了传统的学科壁垒，教学设施资源整合为师生提供了更加优质的教学环境。图书馆资源整合不仅丰富了师生的学术资源，也促进了跨学科研究的开展。同时，图书馆开放服务扩展为广大师生提供了更加便捷的学习途径和资源获取途径，为高校思想政治教育教学改革提供了有力支持。通过各方合作和资源整合，高校得以更好地满足不同学科领域的教学需求，为学生提供更为全面的教学体验，推动高校思想政治教育教学改革迈出了坚实的步伐。

通过多学科合作和资源整合，我校在高校思想政治教育教学改革研究方面取得了显著成效。校内外资源的整合，为教学设施的优化提供了更好的支持。同时，我们还加强了与图书馆的合作，充分利用图书馆的资源，为教学与科研提供了更多的支持。特别是图书馆与学院合作项目的开展，为学生提供了更广泛的学习资源和机会，并促进了学院和图书馆之间的深度合作。在未来，我们将进一步加强多方合作，不断整合资源，以推动高校思想政治教育教学改革的深入发展。

三、多媒体资源整合

建设多媒体教室是高校思想政治教育教学改革的重要一环。多媒体教室的建设将提供更丰富的教学资源和更多元的教学手段，有助于提高学生的学习兴趣和参与度。

在多媒体教室中，教师可以利用视频、图片、音频等多种形式向学生传授知识，使教学内容更加生动形象，更易于学生理解和接受。同时，学生也可以通过多媒体设备进行互动学习，加强与教师之间的互动和沟通。

有效利用多媒体教室进行思想政治教育教学改革，需要教师在教学内容和教学方法上进行创新，将多媒体技术融入到教学中，提高教学效果和质量。教师应该根据学生的实际情况和需求，精心设计多媒体教学内容，利用多媒体资源进行教学辅助，激发学生的学习兴趣，引导学生主动参与到教学过程中来。同时，学校还需要加强对教师的培训，提升教师的多媒体教学能力，促进思想政治教育教学改革的深入推进。

网络资源的开发和利用在思想政治教育教学改革中具有重要意义。通过网络资源，学生可以实时获取到最新的信息和知识，开阔他们的视野，提高他们的综合素质。教师也可以利用网络资源进行教学设计和教学辅助，使教学更加生动有趣，有效提高学生的学习兴趣和学习效果。

在网络资源的开发利用方面，我们可以通过建设网络教学平台，设计互动性强的网络课程，丰富多彩的网络教学资源，以及提供在线学习和讨论平台等方式，来支持思想政治教育的教学改革。还可以引入在线测评和反馈系统，及时了解学生的学习情况，做出针对性的教学调整。

网络资源的有效开发和利用对于高校思想政治教育教学改革至关重要，希望学校可以重视这一点，积极推动网络资源在教育教学中的应用。

在高校思想政治教育教学改革中，建设教学资源库是至关重要的一步。教学资源库的建设可以实现多方合作和资源整合，例如不同学科教师之间的合作，校内外资源的整合，教学设施和多媒体资源的有效利用等。教学资源库的建设可以提高教学效率和质量，充分利用各种资源支持思想政治教育课程的开展。但同时也面临着困难和挑战，包括资源整合难度大、信息不对称等问题。因此，高校需要不断探索和完善教学资源库建设的模式和机制，引入先进的技术手段和管理理念，确保教学资源的有效整合和管理，为思想政治教育提供坚实支撑。

多媒体教学平台在高校思想政治教育中的推广，是当前教育改革的一大亮点。通过多媒体技术，可以生动地展示历史事件、政治理论，使抽象的概念变得具体形象，激发学生的学习兴趣。在推广过程中，我们面临着挑战和机遇。挑战在于师资培训、课程资源整合、技术设备更新等方面存在困难；而机遇则在于多方合作和资源整合方面有利条件。通过校内外多学科合作、资源整合，可以更好地支持多媒体教学平台的推广，提升思想政治教育的教学质量。在教学设施资源整合方面，高校可以充分利用现有的教学设施，为多媒体教学提供场地和支持。同时，多媒体资源整合也是推广的关键，只有充分整合多种资源，才能更好地开展高校思想政治教育教学改革。

四、在线教育资源整合

在进行在线课程开发时,我们首先进行了多学科合作,邀请了思想政治学、教育技术、心理学等多个学科的专家共同参与课程设计。他们从各自角度出发,为课程的内容和形式提供了多样化的建议和支持。

同时,我们还积极整合校内外的资源,邀请了外部专家来校进行讲座和指导,为课程增添了丰富的视野和经验。教学设施资源也得到充分利用,利用现代化的教室设备和技术为在线课程的录制和教学提供了便利条件。

在在线教育资源整合方面,我们深度挖掘了各类开放式在线教育平台,选取了适合思想政治教育教学的资源进行整合和利用。通过这些举措,我们成功设计并开发了一系列符合思想政治教育需求的在线课程,为高校思想政治教育教学改革注入了新的活力和动力。

通过与在线教育平台的合作,高校思想政治教育可以借助其先进的教学技术和资源,提升教育教学质量。在线教育平台可以提供丰富多样的教学内容和资源,为学生提供更加便捷、灵活的学习方式。同时,高校可以通过在线教育平台开展线上课程,拓展教学范围,满足不同学生的学习需求。

然而,与在线教育平台合作也面临一些挑战,比如如何保证教学内容的质量和准确性,如何有效地结合线上和线下教育等。同时,需要高校和在线教育平台充分沟通合作,共同制定教学计划,确保教育教学目标的达成。

与在线教育平台合作对高校思想政治教育的促进作用不言而喻,同时也需要高校积极应对合作中的挑战,不断改进教育教学模式,为学生提供更好的教育服务。

在高校思想政治教育教学改革中,多方合作和资源整合是至关重要的。多学科合作可以促进不同学科之间的交流与融合,更好地开展跨学科教学实验。校内外资源整合可以借助于大学联盟或教育平台,将不同高校和机构的优质资源整合起来,为教学提供更广阔的空间和更丰富的内容。教学设施资源整合可以借助于大型实验室和设备共享平台,提高资源利用率,降低成本。

尤其重要的是,在线教育资源整合。通过整合校内外的在线教育资源,学生可以获得更多优质的学习资源,提高教学效果和学习质量。同时,教师也可以借助在线资源进行教学辅助,提高教学效率。资源整合的方法和效果分析表明,多方合作和资源整合是高校思想政治教育教学改革的关键路径之一,有望为教育教学带来新的活力和机遇。

在线教学评估是高校思想政治教育教学改革中至关重要的一环。通过评估,可以及时了解教学过程中存在的问题和不足,有针对性地对教学方案进行调整和改进。评估可以通过学生问卷调查、教师自评互评、课堂观察等多种方式进行,从而全面客观地了解教学效果。

评估的意义和作用不仅在于发现问题，更在于提升教学效果和质量。评估结果可以为教师提供指导和反馈，帮助其改进教学方法和内容。同时，评估也可以促进学生参与学习，激发他们的学习兴趣，提高学习积极性。通过定期进行评估，可以实现教学过程的持续优化，推动思想政治教育教学的不断发展和完善。因此，在线教学评估应成为高校思想政治教育教学改革的重要环节，为教学质量的提升和教育教学水平的提高提供有力支持。

在高校思想政治教育教学改革研究中，多学科合作是非常重要的。通过校内外资源的整合，可以为教学提供更丰富的素材和资源。同时，教学设施资源的整合也能够提高教学的效率和质量。在线教育资源的整合和在线教育研讨会的开展，不仅可以促进师生之间的交流和学习，也能够为教学提供更多的可能性和创新。通过这些措施的实施，可以进一步提高高校思想政治教育的质量，促进学生的全面发展和自主学习能力的提升。

五、教师资源整合

在高校思想政治教育教学改革研究中，外聘专家授课是一种重要的方式。通过引入来自不同领域的专家，学生可以接触到更广泛的知识和视角，有助于拓宽他们的思维和视野。这种跨学科的授课方式可以提高教学质量和水平，激发学生学习的热情和兴趣。同时，外聘专家的授课还可以为学生提供更多的就业和发展机会，帮助他们更好地适应社会的需求和挑战。因此，在高校思想政治教育教学改革中，外聘专家授课应该得到更多的重视和支持，为学生的全面发展和成长提供更好的保障。

高校思想政治教育教学改革研究中，院校间师资分享是一项重要的合作方式。通过院校间师资分享，各高校可以共享优质教学资源，提升教学质量。这种合作模式不仅可以促进教师之间的学术交流和共同发展，也可以推动教学内容的更新与创新，为学生提供更加丰富多样的学习体验。院校间师资分享也有助于促进高校之间的合作与交流，建立起良好的合作关系，共同推动思想政治教育教学改革的深入发展。通过这种方式，不仅可以提升各高校的教育水平，也可以为学生提供更好的教育资源，推动高校教育事业不断向前发展。

在高校思想政治教育教学改革中，社会名师讲座发挥着重要作用。通过邀请具有丰富经验和独特见解的社会名师来校内进行讲座，不仅能够为学生提供新颖的思想启迪和学习资源，还可以拓宽教师的教学视野。同时，社会名师的讲座还可以促进多学科间的交流与合作，推动校内外资源的整合与共享。通过社会名师讲座，教育教学工作者可以汲取前沿知识，激发教学创新的活力。这种方式既可以丰富教育教学资源，又可以激发学生的学习热情，是高校思想政治教育教学改革中不可或缺的重要环节。

教师培训与交流活动在高校思想政治教育教学改革中起着至关重要的作用。通过多方合作和资源整合，校内外的专业人士能够共同开展教师培训活动，为教师提供更系统、更专业的培训内容。同时，利用教学设施资源整合，可以为教师培训提供更好的场地和条件。教师资源整合也是教师培训与交流活动的重要保障，不同学科的教师可以共同交流经验，促进教学水平的提高。通过这些举措，高校能够不断提升教师的教育水平和教学质量，推动思想政治教育教学改革向更高层次发展。

第十五章 高校思想政治教育教学改革的成效评价

第一节 教学方法改革对学生思想政治教育的影响

一、课堂教学方式创新

在高校思想政治教育教学改革中，互动式教学的效果不言而喻。通过课堂上的互动交流，学生能够更加积极地参与讨论，增强对思想政治教育的学习兴趣。教师和学生之间的互动，可以促进师生之间更深层次的沟通和理解，增强师生之间的互信关系，提升教学效果。互动式教学还可以激发学生的思维能力，培养学生的批判性思维和创造性思维，提高学生的综合素质。总的来说，互动式教学在高校思想政治教育教学中起到了积极的作用，为学生的全面发展和思想政治素质的提升做出了重要贡献。

实践教学作为思想政治教育教学改革的重要环节，对学生思想政治素养的提升和创新能力的培养起着关键作用。通过实践教学，学生能够将理论知识与实际情况相结合，增强对社会现实的认知和理解，培养自主思考和解决问题的能力。

在实践教学中，学生可以通过参与社会实践、实地调研、参与团队项目等方式，深入了解社会发展的方向和现实问题，促使他们树立正确的世界观、人生观和价值观。同时，实践教学还可以培养学生的团队合作意识和创新能力，使他们具备更强的适应能力和竞争力。

因此，高校思想政治教育教学改革要注重实践教学的引入和实施，通过开展多样化、贴近生活的实践活动，激发学生的学习兴趣和参与度，促进其全面发展和成长。

多媒体教学在高校思想政治教育中具有显著的优势。多媒体教学可以提高学生的吸收效果，通过图像和声音的结合，激发学生多种感官的参与，使知识更加生动、直观，帮助学生更好地理解和记忆内容。多媒体教学能够增强学生的兴趣和互动性，通过丰富多彩的展示方式，吸引学生的注意力，激发他们的学习热情，并且可以通过互动讨论或答题环节，促进师生之间的交流和互动，使教学过程更加生动有趣。综合来看，多媒体教学为高校思想政治教育带来了新的教学思路和手段，有助于提高教学效果和学生的学习兴趣，是推动思想政治教育教学改革的重要途径之一。

二、辅导辅助手段升级

在进行辅导课程设计的改进时，我们需要更加注重培养学生的批判性思维能力和创新意识。通过引入多元化的教学内容和教学方法，可以激发学生的学习兴趣，提高他们的学习效果。同时，还可以运用现代技术手段，如在线教育平台和虚拟实验室，为学生提供更加便捷和有效的学习资源。

除此之外，辅导课程设计的改进还可以通过开展跨学科的教学活动，促进不同学科之间的交叉融合，深化学生对思想政治教育的理解和认识。通过设计具有实践性和参与性的教学内容，可以帮助学生更好地将理论知识运用到实际生活中，提高他们的综合素养和实践能力。因此，在高校思想政治教育教学改革中，辅导课程设计的不断改进至关重要，可以有效提高学生的思想政治素养和综合素质。

个性化辅导方法的发展是当前高校思想政治教育教学改革中的重要方向。每个学生都有自己独特的学习需求和特点，传统的教学方法无法完全满足所有学生的需求。因此，个性化辅导方法的引入成为必不可少的一环。

个性化辅导方法通过了解学生的学习习惯、兴趣爱好、思维模式等个性化信息，制定针对性的教学计划和辅导方式，使教学更加贴近学生实际需求。通过引入个性化辅导方法，能够提高学生的学习兴趣和积极性，激发他们的学习潜力，更好地实现教育的目的。

在实践中，高校可以通过设置个性化辅导课程、组织个性化辅导小组等方式，为学生提供更为贴心的帮助和指导，从而推动思想政治教育教学改革的深入发展。个性化辅导方法的不断完善和创新，将为高校思想政治教育教学改革带来新的活力和成果。

互联网辅导资源的利用为高校思想政治教育教学带来了诸多便利和可能的影响。互联网辅导资源不受时间和空间限制，学生可以在任何时间、任何地点获取所需的教学资料和辅导。互联网资源丰富多样，能够提供多样化的教学内容和方式，满足不同学生的学习需求。互联网辅导平台还能提供个性化的学习跟踪和评价，帮助教师更好地了解学生的学习状况，及时调整教学方案以提高教学效果。

然而，互联网辅导资源的运用也带来了一些潜在的负面影响，如学生可能会沉溺于网络世界，影响学习效果；教师需花费更多时间和精力来筛选和管理海量的信息资源。因此，在利用互联网辅导资源的同时，高校应加强对学生的引导和监督，确保其健康有序地利用网络资源，以达到更好的思想政治教育教学效果。

在高校思想政治教育教学改革中，作业评价机制的创新至关重要。传统的作业评价往往局限于学生的答案是否正确，而忽视了学生思想政治素养的培养。因此，如何设计更准确、客观的评价标准成为当前亟待解决的问题。

一方面，可以通过多元化的评价方式来全面评估学生的思想政治素养，如开展小组讨论、撰写报告、参与社会实践等活动。这不仅能够促进学生的综合能力培养，还可以更好地挖掘学生的潜力和特长。

另一方面，结合现代技术手段，建立起多维度、动态化的评价体系。利用大数据分析学生的学习行为和表现，为教师提供更多的参考和反馈，实现个性化指导和精准帮助。

作业评价机制的创新不仅可以提升学生的学习积极性和参与度，更重要的是促进学生思想政治素养的全面发展，为高校思想政治教育教学改革增添新的活力和动力。

实践指导的推广在高校思想政治教育中具有重要的意义和推广价值。通过实践指导，学生可以将所学的理论知识与实际生活相结合，更好地理解和应用所学的内容。这种实践性的教学方法可以帮助学生更好地掌握知识，提高他们的综合素质和能力。

在思想政治教育中，实践指导可以激发学生的学习兴趣，促进他们的自主学习和创新思维。通过实践活动，学生可以亲身体验理论知识的应用，加深对知识的理解和记忆，同时也可以培养学生的实践能力和团队合作意识。

因此，高校思想政治教育教学改革应该重视实践指导的推广，将其纳入教学体系中，为学生提供更丰富和多样化的学习方式。这样不仅可以提高学生的学习效果，也可以培养学生的实践能力和创新意识，促进他们全面发展和成长。

三、课外社团组织对学生思想政治教育的促进作用

社团活动作为一种重要的课外教育形式，在高校思想政治教育中扮演着不可或缺的角色。通过参与各类社团活动，学生可以提升自身的团队合作能力、领导能力和社交能力，从而更好地适应未来社会的发展需求。

在社团活动中，学生需要与他人合作完成各种任务，这有利于培养他们的团队合作意识和能力。同时，组织活动过程中需要有人承担领导角色，这有助于培养学生的领导能力和组织管理能力。通过与不同背景的人交往，学生可以拓展自己的人脉资源，提高自己的社交能力。

因此，高校应该更加重视社团活动在学生综合素质提升中的作用，加强对社团活动的引导和支持，为学生的全面发展提供更广阔的舞台。

优秀社团在高校中发挥着重要作用，通过参加社团活动，学生能够锻炼自己的组织能力、团队合作能力以及领导能力。在优秀社团的引领下，学生们能够更好地发展

自己的兴趣爱好，提升自己的综合素质。同时，社团也为学生提供了展示才华的平台，让他们能够充分展现自己的特长并得到认可。通过参与优秀社团的活动，学生们能够更好地融入校园生活，建立起自信心，培养积极向上的心态。因此，优秀社团在高校中的带动作用非常明显，对学生发展起到了积极的推动作用。

在高校思想政治教育教学改革的过程中，课外社团组织发挥着重要的促进作用。社团组织不仅拓宽了学生的思想视野，增加了学生之间的交流与合作，更重要的是提升了学生的自主学习能力和领导能力。社团组织结构的完善可以有效地促进学生的全面发展，为学生提供更多参与社会实践和实践的机会，增强学生的团队合作精神和创新意识。通过加强社团组织的规范管理和指导，可以更好地引导学生参与社团活动，培养学生的责任感和使命感，为学生的思想政治教育提供更加广阔的平台和实践机会。社团组织的完善将为高校思想政治教育教学改革注入新的活力和动力。

四、学校课程与社会需求的结合

就业观教育的开展是高校思想政治教育教学改革的重要内容之一。通过开展就业观教育，可以帮助学生树立正确的就业观念，促进其就业能力和竞争力的提升。高校应该根据社会需求，调整课程设置，加强就业指导和就业技能培训，使学生能够更好地适应社会就业形势。通过就业观教育的开展，可以有效地引导学生积极面对就业挑战，主动适应社会发展需求，为其顺利就业奠定良好基础。

在高校思想政治教育教学改革中，创新创业精神培养是一个重要的方面。通过引入创新创业教育内容，可以激发学生的创新意识和创业潜能，培养其具有自主创新和实践能力的素质。同时，培养学生的创新创业精神还有助于他们更好地适应和融入社会需求，提高就业竞争力。通过实际的实践活动和案例教学，学生可以更深入地理解和掌握创新创业相关知识和技能，将理论知识与实际操作相结合，从而促进学生全面发展和提升思想政治教育的实效性。这种新颖的教学方法为学生的终身发展打下坚实基础，是高校思想政治教育教学改革的重要举措之一。

不断深化高校思想政治教育教学改革，社会实践项目的设置成为重要组成部分。通过设置社会实践项目，学生能够将所学知识与社会实践相结合，更好地理解和体会思想政治教育的重要性。社会实践项目的设置不仅能够开拓学生的视野，增强其社会责任感，也有助于培养学生的实践能力和创新思维。通过参与社会实践项目，学生能够更加深入地了解社会需求，将所学知识应用于实际中，从而提高思想政治教育的实效性和针对性。因此，社会实践项目的设置对于高校思想政治教育教学改革具有积极的推动作用。

五、创新人才培养模式的探索

在高校思想政治教育教学改革中，跨学科教学起着重要的作用。通过设计跨学科的教学内容，可以帮助学生更全面地了解思想政治教育的重要性，培养其批判性思维能力和解决问题的能力。跨学科的教学模式不仅可以拓宽学生的知识视野，还可以促进学生的创新思维能力和团队合作意识。通过跨学科教学，学生可以更好地将理论知识与实践应用相结合，提升他们的综合素质。因此，跨学科教学是高校思想政治教育教学改革中不可或缺的一个重要环节，能够有效地促进学生能力的培养和全面发展。

在高校思想政治教育教学改革中，师生协同育人的尝试是一种创新的教学模式。这种模式强调教师和学生之间的密切合作和互动，通过共同努力和合作，实现学生全面发展的目标。师生之间的互动不仅仅是知识传授，更重要的是思想的碰撞和启发。在这种模式下，学生可以更深入地参与到教学过程中，激发思维，培养创新意识和解决问题的能力。同时，教师也可以更全面地了解学生的需求和特点，有效地指导和帮助他们成长。师生协同育人的尝试，为高校思想政治教育教学改革带来了新的活力和机遇，为培养具有创新精神和实践能力的人才奠定了坚实的基础。

高校思想政治教育教学改革的不断深入推进，课程资源整合与共享也成为重要的一环。通过整合各学科资源，打破学科间的界限，使学生可以更全面地了解国家政策、社会现实等，为他们的思想政治教育提供更广阔的视野。同时，共享资源也能够节约教学成本，提高资源利用效率，使更多学生受益于精品课程。通过课程资源整合与共享，学生的思想政治教育不再局限于课堂，而是融入到生活中的方方面面，培养出更具有国际竞争力的人才。这种模式的探索，不仅丰富了学生的知识储备，还增强了他们的综合素质。在高校思想政治教育教学改革中，课程资源整合与共享将成为重要的发展方向，为培养更多具有创新精神和责任意识的优秀人才打下坚实基础。

第二节 教师队伍建设与师资培养的改进

一、教师激励机制的建立

优秀教师评选标准与奖励措施是推动高校思想政治教育教学改革不可或缺的重要环节。只有通过严格的评选标准和完善的奖励措施，才能激励教师积极参与改革实践，推动教学质量的提升。对于评选标准的确定需要结合实际情况，充分考量教师的教学水平、科研成果、师德师风等方面的表现，确保评选公平、公正。同时，建立多元化的奖励措施，不仅包括物质奖励，还应该注重精神奖励，比如提供专业发展机会、学术交流机会等，激发教师的热情和创造力。通过设立科学合理的评选标准和多样化的奖励措施，可以有效地促进教师队伍的建设和师资培养，全面推动高校思想政治教育教学改革取得更加显著的成效。

通过教师培训课程的设计和实施，可以有效提高教师的教学水平和专业能力，使他们更好地应对学生在思想政治教育方面的需求。通过培训，教师可以学习最新的教学方法和理论，了解学生的思维特点和需求，进而更好地开展教学工作。教师培训还可以帮助教师更好地理解和把握教育改革的方向，促进教育教学的创新和发展。教师培训课程的设计与实施对于高校思想政治教育教学改革的成功实施起着至关重要的作用，有助于提高整体教育质量和学生成长成才的水平。

在高校思想政治教育教学改革中，课题研究与成果转化是关键的一环。通过深入研究和实践，可以不断丰富和完善教育教学内容，提高教育质量和效果。同时，将研究成果转化为实际教学方法和手段，可以更好地应用于课堂教学中，促进学生的思想政治教育水平提升。

在课题研究的过程中，教师们可以不断探索和创新，为高校思想政治教育教学改革提供理论支撑和实践经验。通过成果转化，可以将研究成果形成实际教学教材或课程，使之更加贴合学生需求和现实社会情况。同时，成果转化也可以促进教学方法改革的不断深化和完善，提升教师的教学水平和教学效果。

在高校思想政治教育教学改革的过程中，教学团队的构建与合作研究起着至关重要的作用。通过建立多学科、跨学科合作的教学团队，促进了教师间的交流与合作，提高了教学质量和教学效果。教师们可以共同探讨思政教育内容和教学方法，携手开展教学研究，不断创新教学理念和方法，为学生提供更加优质的教育资源和服务。同时，教学团队的合作研究也能有效推动教学改革的深入发展，促进高校思想政治教育教学改革的整体升级和提高。学校将继续支持和鼓励教师们开展合作研究，不断完善教学团队建设，为高校思想政治教育的发展贡献更多的智慧和力量。

二、教师教学水平提升

学科教学研讨会的开展对于高校思想政治教育教学改革具有重要的意义。通过这种形式，教师们可以分享教学经验、交流教学方法、共同探讨教学难题，提高教学水平。同时，学科教学研讨会也为学生提供了一个更加丰富多样的学习环境，激发了他们的学习兴趣，促进了学生的思想政治教育。教师们不断地在研讨会上更新知识、拓展视野，为学生提供更加优质的教育资源。通过学科教学研讨会的开展，可以促进教师队伍的建设与师资培养，推动教学改革不断向前发展，不断提升高校思想政治教育的教学质量。

在高校思想政治教育教学改革的过程中，课堂观摩与反思起着至关重要的作用。

通过课堂观摩，教师能够及时了解到同行的教学方式和手段，借鉴其优点，进一步提升自身的教学水平。同时，学生也能够从观摩中受益，更好地理解和掌握知识。而课堂反思则是在观摩的基础上进行的，教师聚焦于课堂教学中可能存在的不足和问题，及时调整教学策略，提高教学效果。通过课堂观摩与反思，可以不断改进教学方法，更好地完成思想政治教育的任务，促进学生成长成才。

三、骨干师资队伍培养

科研项目申请指导，对于高校思想政治教育教学改革具有重要意义。通过指导学生申请科研项目，能够激发他们的探究精神和创新意识，提高他们的科研能力和实践能力。同时，科研项目申请过程中的团队合作和实践经验，也能够促进学生的思维能力和团队协作能力的培养。通过科研项目申请指导，可以拓宽学生的学术视野，提升他们的学术水平和综合素质，为他们未来的学术研究和工作奠定坚实的基础。在高校思想政治教育教学改革中，科研项目申请指导是不可或缺的环节，能够有效促进学生成长和发展。

在高校思想政治教育教学改革中，学术交流与合作起着至关重要的作用。通过与国内外优秀高校和研究机构的交流，可以吸收先进的教育理念和经验，提升教学质量和效果。同时，建立良好的合作关系，促进教师之间的互相学习和共同进步，推动教学方法的创新和优化。通过学术交流与合作，不仅可以拓宽教师们的视野，还可以促进学术成果的共享，推动教育教学领域的发展。因此，加强学术交流与合作，是推动高校思想政治教育教学改革的重要途径之一。

在高校思想政治教育教学改革中，师资培养与资源共享起着至关重要的作用。通过培养一支高素质的师资队伍，可以为学生提供更加优质的教育教学服务，促进学生综合素质的全面提升。同时，资源共享可以让各个学科领域的教师之间进行合作交流，共同提高教学水平，推动教学改革的深入发展。通过师资培养与资源共享，可以有效地促进教学方法的创新，为学生的思想政治教育带来更加积极的影响，为高校教育事业注入新的活力与动力。师资队伍的培养和资源共享将成为高校思想政治教育教学改革的重要推动力量，推动高校教育事业朝着更加健康、稳步发展的方向前行。

第三节　教学质量监控与评估体系的优化

一、课程建设与完善

在高校思想政治教育教学改革中，专业课程设置精简化是一项重要的举措。通过对专业课程设置的精简化，可以更好地突出思想政治教育的核心内容，提高学生的学习效率和思想素质。精简化专业课程设置还能够更好地满足学生的学习需求，使教学内容更加贴近实际和学生的需求。同时，精简化专业课程设置也有利于提高教师教学质量，减轻教师的教学压力，提升教学效果和教学质量。通过不断完善和优化专业课程设置，可以更好地促进思想政治教育教学改革的深入发展，为培养优秀人才和建设社会主义现代化国家提供有力支撑。

在高校思想政治教育教学改革的过程中，跨专业选修课程的开设起着非常重要的作用。通过跨专业选修课程，学生可以更加全面地了解不同领域的知识和思维方式，拓宽自己的学术视野。这种开设可以为学生提供更多的选择机会，丰富他们的学习经验，促使他们在学术上更加全面发展。同时，跨专业选修课程的开设也可以帮助学生更好地融入社会、了解社会的多样性，提高他们的综合素质和社会适应能力。因此，高校应不断完善跨专业选修课程的设置，为学生提供更多发展空间，促进他们全面发展。

在高校思想政治教育教学改革中，教材选用与更新是至关重要的一环。合适的教材能够有效传达思想政治教育的理论知识和实践经验，帮助学生树立正确的世界观、人生观、价值观。因此，我们需要注重教材选用的多样性和时效性，结合时事、发展动态及学生需求，不断更新教材内容，让学生接触到最新、最全面的信息。同时，教材选用也要考虑学生的实际接受能力和学习水平，避免过于复杂或简单，保证教学效果。教材的选用与更新需要严格把关，确保教学内容的权威性和科学性，为学生提供优质的教学资源，推动高校思想政治教育教学改革的深入发展。

在高校思想政治教育教学改革的最新趋势中，可持续发展课程推广成为备受关注的话题。通过不断探索和实践，高校逐渐意识到只有建立起符合时代需求的课程体系，才能真正为学生提供全面发展的教育。可持续发展课程推广的目的在于提高学生的综合素养，培养他们具备独立思考和解决问题的能力。在这一过程中，学校不断完善教学方式和方法，不断优化课程内容，将可持续发展理念融入到课程之中，促进学生成为具有创新精神和实践能力的优秀人才。通过推广可持续发展课程，高校将有效引导学生深入学习相关知识，提高他们的社会责任感和环保意识，为国家可持续发展培养更多高素质人才发挥着重要作用。

二、评估指标的科学制定与建立

在高校思想政治教育教学改革中，学生综合素质评价体系起着至关重要的作用。这一体系不仅可以全面客观地评价学生的学业成绩，还可以评估学生的思想政治素养、道德品质、实践能力等方面的表现。通过建立科学的评价体系，可以帮助学校更好地了解学生的综合素质，为其提供更有针对性的教育和培养，促进学生全面发展。同时，学生综合素质评价体系也可以激励学生努力学习，提高自身素质，不断完善自我，为社会发展做出更大的贡献。通过不断完善和优化学生综合素质评价体系，可以更好地促进高校思想政治教育教学改革的深入推进，为培养更多优秀人才做出贡献。

教学效果评估指标是评价高校思想政治教育教学改革成效的重要标准之一。通过科学制定和建立评估指标体系，可以全面衡量教学方法改革对学生思想政治教育的影响，探索创新人才培养模式，改进教师队伍建设与师资培养，培养骨干师资队伍。优化教学质量监控与评估体系，有助于提高教学质量，促进学生思想政治教育的全面发展。教学效果评估指标的科学制定和建立，将为高校思想政治教育教学改革的深入推进提供重要支撑和保障。

教师教学态度评估是高校思想政治教育教学改革中的重要环节。通过科学、客观地评价教师的教学态度，可以有效提升教学质量，激发学生的学习兴趣，增强师生互动。在评估中，应该注重综合评价教师的教学理念、教学方法和教态，确保教师的教学行为符合教育教学要求和学生需求，积极引导学生树立正确的人生观、价值观和政治观，促进学生成长成才。同时，评估结果也可以为教师提供改进教学方法、矫正教学态度的指导，帮助教师不断提升教学水平，提高教育教学质量，实现高等教育教学目标的有效达成。

三、教学评估数据分析与应用

随着高校思想政治教育教学改革的深入推进，教学评估数据采集与整合的工作变得愈发重要。通过系统收集全面的教学评估数据，可以客观、科学地了解教学实施情况，及时发现存在的问题并加以解决。同时，整合分析这些数据，可以为教学质量改进提供有力支持，提高教学效果和学生的思想政治教育质量。在这一进程中，各高校应建立起完善的数据采集机制，确保数据来源准确可靠；同时，加强对数据的整合分析，在发现问题的同时寻找改进办法，不断提升教学质量。通过教学评估数据采集与整合的工作，高校能够更好地适应时代发展的需求，推动思想政治教育教学改革迈向更高水平。

在教学评估报告撰写与汇总方面，学校注重总结教学活动中的亮点和问题，及时汇总教学评估数据，形成全面的教学评估报告。通过撰写这些报告，能够直观地展示教学改革成效，并为下一步的教学工作提供有益的参考。同时，在撰写教学评估报告的过程中，能够进一步梳理教学工作中存在的不足之处，为进一步提高教学质量提供指导。教学评估报告的撰写和汇总工作，是推动高校思想政治教育教学改革不断深化的重要环节之一，也为促进教师队伍建设和培养提供了重要依据。

教学改善措施建议：在高校思想政治教育教学改革中，需要不断探索创新的人才培养模式，积极推动教师队伍建设与师资培养的改进，加强骨干师资队伍的培养。重视教学质量监控与评估体系的优化，并充分利用教学评估数据进行深入分析和应用，以便及时发现问题并提出有效的解决方案。通过这些努力，才能进一步提升高校思想政治教育教学改革的成效，为培养德才兼备的社会栋梁做出应有的贡献。

学生反馈结果分析：通过对学生的反馈结果进行分析，可以更全面地了解教学改革的效果。学生的反馈是评价教学质量的重要参考依据，通过分析学生的反馈意见，可以及时发现存在的问题并加以改进。学生的反馈可以帮助教师们更好地调整教学内容和方法，提高教学效果。同时，通过分析学生的反馈数据，还可以了解学生对教学改革的接受程度和满意度，为今后的改革提供参考。因此，学生的反馈结果分析对于评价教学改革的成效至关重要。

在高校思想政治教育教学改革中，教师自我评估与提升计划扮演着至关重要的角色。通过定期对自身教学工作进行评估，教师可以及时发现问题和不足，进而有针对性地制定提升计划。这种自我评估与提升计划的实施，不仅可以帮助教师加深对自身教学实践的认识，提高专业素养和教学水平，还能促进教师之间的交流互动，推动教学经验的共享和传承。教师自我评估与提升计划也有助于形成一种学习型教师队伍，不断推动教学质量的提升，为学生思想政治教育提供更加优质的教学服务。

四、教学质量监控体系构建与完善

在高校思想政治教育教学改革中，教学质量监控体系的建立是至关重要的一环。只有建立起完善的监控体系，才能有效地评估教学效果，及时发现和解决问题，不断提升教学质量。通过建立监控体系，可以使教师更加科学地指导学生学习，增强学生的学习兴趣和主动性，促进学生全面发展。在这一过程中，学校需要不断优化监控体系，强化对教学过程的监控与评估，及时调整教学策略，保证教学质量的稳步提升。通过不懈努力，教学质量监控体系的建立将为高校思想政治教育教学改革注入新的活力，为培养优秀人才提供更加有力的保障。

在高校思想政治教育教学改革的过程中，教学质量评估数据的运用实践显得尤为重要。通过对教学过程和结果的数据收集、整理和分析，可以更加客观地评价教学效果，及时发现问题并进行调整和改进。教学质量评估数据的运用实践，不仅可以帮助教师了解学生的学习情况和需求，还可以促进教学方式和方法的创新和改进，更好地满足学生的学习需求。同时，结合教学质量评估数据，高校还能够加强对教师教学水平和教学效果的监督和评估，有利于提升整体教学质量，推动高校思想政治教育教学改革向着更加科学、有效和可持续的方向发展。

教学质量监控机制实施，是高校思想政治教育教学改革的重要举措。通过建立完善的监控体系，能够及时发现并解决教学中存在的问题，提高教学质量。教师队伍建设与师资培养的改进，是实施监控机制的重要保障。只有拥有高水平的教师队伍，才能够有效地监控教学过程，保证教学质量的稳步提升。

同时，在实施监控机制的过程中，高校也需要不断探索创新人才培养模式，从而更好地满足社会需求，培养出更加优秀的人才。通过对骨干师资队伍的培养，可以提升教师的教学水平和教学质量，从而为教学改革的顺利实施提供有力支持。

总的来说，教学质量监控机制的实施对于高校思想政治教育教学改革的顺利推进具有重要意义，将为高校教学工作的不断提升和发展奠定坚实的基础。

在高校思想政治教育教学改革中，教学质量监控结果报告分析起着极其重要的作用。通过仔细分析报告中的数据和反馈信息，我们可以更直观地了解教学过程中存在的问题和不足之处，从而及时调整教学策略和方法，提高教学效果。同时，监控结果报告还可以为教师提供有针对性的改进建议，帮助他们更好地指导学生学习，促进学生成长成才。通过持续不断地监控和分析教学质量，我们可以不断优化教学体系，提高教学质量，为高校思想政治教育教学改革注入新的活力和动力。

在高校思想政治教育教学改革的过程中，教学质量持续改进机制的建立至关重要。通过建立有效的质量监控体系以及完善的评估体系，可以及时发现问题并采取有效措施进行改进。同时，引入先进的教学理念和方法，结合实际情况进行教学质量的评估和监控，可以不断提升教学效果和学生的学习质量。建立持续改进机制，可以促进教师队伍建设和师资培养的不断提高，为学生提供更加优质的教学服务。同时，强调教学质量的持续改进，也能够激发教师和学生的学习动力，推动思想政治教育教学改革朝着更加积极向上的方向发展。

第十六章 学生思想政治素质的提升

第一节 教学目标的设定

一、确定教学目标的重要性

分析教学目标的理论基础：教学目标是教育活动的重要组成部分，是指导教学实践的目标和方向。确定教学目标的重要性在于能够明确教学的目的和任务，为教师提供了明确的教学依据和指导方针。教学目标的设定需要依据相关的教育理论和心理学理论进行分析和论证，确保目标的科学性和可操作性。通过对教学目标的理论基础进行深入分析，可以更好地指导教学实践，提高教学效果，促进学生思想政治素质的全面提升。

确定教学目标的实践意义：教学目标是教学活动的指导方向和衡量标准，对于教学质量的提升和学生素质的全面发展至关重要。在高校思想政治教育教学改革研究中，确定清晰的教学目标可以帮助教师更好地指导学生，促进学生思想政治素质的提升。教学目标的设定不仅有利于教师教学内容的布置和教学方法的选择，也有助于学生的学习动力和学习效果的提高。同时，通过不断地调整和完善教学目标，可以推动高校思想政治教育教学改革的深入发展，提高教学质量，培养具有创新精神和社会责任感的优秀人才，推动国家和社会的进步与发展。【词数：166】

教学目标的设定是教育教学活动中的基础和核心要素，它直接关系到学生成长发展。确定教学目标的重要性在于为教学活动提供了明确的指引和目标，在实施过程中可以更加有效地组织和安排教学内容。评估当前教学目标的实现情况是对教学活动效果的一种检验和总结，有助于发现问题、查漏补缺，进一步完善教学内容和方法，提高教学质量。

设定提升学生思想政治素质的具体目标：通过高校思想政治教育教学改革研究，

我们确定了提升学生思想政治素质的具体目标。这些目标的设定对于整个教学过程的顺利进行和学生素质的全面提高具有重要的意义。为了确保学生思想政治素质的提升，我们设定了一系列具体的目标，包括加强思想政治理论知识的学习和掌握、提高思想政治素养和文化艺术修养、强化思想政治态度和价值观念的塑造、培养思想政治实践能力和创新精神等。这些目标的设定将有利于引导学生树立正确的世界观、人生观和价值观，促进学生全面发展和成长，培养德智体美劳全面发展的社会主义建设者和接班人。

设立衡量目标达成的评估体系：就是为了评估学生在思想政治教育方面的学习效果和提升情况，为教学改革提供可靠的数据支撑。具体来说，通过制定明确的评估标准和方法，可以客观地评价学生的思想政治素质提升情况，为教师和学校领导提供决策依据。通过评估体系的建立，可以及时发现学生存在的问题，有针对性地开展个性化教学，促进学生全面发展。同时，评估体系的建立也有利于监督和评价教师的教学效果，推动教师提高教学质量，全面推进高校思想政治教育教学改革。

二、制定教学策略

总结目前教学策略的不足：当前教学策略存在一定的局限性，需要进一步探讨和改进。针对 A 学生思想政治素质的提升，制定更加具体、有效的教学目标是关键。同时，教学策略的实施过程中需要更加灵活和个性化，以满足学生不同的学习需求。当前教学策略也存在着过分依赖传统教学模式和教材的问题，需要更多地引入互动性和实践性的教学方法，以促进学生的全面发展。除此之外，评估和反馈机制也需要进一步完善，以更好地了解学生的学习情况和问题，从而及时调整教学策略。

调研有效的教学方法：通过深入调研和分析，找到适合 A 学生的思想政治教育教学方法，提高他们的思想政治素质。为达到这一目标，需要制定一系列的教学目标，并根据学生的实际情况和需求采取相应的教学策略。通过灵活多样的教学方式，激发学生的兴趣和主动性，引导他们思考和讨论相关问题，培养他们独立思考和创新能力。同时，教师也要不断探索和尝试新的教学方法，与时俱进，不断提高教育教学质量，促进 A 学生思想政治素质的全面提升。

为了达到提升 A 学生思想政治素质的教学目标，我们制定了一系列教学策略。在教学过程中，我们将综合运用多种教学手段，例如讲授、讨论、案例分析、角色扮演等，以激发学生的思想激情和政治责任感。通过多种教学手段的有机结合，帮助学生全面了解和理解思想政治教育的重要性，激发学生的思考和创新能力，提升其思想政治素质。在教学实践中，我们将积极探索适合 A 学生思想政治教育的有效路径，努力为学生提供更加丰富多彩的教学体验，推动高校思想政治教育教学改革的深入发展。

本教学计划旨在提高 A 学生的思想政治素质。通过多样化的教学方法，激发学生的兴趣，提高学习积极性。建立良好的班级氛围和学习氛围，促进学生之间的互动和合作。结合实际案例和问题解决讨论，培养学生的思辨能力和创新意识。通过上述教学策略的实施，相信能够有效提升 A 学生的思想政治素质，达到预期的教学效果。

三、建立教学团队

本论文旨在研究高校思想政治教育教学改革，重点关注 A 学生思想政治素质的提升。在教学目标的设定中，要建立一个强大的教学团队，培养教师的思想政治素质，以促进学生的全面发展。教师是学生的楷模和引路人，他们的思想政治素质直接关系到学生的思想政治素质的提高。因此，建设一个优秀的教师队伍是至关重要的，他们需要具备高尚的思想品质和政治意识，才能够对学生起到良好的示范作用。只有在教师的思想政治素质得到提升的情况下，才能够更好地引导和教育学生，使他们具备健康的思想觉悟和正确的政治立场。因此，培养教师的思想政治素质是高校思想政治教育教学改革的关键所在。

学校思想政治教育教学改革研究的重要性不可忽视，为了提升 A 学生的思想政治素质，教学目标必须明确并以此为指导。建立一个有激情、有创造力的教学团队是至关重要的，只有团结一致、互相鼓励才能为学生提供优质的教育。要激发教师的教学热情，需要给予他们足够的支持和关爱，让他们在教学过程中感受到成就感和发展空间。只有这样，教师们才能充满激情地传播知识、引导学生，为学生的思想政治素质的提升贡献自己的力量。毋庸置疑，建立充满热情的教学团队，是推动高校思想政治教育教学改革的关键一步。

四、加强学生参与

在高校思想政治教育教学改革的研究中，为提高 A 学生思想政治素质，设定了相应的教学目标。其中，加强学生参与是一个重要的方面。为了达到这一目标，我们积极开展思想政治教育主题活动，让学生在参与活动的过程中提升自身的思想政治素质，增强对国家、社会和民族的认同感。通过这些主题活动，学生可以更好地了解国家政策和法规，增强自我约束意识，培养社会责任感和团队合作精神。同时，这也有助于促进学生之间的交流和互动，培养其民主意识和批判思维能力。通过开展这些活动，我们旨在培养出更多思想政治素质高、具有社会责任感的优秀人才。

为了加强学生的参与度和发展他们的思想政治素质，我们可以通过成立学生会、社团等组织来为他们提供更多的机会。这样可以让学生在实践中学习和提升自己的领导能力和组织能力。通过参与这些组织的活动和管理，学生可以更好地发现自己的兴趣和潜力，同时也可以培养团队协作和沟通能力。除此之外，学生会、社团等组织还可以促进学生之间的交流和合作，帮助他们建立更广泛的人际关系网。通过这些组织的运作，可以为学生提供一个更加多元化和丰富的学习环境，激发他们的学习热情和创新能力。通过这样的方式，可以更好地促进高校思想政治教育教学改革的深入发展。

近年来，高校思想政治教育教学改革研究在不断深化，教学目标的设定越来越注重学生思想政治素质的提升。其中，加强学生参与是一个重要的方面。通过开展各种形式的公益活动，可以有效地引导学生积极参与社会实践，提高他们的社会责任感和使命感。在这个过程中，学生们将不仅仅是知识的接收者，更可以成为社会的建设者和改革者。这种开展公益活动的做法不仅可以增强学生们的实践能力和社会交往能力，也有利于拓展他们的视野，培养他们的爱心和奉献精神。通过这些活动，学生们可以更好地认识自我，树立正确的人生观和社会观，为今后的成长和发展奠定坚实的基础。

为了提高高校思想政治教育的教学质量，我们需要设立学生奖励机制。这一机制将激励学生积极参与思想政治教育活动，提高他们的学习兴趣和参与度。通过给予符合条件的学生奖励，我们可以有效地促进学生积极思想政治素质的提升，推动教学改革的深入实施。这种激励机制将使学生更加自觉地参与到思想政治教育中，促进学生全面发展，培养出更多符合时代要求的新型人才。因此，设立学生奖励机制是高校思想政治教育教学改革中不可或缺的一环。

通过建立师生交流平台，可以有效地促进 A 学生思想政治素质的提升。教学目标的设定对于学生的学习动力和效果起到了至关重要的作用。加强学生参与，让他们更加积极地投入到思想政治教育中去，从而提高他们的学习成绩和综合素质。建立师生交流平台可以让师生之间建立起更加亲近和融洽的关系，有助于学生更好地理解和接受老师的教诲，提高他们的思想政治素质。师生之间的互相交流和学术讨论，可以有效地激发学生的学习热情和思考能力，使他们更加全面地提升自己的思想政治素质。通过建立师生交流平台，可以为 A 学生的思想政治教育提供更好的条件和保障。

第二节　教学内容的优化

一、分析现有教学内容的缺陷

总结常见的教学内容问题 教学目标的设定缺乏明确性，导致学生学习方向不清晰；学生参与度低，课堂氛围单一；教学内容缺乏新颖性和趣味性，难以引起学生的兴趣和积极性；现有教学内容缺乏系统性和连贯性，难以形成完整的知识体系。

在实施高校思想政治教育教学改革研究中，重要的一环就是调查学生对教学内容的反馈。通过对学生的意见和建议进行综合分析，可以发现教学内容的缺陷并进行及时修正和优化。同时，加强学生参与也是一项关键任务，只有让学生更加积极地参与到教学活动中，才能更好地实现教学目标的设定。因此，在未来的工作中，我们将密切关注学生的反馈意见，不断改进教学内容，激发学生的学习激情，提升他们的思想政治素质。

二、优化课程设置

为了提高学生思想政治素质，我们需要设定明确的教学目标，并加强学生的参与度。优化教学内容和课程设置至关重要，以确保学生能够充分理解和接受内容。更新思想政治教育内容，使之更加符合时代潮流和学生需求，是当前教学改革的关键所在。愿意通过不断努力和实践，不断提升学生的思想政治素质水平。

在高校思想政治教育教学改革研究中，设立跨学科教学项目是一个重要的举措。通过跨学科教学项目的设立，可以促进不同学科之间的交叉融合，拓展学生的知识面和视野，激发学生的学习兴趣和思维能力。跨学科教学项目还可以提供学生更多的学习机会和资源，促进学生的综合能力和创新意识的培养。通过跨学科教学项目的实施，可以为学生提供一个更加开放、多元化的学习环境，使学生在实际学习中更具针对性和实用性。因此，设立跨学科教学项目是高校思想政治教育教学改革中不可或缺的一环。

三、强化实践教学

通过开展社会实践课程，可以帮助学生更好地理解和应用所学的理论知识。这样的教学方式不仅可以加强学生的参与度，还可以促进他们的思辨能力和创新意识。通过社会实践课程，学生可以更好地将理论知识与实际问题相结合，从而提升他们的综合素质和能力。同时，这种教学方式也有助于优化教学内容，让学生更好地理解学科内涵，培养他们的批判性思维和问题解决能力。开展社会实践课程是一种有效的教学手段，可以帮助学生更好地成长和发展。

为了提高高校思想政治教育教学的质量，我们需要设定明确的教学目标，加强学生的参与，优化教学内容，强化实践教学，并实行校园民主决策。只有这样，我们才能有效地提升学生们的思想政治素质，使他们在学习和生活中更加充实和发展。通过校园民主决策的实行，学生将能够更加积极地参与到学校的管理和决策中，增强他们的主体意识和责任意识，在实践中提升他们的思想政治素质。同时，校园民主决策也能够培养学生们的民主意识和团队合作能力，使他们在未来的社会生活中具备更好的素质和能力。只有通过这样全面系统的教学改革，我们才能更好地实现高校思想政治教育教学的目标。

现如今，高校思想政治教育教学改革已成为当下教育界的热点话题。在这种背景下，加强学生参与已成为教学的关键。为了提高学生思想政治素质，我们需要设定明确的教学目标，并优化教学内容，强化实践教学。打造思政实践基地，为学生提供更多的实践机会和实践场所，将有助于学生的思政素质的提升。在这个过程中，我们需要建立起一支具有丰富实践经验和较强专业素养的教师队伍，为学生提供更加专业的指导和支持。同时，我们也应该注重学生的参与感，激发学生的学习兴趣和动力，使他们能够在实践中不断提升自己的思政素质。

四、拓展教学资源

为了提高高校思想政治教育教学水平，我们需要建立丰富的教学资源库。这个资源库包括多样化的教学材料和教学方法，能够满足不同学生的学习需求。通过建立这样一个资源库，我们可以更好地实现教学目标，加强学生参与，并优化教学内容。同时，拓展教学资源也可以帮助我们更好地引导学生，促进他们的思想政治素质的提升。因此，建立丰富的教学资源库是我们教学改革的重要一环，为高校思想政治教育教学的发展提供了坚实的基础。

在高校思想政治教育教学改革研究中，开展线上学习资源共享可以有效促进教学方式的转变。通过线上学习资源的共享，可以为学生提供更加丰富多样的学习内容，拓展他们的知识视野。同时，这也可以促进学生之间的互动交流，加强学生的参与感和学习动力。在教学目标的设定方面，开展线上学习资源共享也可以帮助教师更好地规划和设计课程，优化教学内容，提高教学质量。通过开展线上学习资源共享，不仅可以拓展教学资源，还可以有效促进高校思想政治教育教学改革的深入发展。

加强与社会资源对接：通过与社会资源对接，可以为学生提供更广泛、更深入的学习机会，帮助他们更好地理解和应用所学知识。我们将积极拓展各种社会资源，如企业实践基地、非营利组织合作项目等，让学生在实际生活中体验所学知识的应用，并培养解决问题的能力。同时，通过与政府部门、行业协会等社会资源的合作，可以为教学内容的更新和优化提供更多的可能性，使教学更加贴近社会需求和学生实际。这样不仅可以增强学生的学习积极性和参与度，也可以促进学校与社会的良性互动，为高校思想政治教育教学改革提供更广阔的空间和更丰富的资源支持。

五、强化评估体系

考虑到当前高校思想政治教育教学改革的需要，为了更好地促进 A 学生思想政治素质的提升，我们需要设立教学评估标准，以确保教学目标的设定能够有效实施。加强学生参与是教育教学工作中的重要环节，通过优化教学内容和强化评估体系，可以更好地激发学生的学习兴趣和积极性，进而提高教学效果。设立教学评估标准不仅有助于对学生学习情况进行全面、客观的评价，还能促进教师的教学质量和水平的提升，使教学目标能够更好地实现。因此，在高校思想政治教育教学改革中，设立科学合理的教学评估标准至关重要。

在高校思想政治教育教学改革研究中，完善学生综合评价机制是至关重要的一环。只有通过建立科学的评价机制，才能更全面、客观地了解学生的学习情况和提升效果。在设定教学目标的基础上，加强学生参与是关键之举，让学生在评价过程中有发言权，能够真实反映自身情况。同时，教学内容的优化也是不可或缺的，只有确保教学内容的有效性和针对性，才能使评价结果更具参考价值。强化评估体系，不仅要注重学生知识技能的测评，更要关注学生思想政治素质的提升。只有综合考量学生的各方面表现，才能更好地促进学生全面发展。因此，在高校思想政治教育教学改革中，完善学生综合评价机制是一个至关重要的环节。

通过加强教学成果的跟踪调研，可以更好地了解学生的学习情况和思想政治素质的提升情况。同时，设定明确的教学目标可以引导学生朝着正确的方向努力，加强学生参与可以激发学生学习的积极性，优化教学内容可以提高教学效果，强化评估体系可以更全面地评价学生的学习情况。通过以上措施的实施，高校思想政治教育教学的质量将得到有效提升，为学生成长成才奠定坚实基础。

通过推行学生自评互评的方式，可以有效激发学生的学习兴趣和自主性，促进他们主动参与思想政治教育教学改革。教师可以根据学生的自评结果，及时调整教学内容和教学方法，更好地满足学生个性化的学习需求。同时，学生之间的互相评价也能促进学习氛围的形成，激发学生间的学习竞争和互相促进，有利于整体思想政治素质提升的效果。推行学生自评互评，是高校思想政治教育教学改革的重要一环，也是构建和谐的教学氛围、激发学生学习潜力的有效途径。

通过建立教师考核制度，可以有效激励教师积极参与高校思想政治教育教学改革研究工作，促进教学质量的提升。教师的绩效评估将更加客观、公正，有利于选拔优秀教师，激发其教学热情，提高教学水平。同时，建立科学合理的教师考核制度也有利于规范教师的教学行为，促进教师持续发展，不断提升专业能力。只有通过建立严格的考核制度，才能保证高校思想政治教育教学改革工作的有效推进，实现教育目标的良性循环。

第三节　教学模式的创新

一、探索课堂教学模式

　　传统课堂模式存在的问题在于教师主导教学，学生被动接受知识，缺乏互动和参与，导致学生思维惰性，创新能力不足。教学内容过于专业化，缺乏实用性和趣味性，难以引起学生的兴趣和学习积极性。评估体系单一，只注重学生的知识掌握，忽视了学生的综合能力和素质提升。教学模式陈旧僵化，缺乏变革和创新，无法满足社会对人才的需求。因此，需要加强学生参与，优化教学内容，建立多元化的评估体系，创新课堂教学模式，以探索更符合时代需求和学生发展的思想政治教育教学改革路径。

　　提出课堂教学的改革方向：在高校思想政治教育教学改革研究中，重点应加强学生参与，优化教学内容，强化评估体系，创新教学模式，探索课堂教学模式，以提升 A 学生思想政治素质。通过设定明确的教学目标，激发学生的学习热情，为其提供更多互动参与的机会，使教学内容更加贴近学生需求，建立多元化的评估体系，促进学生全面发展。同时，不断创新教学模式，探索适合现代高校教学的方法和手段，引领课堂教学的发展方向，为高校思想政治教育的改革提供有力支撑。

　　在高校思想政治教育教学改革研究中，实践新型的互动式教学法是至关重要的。通过设定明确的教学目标，加强学生参与，优化教学内容，强化评估体系，以及创新教学模式，可以有效地提升 A 学生的思想政治素质。在探索课堂教学模式的过程中，实践新型的互动式教学法能够激发学生的学习兴趣，增强他们的学习动力，促进他们的自主学习能力的培养。通过互动式教学，学生可以更好地理解知识，培养批判性思维能力，提升解决问题的能力。因此，倡导实践新型的互动式教学法，对于促进 A 学生的思想政治素质提升具有积极的意义。

　　通过对高校思想政治教育教学改革的研究，可以看出教学模式的创新在提升学生思想政治素质方面起到了至关重要的作用。加强学生参与、优化教学内容、强化评估体系以及探索课堂教学模式，是教学目标的设定的重要方面。通过评估教学模式的效果，可以更好地了解教学改革的成效，为未来的教学工作提供参考和借鉴。教师们应该不断探索创新，不断改进教学方法，以更好地促进学生思想政治素质的全面提升。

　　通过设定明确的教学目标，加强学生参与，优化教学内容，强化评估体系，创新教学模式，探索课堂教学模式，我们在高校思想政治教育教学改革中取得了一些成功的案例。例如，在一门思想政治教育课程中，我们结合实际案例进行教学，引导学生分析问题、探讨解决方案，从而培养了他们的批判性思维能力。通过小组讨论、课堂演讲等多种形式，激发了学生的学习热情和参与度。我们还采用了多元化的评估方式，为学生提供了更全面的反馈信息，促进了他们的学习效果。这些成功案例的推广可以为其他高校思想政治教育教学改革提供借鉴和启示。

二、建设实践教学基地

为了促进高校思想政治教育教学改革，我们需要规划实践基地的建设方向，以提升学生的思想政治素质。教学目标的设定应结合学生实际，加强学生参与，引导他们积极参与实践活动。同时，教学内容的优化也至关重要，要精心设计相关课程，强化学生的理论知识和实践能力。强化评估体系是确保教学效果的关键，我们需要建立科学的评估机制，及时反馈学生的学习情况。教学模式的创新是推动思想政治教育的重要途径，我们应不断探索新的教学方法，激发学生的学习兴趣。建设实践教学基地可以为学生提供实践机会，锻炼其实践能力和创新意识。规划实践基地的建设方向是推动高校思想政治教育教学改革的关键一环。

为了提升高校思想政治教育教学的水平，我们必须不断引进先进的实践教学设备。这些设备可以为学生提供更加真实、丰富的学习体验，帮助他们更好地理解和掌握知识。通过引进先进的实践教学设备，我们可以激发学生的学习兴趣，激发他们的学习潜力，提高他们的学习效果。只有不断跟上时代的步伐，引进先进的实践教学设备，我们才能更好地适应教育发展的需求，为学生提供更加优质的教育资源。引进先进的实践教学设备，是高校思想政治教育教学改革的重要举措，也是促进学生思想政治素质提升的重要保障。

高校思想政治教育教学改革研究中，培养基地运营管理团队是至关重要的一环。通过设定清晰的教学目标，加强学生参与，优化教学内容，强化评估体系，创新教学模式，可以有效提升学生思想政治素质。建设实践教学基地是为学生提供实践机会，并逐步培养他们的领导能力和团队协作意识。培养基地运营管理团队要注重团队建设和管理技能的培养，以便更好地推动教学改革的实施。通过这一过程，学生将在实践中不断成长，为未来的发展打下坚实基础。

高校思想政治教育教学改革研究中，开展实践教学项目是至关重要的一环。通过学生参与实践项目，可以更好地促进其思想政治素质的提升。因此，我们在教学目标的设定中，特别强调了开展实践教学项目的重要性。在实践项目中，学生将能够加强对所学知识的理解和应用，同时也能够提高解决问题的能力和创新思维。通过优化教学内容，我们将更好地引导学生参与实践项目，激发他们的学习兴趣和积极性。同时，我们将建设实践教学基地，为学生提供更好的实践环境和资源支持。通过开展实践教学项目，我们将为学生的思想政治素质提升提供更好的平台和机会。

通过对高校思想政治教育教学改革的实践教学，可以有效提升学生思想政治素质，达到教学目标的设定。加强学生参与是实践教学的关键，通过优化教学内容、强化评估体系和创新教学模式，学生将更加积极参与学习。建设实践教学基地可以为学生提供更广阔的实践平台，促进他们在实践中学习和成长。分析实践教学的成果可以帮助教师更好地了解学生的学习情况，从而不断优化教学方法，提高教学效果。通过不断地实践和总结，高校思想政治教育的教学改革将会取得更加显著的成果。

三、促进思政教育与课程融合

在高校思想政治教育教学改革研究中，探索思政教育课程的融合形式是非常重要的。教学目标的设定应该明确，加强学生参与是提升教学效果的关键。同时，教学内容的优化和强化评估体系也必不可少。在教学模式的创新方面，可以不断尝试新的教学方法，以激发学生的学习兴趣。促进思政教育与课程的融合，可以让学生在平时的学习中更好地接受思想政治教育。通过探索思政教育课程的融合形式，可以为提升学生的思想政治素质提供更好的支持和保障。

为了实现高校思想政治教育教学改革的目标，我们需要加强学生的参与度，优化教学内容，强化评估体系，并创新教学模式。促进思政教育与课程融合，是当前教育改革的重要任务之一。制定融合课程的教学计划，可以有效地帮助学生提升思想政治素质，达到教学目标。因此，我们需要认真思考如何设计课程内容，使之既具有思政教育的特点，又能满足课程内容的要求，从而为学生提供更加全面、系统的教学。在教学计划中，我们还需要考虑如何激发学生的学习兴趣，引导他们积极参与课堂活动，实现教学目标的有效传达。通过融合课程的教学计划，我们将为学生打造更具有针对性和实效性的教学模式，推动高校思想政治教育教学改革取得更大的成果。

高校思想政治教育教学改革研究中的重要一环是对评估融合课程的效果进行深入探讨。通过设定明确的教学目标，加强学生的参与度，优化教学内容，强化评估体系，创新教学模式，促进思政教育与课程的融合，我们能够更好地了解和评估融合课程对 A 学生思想政治素质提升的实际效果。这一过程旨在为教育者提供有效的教学方法和手段，以满足当今高校教育的需求，促进学生成长与发展。因此，评估融合课程的效果不仅仅是一种工作手段，更是对于高校教学改革的重要支撑，能够为推动高等教育教学水平不断提升提供有力保障。

在高校思想政治教育教学改革研究中，提出了未来融合教学的发展方向。教育者将以加强学生参与为出发点，设定更具体的教学目标，优化教学内容，强化评估体系，创新教学模式，促进思政教育与课程融合，从而推动 A 学生思想政治素质的提升。未来的融合教学将更加注重学生的个性化发展，注重培养学生的创新精神和实践能力，引导学生主动参与社会实践，实现理论与实践的有机结合，构建更加完善的思政教育体系。未来，教育者将通过多元化的教学手段和创新的教学模式，不断挖掘学生的潜能，帮助他们更好地成长和发展。

总结融合课程的经验：在高校思想政治教育教学改革研究中，设定了明确的教学目标，通过加强学生参与和优化教学内容，提升了学生的思想政治素质。同时，强化评估体系和创新教学模式，促进了思政教育与课程的融合，为学生提供了更为全面和深入的学习体验。通过总结融合课程的经验，发现这种综合性的教学方法能够有效激发学生的学习兴趣，提高他们的思辨能力和创新意识，为他们的成长和发展打下了坚实的基础。

四、推动教学管理信息化

高校思想政治教育教学改革研究中，教学信息化的重要性不可忽视。通过设定教学目标、加强学生参与、优化教学内容、强化评估体系、创新教学模式以及推动教学管理信息化，可以有效提高 A 学生的思想政治素质。教学信息化不仅可以帮助教师更好地进行教学设计和教学评估，也能够激发学生的学习兴趣和积极性。在信息化的支持下，教学活动更加灵活多样，教学互动更加丰富深入，学生学习效果也会更加明显。因此，教学信息化已经成为推动高校思想政治教育教学改革的必然选择，对于提升学生的思想政治素质具有重要意义。

针对高校思想政治教育教学改革研究中所设定的教学目标和强调学生参与的重要性，我认为搭建教学管理信息平台是至关重要的。通过这一平台的建设，可以有效优化教学内容，强化评估体系，创新教学模式，促进教学管理信息化的发展。这一平台不仅可以提高学生的参与度，还能够为教师提供更多资源和支持，实现教学过程的全面管理和监控。在这个信息化的时代，搭建教学管理信息平台将更好地适应高校教学改革的需求，推动教育教学质量的提升，为学生的思想政治素质提供更好的保障。

然而，当前高校思想政治教育教学管理流程仍然存在一些问题。一方面，流程不清晰，缺乏明确的指导和规范，导致教学活动难以有序进行，影响教学效果。另一方面，管理流程过于繁琐复杂，导致教学管理效率低下，增加了教师和学生的负担，无法充分发挥教学资源的效益。

这些问题直接影响了教学质量的提升和教育教学目标的实现。流程不清晰和管理效率低下会影响教学内容的传达和学生参与的程度，进而影响评估体系的建立和教学模式的创新。同时，信息化程度低下也使得教学管理无法及时响应和调整，进一步加剧了教学管理流程的混乱和低效。

需要通过深入研究和探讨，找出这些问题的根源，有针对性地提出改进建议，推动高校思想政治教育教学管理水平的提升，确保教育教学质量的不断提高。

教学管理信息化在高校思想政治教育中的应用，能够为教师提供更多个性化的教学资源，并且便于实现教学过程的全面监督和评估。然而，信息化应用也存在一些挑战和问题。教师技能水平和信息化应用能力的不足是一个重要问题。信息化的应用可能导致学生授课的 passivity，学习效果得不到充分保障。信息安全、隐私保护等问题也是当前信息化管理所面临的难题。面对这些挑战，高校需要进一步完善信息化应用的法规制度，提高师生信息化素养，加强信息技术与思想政治教育的融合，促进教学管理信息化的全面发展。

　　信息安全管理是高校思想政治教育教学改革中至关重要的一环。随着信息技术的快速发展，学校教学管理系统已经实现了信息化，但同时也面临着信息泄露、数据丢失等安全风险。比如，学生个人信息被不法分子盗取、学术成果被他人篡改等问题可能会对学校教学秩序造成严重影响。

　　因此，加强信息安全管理是当前高校面临的一个迫切问题。学校需要提高对信息安全管理的重视，建立健全的信息安全管理体系，加强对教职员工和学生的信息安全意识培训，规范使用信息系统的行为，强化对敏感信息的保护措施，确保信息安全的稳定和可靠。

　　只有确保信息安全，高校才能更好地开展思想政治教育教学工作，促进学生思想政治素质的全面提升，有力推动高校教育教学质量的不断提升。

第十七章 教育教学质量的改善

第一节 课程设置

一、课程目标的明确

一些困难和不足之处可能会在确定教学目标的过程中引起问题。例如,教学目标定义不清晰或不可衡量,可能导致教师难以设计出符合目标要求的教学内容和评估方法。这种情况可能会影响课程设置的质量,使得教学过程变得模糊和无效。

教学目标的确定性对于教育教学的有效性至关重要。缺乏明确的教学目标会使得教师和学生在课程中无法准确把握学习的重点和方向,可能导致教学效果的不确定性。因此,在思想政治教育教学改革研究中,如何明确和量化教学目标成为一个值得重视的问题。

但在设定学习目标的过程中,教师们可能会面临一些困难。目标与学生实际需求不匹配是一个常见的问题。有些教师可能过于理想化地设定目标,而忽视了学生的实际水平和需求。一些目标可能过于笼统或抽象,缺乏具体的量化指标,使得学生无法清晰地掌握学习的方向和重点。

这些问题如果无法有效地解决,可能会对教学质量产生负面影响。学生可能会因为无法理解或达到模糊的学习目标而感到困惑和失望,影响他们的学习积极性和效果。同时,过于宽泛或抽象的目标也会导致教学内容和方法的不合理性,进而影响教学效果和教师的教学满意度。

因此,设定学习目标时需要充分考虑学生的实际需求和水平,尽量具体明确,以确保教学目标的有效性和可操作性。只有这样,才能更好地促进高校思想政治教育教学的改革和提升教学质量。

然而,目前针对高校思想政治教育教学的评估指标制定仍存在一些问题。评估指标并不全面,可能偏重于学生的表面表现,而忽略了他们深层次的思想观念和态度变化。评估指标的科学性有待提升,可能存在主观性较强或者不具备客观性的情况。这些问题可能会对教学质量造成一定程度的负面影响,导致评估结果与教学实际表现之间存在较大的偏差,使得教育教学改革的效果不尽如人意。因此,评估指标的合理性和科学性是当前亟待解决的问题,只有制定出更加全面、科学的评估指标,才能更好地促进高校思想政治教育教学的改进。

然而,在对教学效果进行评估的过程中,我们也需要面对一些可能存在的问题。其中之一是评估数据的不准确性,可能会导致评估结果出现偏差。反馈的及时性也是一个需要考虑的问题,如果评估反馈不能及时传达给教师和学生,可能会影响他们对教学效果的理解和改进。

这些问题可能会对课程评估的准确性和可靠性造成影响,使得评估结果不能真实地反映教学效果。因此,在进行教学评估时,我们需要认识到这些潜在问题,并采取相应的措施来尽量减少其对评估结果的影响。只有这样,我们才能更好地了解和改进高校思想政治教育的教学效果,为教学质量的提升提供更有力的支持。

二、课程内容的更新

对教材内容的梳理工作是高校思想政治教育教学改革中的重要一环。我们对教材内容进行了精心审视和调整,删除了与时代脱节的内容,修改了一些观点和理论,调整了一些教学材料的顺序,以符合当今高校学生的认知特点和需求。同时,我们还加入了一些新颖的教学案例和实践活动,以丰富教材内容,使之更具启发性和实用性。通过这些更新和优化,我们旨在提高学生对思想政治教育的兴趣和理解,培养他们独立思考和批判性思维能力,推动高校思想政治教育的进步和发展。B通过这些措施,我们相信可以进一步提升高校思想政治教育的质量,为培养德智体美劳全面发展的社会主义建设者和接班人奠定坚实基础。

一方面,可以通过对当前社会热点问题的引入来充实教材内容,使学生能够更好地理解和思考当下社会现象。例如,可以在教学中引入互联网、人工智能、环保等新兴领域的知识,让学生了解和思考这些领域的重要性和影响。

另一方面,还可以通过开设跨学科课程或者与其他学科结合的课程来更新教材内容,增强学生的综合素养。比如,思想政治教育与心理学、社会学等学科结合,可以让学生更深入地理解人类行为背后的思想政治因素,培养学生的综合分析和思考能力。

通过添加新颖内容和更新课程设置,可以丰富教学内容,增加学生学习的兴趣和深度,从而提升高校思想政治教育教学的质量和效果。这也是高校思想政治教育教学改革中不可忽视的重要环节。

由于高校思想政治教育教学改革的需要,结合实践案例已成为不可或缺的一部分。在教学中选取实践案例应遵循以下标准:具有代表性、具有针对性、具有可操作性。这样的案例能够使学生更加直观地感受到理论知识的实际应用,从而增强他们的理解和应用能力。

在引导学生分析案例时,教师应该注重激发学生的思考能力和批判性思维。通过问题导入、讨论引导等方式,激发学生对案例的兴趣,引导他们深入思考案例背后的核心问题和原因。同时,教师还应当引导学生不仅仅是对案例的表面现象进行分析,更要学会从中获取启发,将理论知识与实际应用相结合,形成自己的观点和见解。

结合实践案例进行教学改革可以使学生更好地理解和应用所学理论知识,促进他们的思维能力和创新能力的发展。这无疑是高校思想政治教育教学改革的重要方向之一。

三、教学方法的创新

在高校思想政治教育教学改革中,采用了多元化的教学方法,如讨论、辩论、小组讨论等。通过让学生参与讨论和辩论,能够激发他们的思维和探究兴趣,从而提高学习效果。在课堂上,教师会引导学生就课堂内容展开互动性的讨论,让学生们能够自主地表达观点,互相交流和分享想法。同时,教师还会组织学生进行小组讨论,让他们在小组中深入探讨课题,培养团队合作意识和解决问题的能力。多元化的教学方法不仅可以提升学生的参与度,还能够激发学生的学习兴趣,使思想政治教育更加生动有趣。通过不断探索和实践,高校思想政治教育教学改革必将取得更好的成果。

互动教学是高校思想政治教育教学改革的重要方向之一。教师在课堂上不再是唯一的知识传授者,而是引导学生自主学习的导航者。通过问答、讨论、小组活动等形式,教师和学生之间形成良好的互动,促进了师生之间的交流与合作。学生们在交流中可以分享自己的观点,开拓思维,理清观念,增强对课堂内容的理解和记忆。

同时,生生互动也是互动教学的重要组成部分。学生之间的交流与协作可以激发学习的兴趣,提高学习动力,促进彼此之间的学习互助。通过小组讨论、合作项目等方式,学生们可以共同探讨、共同解决问题,从而更好地理解课堂内容,提高学习效果。

在高校思想政治教育教学中,注重师生互动和生生互动,可以创造一个积极向上、合作共赢的学习氛围,推动学生全面发展,提升教育教学质量。

为了提高高校思想政治教育的教学效果和吸引学生的学习兴趣,一些高校开始引入信息技术手段。网络课堂的建设使得学生可以在任何时间、任何地点进行学习,极大地提高了学习的便捷性和灵活性。多媒体教学则能够通过图像、声音、视频等多种形式的展示,丰富了教学内容,让学生更加直观地理解和接受知识。

一些高校还利用虚拟现实技术给学生创造出真实的情境，让他们身临其境地参与其中，使得学习更加生动有趣，增强了学生的互动性和参与感。通过引入信息技术手段，高校思想政治教育的教学改革取得了初步成效，为学生提供了更加全面、多样化的学习体验。

在高校思想政治教育教学改革中，实践教学的结合是至关重要的一环。为了提高学生的实际操作能力，我们可以通过实践活动来巩固理论知识。例如，可以组织学生走出课堂，参与社会实践、调研和志愿服务等活动，让他们将所学的知识在实践中加以运用和体会。这样不仅可以增强学生的学习兴趣，还能够使他们更好地理解和掌握所学内容。

教师还可以将案例分析、角色扮演、小组讨论等教学方法引入到实践教学中，激发学生的学习激情和积极性。通过这种方式，学生不仅可以深入思考问题，还可以培养团队合作意识和解决问题的能力。实践教学的结合能够帮助学生更好地将理论知识付诸实践，提高他们的实际操作能力，为高校思想政治教育的教学改革注入新的活力。

学校还可以通过开展各种形式的课外教育活动，进一步丰富学生的校园生活和思想教育内容。例如，可以组织主题讲座，邀请专家学者或社会知名人士来校内进行讲解，让学生在听取不同观点的同时，提升自己的思维能力和批判意识。还可以组织社会实践活动，让学生走出校园，亲身体验社会，增强社会责任感和团队精神。同时，开展读书分享活动也是一个不错的选择，通过分享阅读心得和交流思想，激发学生对文学和社会问题的思考，促进个人成长和自我提升。通过这些丰富多彩的活动，学校可以为学生提供更加全面的教育体验，促进他们的全面发展。

四、教学资源的整合

建设强大的教师团队是高校思想政治教育教学改革的关键之一。通过组织各类培训活动，提升教师的专业素养和教学水平，引导他们不断更新知识、拓展视野。引进优秀的教师，吸纳具有丰富经验和创新意识的人才加入教师团队，从而促进教学质量的提升。同时，鼓励教师之间开展团队合作，共同研讨教学方法和课程内容，激发创新意识，提高教学效果。通过以上措施，不仅可以加强教师团队的凝聚力和战斗力，还能有效提升教学质量和创新能力，为高校思想政治教育的发展注入新的活力。

为了不断提升高校思想政治教育教学的质量，教学设备的更新至关重要。我们应定期对教学设备进行更新，以保证设备的新颖性和有效性。例如，及时更新投影仪、电脑等信息化设备，保证教学过程中的信息传递畅顺。我们还可以引入一些创新性的教学设备，如虚拟现实技术、智能教室等，以提升学生的学习体验和教学效果。这些设备不仅能吸引学生的兴趣，还能更好地激发他们的思考和创造力，进一步促进思想政治教育的深入开展。通过不断更新和优化教学设备，我们可以更好地适应时代发展的需求，为高校思想政治教育教学改革提供有力支持。

为了提高高校思想政治教育的教学效果，必须建设高效的教育平台。在网络教学平台的构建上，可以利用现代信息技术，打造多样化的在线课程资源，让学生可以随时随地进行学习。建立资源共享平台，高效整合优质教学资源，为教师和学生提供更多学习资源支持。同时，还可以引入智能教育技术，实现个性化教学，满足不同学生的学习需求。通过这些举措，可以拓展学生的学习渠道，提高教学效率，促进高校思想政治教育教学改革的深入发展，培养更加优秀的人才。

建立教材资源共享机制是提高高校思想政治教育教学质量的重要举措之一。学校可以建立一个平台，供老师们上传和分享优质的教材资源，让不同学科、不同学院之间的教学资源得以共享，避免资源浪费和重复建设。同时，学校也可以鼓励教师们积极参与教材的更新和改进，促进教材的不断完善和更新。通过这种方式，可以有效提高教学质量，激发学生的学习兴趣和积极性，促进教育资源的更好利用效率。教材资源共享不仅可以让教师们更好地利用资源，提高教学效果，也可以让学生们更加全面地学习知识，培养综合素质，为他们的成长和发展提供更加有力的支持。

通过与实践基地合作，高校思想政治教育教学改革能够更好地实现产学研结合。通过与企业合作，学生可以在真实的职场环境中接受教育，将理论知识应用到实践中，提升自己的实践能力和解决问题的能力。同时，校企合作也可以为学生提供更多的就业机会，提升他们的就业竞争力。

与实践基地合作还可以有效整合教学资源，为学生提供更加多元化的教学内容和资源。通过与企业合作，学校可以获取实际行业的最新信息和发展趋势，为教学内容的更新和调整提供参考。同时，学生也可以通过实践基地的资源获得更多的实践机会和学习资源，丰富自己的学习经验，培养更多的实践能力。

因此，实践基地合作对于高校思想政治教育教学改革起着至关重要的作用，可以为学生提供更好的教育资源和实践机会，提升他们的综合素质和就业竞争力。

五、教学评价的完善

为了确保对学生学习情况的全面了解，我们采取了多层次评价的方式和方法。首先是课堂表现评价，通过记录学生在课堂上的表现、发言和参与情况，以及课后的反思和总结，来评价其对知识的理解和掌握程度。其次是作业评价，我们设置了多样化的作业形式，包括论文、实践性作业、小组项目等，以评价学生的理论运用能力和创新思维。最后是考试评价，除了传统的笔试形式外，我们还采用开卷考试、口语考试、实际操作等方式，全面评价学生的知识水平和能力素养。

在实施多层次评价的过程中，我们注重对评价方法的科学性和客观性，确保评价的公正性和有效性。通过不同形式的评价，我们能更全面地了解学生的学习情况，及时发现问题并进行针对性的指导和帮助，进一步提高高校思想政治教育教学的质量和效果。

体系的建立是推动高校思想政治教育教学改革的关键。评价指标的确定至关重要，应该从课程质量、教学方法、师生互动等多个方面进行考量，确保全面客观地评价教学效果。评价方法的选择也需要科学合理，可以采用问卷调查、学生表现评估、教学观察等多种方式相结合，确保评价结果的真实性和准确性。评价结果的应用需要及时反馈给教师和管理部门，帮助他们了解自身教学优势和不足，进而调整教学策略，提升教学质量和效果。

通过建立科学有效的评价体系，可以及时发现和解决高校思想政治教育教学中存在的问题，促进教学改革和发展。只有不断完善评价体系，才能实现高校思想政治教育教学的高质量发展，培养出更加符合时代要求的优秀人才。

学生自评是高校思想政治教育教学改革的重要方法之一。通过引入学生自评，可以激发学生的学习动力和自主学习能力，让他们更加主动地参与学习过程，提高学习的效果和质量。

具体实施方法包括在每个教学环节结束时让学生对自己的学习情况进行评价，分析自己在学习过程中的不足和进步，找出自身存在的问题并提出解决方案。同时，教师也可以根据学生的自评情况对教学内容和教学方法进行及时调整，更好地满足学生的学习需求。

通过引入学生自评，可以让学生更加深入地思考和反思自己的学习情况，培养他们的批判性思维和自我管理能力，提高他们的学习主动性和自觉性，促进高校思想政治教育教学效果的提升。

在当前高校思想政治教育教学中，考核机制一直备受争议。许多教师和学生都反映，现行的考核方式难以准确评估学生的学习情况。有些考核内容过于注重死记硬背，与教学目标不匹配，导致学生只为了应付考试而不是真正理解和领会思想政治理论。这种状况不仅影响了学生的学习兴趣和积极性，也影响了思想政治教育的效果和质量。

因此，我们需要探索改进现行的考核机制，建立更科学、合理的评价体系。这可能包括转变考核方式，采用更多实践性的评价方法，如开展小组讨论、撰写论文、参加社会实践等，从而更全面地了解学生的学习情况和能力。同时，也需要重新审视考核内容，确保与教学目标相匹配，引导学生真正理解和运用所学的理论知识。只有这样，才能真正提高高校思想政治教育教学的质量，培养出更多具有思想政治素养的优秀人才。

在当前高校思想政治教育教学中,对于优秀表现缺乏激励机制的问题已经逐渐引起了关注。一些学生反映,尽管他们在思想政治课上表现出色,但往往无法得到应有的奖励或认可,甚至有时候激励政策不够明确。这种情况导致一些学生产生了"投机取巧"的想法,影响到了他们对思想政治教育的认真程度。

为了解决这一问题,高校可以考虑建立更加完善的激励机制,对于优秀表现的学生给予实质性的奖励,比如提供学术导师资源、优先录取研究生资格等。同时,激励政策应当更加明确化,确保每位学生都能够清楚地知晓获奖的标准和途径,从而激发更多学生的学习积极性和主动性,提升整体的教学质量。只有建立起有效的激励机制,高校思想政治教育才能够取得更好的效果。

第二节 师资队伍建设

一、教师培训机制

高校思想政治教育教师培训计划的制定是推动思政教育教学改革的关键一环。目前,一些高校已经在教师培训上做出了一定的努力,制定了全面、系统的培训计划。这些培训计划不仅涵盖了不同层次的教师,还覆盖了不同专业领域的培训内容,致力于提高教师的思政教育教学水平。

在培训内容方面,除了理论知识传授外,还注重实践能力的培养,包括教学方法、案例分析和教学设计等方面的训练。同时,对于新时代的思政课程改革和教学需求,培训计划也进行了及时调整和更新,力求让教师跟上时代步伐,更好地应对学生的思想教育需求。

然而,当前高校思想政治教育教师培训形式存在一定问题。许多培训仍然停留在传统的讲座、研讨会形式,缺乏实践性强、互动性强的培训形式。这种模式缺乏针对性和有效性,无法真正激发教师的教学热情和创造力,限制了思想政治教育教学的深度和广度。

为了提升高校思想政治教育的教学质量,应该加强教师培训机制的建设,丰富培训形式。可以通过开展专题研讨、案例教学、教学比赛等形式,增强教师间的互动和交流,激发教师的创新意识和教学能力。同时,注重实践性培训,让教师在实际教学中不断积累经验,提高教学水平和教育质量。只有不断探索和实践,高校思想政治教育教学才能真正迈出改革创新的步伐。

有关高校思想政治教育教学改革的研究表明,专业知识的不足是当前教师面临的一大挑战。许多教师缺乏最新研究成果和实践经验,无法及时更新教学内容,导致教学效果不尽如人意。同时,由于思想政治教育需要涉及多个学科领域,但教师普遍缺乏跨学科的专业知识,难以很好地整合相关内容,影响了教学质量和教学效果。

为了解决这一问题,我们可以从多个方面着手,例如建立完善的师资队伍建设体系,加强教师的培训机制,以及提供更多专业知识更新的机会。同时,也可以在课程设置上进行调整,增加专业知识的内容,提高教师的整体素质。只有不断完善教师的专业知识,才能更好地推动高校思想政治教育教学改革的深入发展。

二、教师激励机制

然而,尽管高校思想政治教育教学改革取得了一定进步,但仍有一些问题亟待解决。在当前的晋升机会分配中,存在着不少不公平、不透明的情况,导致一些优秀的教师无法得到应有的晋升机会。有些教师反映晋升机制与教学表现不匹配,努力付出却无法获得相应的认可和提升。

为了改善这一现状,高校需要对教师晋升机制进行进一步的完善,建立起公正透明的评价机制,确保每位教师的辛勤付出能够得到公平的回报。同时,也需要加强教师培训和激励机制,激发教师的工作热情和创造力,让他们在教育教学工作中有更大的发展空间和提升机会。只有这样,高校思想政治教育教学改革才能迈向更加稳健和可持续的发展。

然而,当前高校思想政治教育教师奖励政策存在诸多不足之处。奖励政策缺乏激励效果,有些奖励只是形式上的奖励,缺乏实质性的激励措施,难以真正激发教师的积极性和创造性。奖励标准不清晰,导致评奖过程缺乏公正性和透明度,也容易引发教师之间的不公平竞争。奖励措施不完善,有些奖励形式单一,缺乏灵活性和多样性,无法满足不同教师的需求和激励动机。

为改善高校思想政治教育教学,应当进一步加强教师激励机制,完善奖励政策,提高奖励的激励效果。应当明确奖励标准,建立公正、透明的评奖机制,同时增加奖励多样性,满足教师的不同需求。只有在完善教师激励机制的基础上,高校思想政治教育教学改革才能取得实质性进展。

针对提高高校思想政治教育教学质量的改善,引导教师创新是至关重要的。教师们应该不断学习探索新的教学方法和手段,积极参与教学改革和课程建设,注重实践教学与理论知识的结合,不断提高教学水平和教学效果。同时,建立开放包容的教育教学氛围,给予教师充分的创新空间和支持,鼓励教师勇于尝试,勇于创新,不断挖掘教学潜力,促进教学质量的提升。引导教师创新,不仅能够激发教师的工作热情和创造力,也能够推动高校思想政治教育教学改革的深入发展,为培养高素质人才提供有力支撑。

三、教师队伍结构

年龄结构优化对于高校思想政治教育教学改革至关重要。通过合理调整教师队伍的年龄结构,可以及时补充年轻教师的活力和创新思维,也可以保留经验丰富的老教师,使教学过程更具有深度和广度。年龄结构优化还能促使教师间更好的合作与交流,凝聚团队力量,共同推动教学质量的不断提升。因此,高校应当注重年龄结构的合理配置,搭建一个既有朝气又有经验的师资队伍,为学生提供更加全面和优质的教学服务。

在高校思想政治教育教学改革研究中,学历结构优化是至关重要的一环。通过优化学历结构,可以有效提升教育教学质量,使教师队伍更加稳定和专业化。这不仅有利于教育教学工作的顺利开展,也能够为学生提供更优质的教育资源和服务。因此,加强学历结构优化,是当前教育教学改革的重要任务之一。随着社会的发展和进步,高校应不断探索创新,不断完善学历结构,以适应时代发展的需求,为高等教育事业的繁荣做出更大的贡献。

四、优质教师引进

人才引进政策在高校思想政治教育教学改革中扮演着至关重要的角色。然而,目前一些高校人才引进政策存在着不明确或不具吸引力的问题,导致了高水平人才的引进难度增加。一方面,对于优秀的思想政治教育学者和实践者而言,吸引力不足的人才引进政策使得他们更倾向于选择其他领域的高校或研究机构。另一方面,一些高校在制定人才引进政策时存在的不明确性也使得人才难以确定能够获得何种待遇和支持。

为了解决这一问题,高校可以在人才引进政策中加大激励力度,提供更具吸引力的薪酬福利和职业发展空间,吸引更多优秀人才加入思想政治教育队伍。同时,政府和高校也应加强对人才引进政策的宣传和解读,确保人才了解清楚相关政策,增加引进成功率。通过这些措施,高校思想政治教育教学改革可以更好地吸引和留住优秀人才,推动教学质量和水平不断提升。

在高校思想政治教育教学改革研究中,引进条件的设定是至关重要的。只有明确合适的引进条件,才能确保优质教师的引进工作顺利进行。针对师资队伍建设的需求,引进条件必须包含严格的资格要求和专业能力考核。引进条件还需考虑到教学经验和研究成果,确保引进的教师能够为教育教学质量的改善作出贡献。同时,引进条件中还应明确教学评价的重要性,引导教师积极参与评价工作,促进教学质量的提升。要实现高校思想政治教育教学的改革目标,引进条件设定必须具体、严格,与高校实际情况相符合,确保引进的优质教师能够为教育教学质量的提升做出贡献。

专业培养措施是高校思想政治教育教学改革的重要一环,为提升教育教学质量发挥着关键作用。通过不断优化教学大纲和课程设置，使学生接受到更加全面、系统的知识体系。同时，完善教学评价机制，激励教师积极开展教学改革，提高教学质量。在师资队伍建设方面，引进优质教师，不仅提升教学水平，更激发学生学习的热情。专业培养措施的有效实施，将为高校思想政治教育教学改革带来新的活力和希望。

在高校思想政治教育教学改革研究中，教师团队融合起着至关重要的作用。只有各个教师之间能够相互融洽合作，才能更好地推动教学质量的提升。教师团队融合不仅仅是简单地将各个教师集合在一起，更重要的是要实现思想上的统一、目标上的一致。通过不断地交流讨论、共同研究教学方法，才能使教师们更好地发挥各自的优势，形成合力。同时，教师团队融合也需要建立良好的团队氛围，提升教师之间的信任感和凝聚力，才能推动教学工作朝着更高的目标迈进。

五、教师队伍管理

加强团队建设，是高校思想政治教育教学改革中至关重要的一环。只有形成紧密团结、相互支持的教师团队，才能更好地推动教育教学质量的提升。教师们应该建立起相互理解、信任和合作的良好关系，共同致力于教育教学工作的改进和发展。团队建设还需要注重教师的专业发展，为他们提供必要的培训和支持。通过定期的教研活动、教学观摩等方式，激发教师们的创造力和教学热情。只有通过加强团队建设，才能在高校思想政治教育教学改革中取得更加显著的成效。

在高校思想政治教育教学改革研究中，健全管理机制是至关重要的一环。只有通过健全的管理机制，学校才能有效地推进 B 教育教学质量的改善。建立完善的健全管理机制，对于课程设置、教学评价、师资队伍建设和教师队伍管理都具有重要意义。通过合理规范的管理机制，可以提高教学效率，优化学习资源配置，确保教育质量不断提升。同时，健全的管理机制也可以有效地促进教师的专业发展，激发其教学热情，从而推动整个教育教学改革的进程。因此，建议高校在推进思想政治教育教学改革过程中，重视健全管理机制的建设，确保各项改革工作有序进行，取得更加显著的成效。

通过推行教学共建，可以提高教师间的协作能力，促使教师们共同探讨教学方法和教学内容，共同制定教学计划，形成合力，更好地完成教学任务。同时，教师间的互相学习、借鉴，可以不断提升整个师资队伍的教学水平。教学共建也可以促进教师之间的交流与合作，共同面对教学中的困难和挑战，进而在教育教学方面取得更好的成就。推行教学共建，有利于培养更具实践能力和创新能力的教师团队，有效提高教育教学质量，推动高校思想政治教育教学改革的持续深入和发展。

为了提高高校思想政治教育教学的质量，加强教师激励是至关重要的。只有让教师感受到自己的工作价值和动力，才能更好地激发他们的教学热情和创新意识，从而推动教学质量的不断提升。在加强教师激励方面，可以采取一系列措施，如提供良好的工作环境和发展空间、建立激励机制和评价体系、加强师德师风建设等。通过这些方式，可以有效地激励教师们充分发挥自己的专业水平和教育教学能力，为高校思想政治教育教学质量的改善作出更大的贡献。

在高校思想政治教育教学改革研究中，完善教师发展通道是至关重要的一环。通过建立健全的培训体系和提供多样化的成长机会，可以激励教师持续学习和成长。加强教师的职业发展规划和评价机制，有助于激发教师的工作热情和创造力。同时，不断优化教师的工作条件和待遇，提升他们的工作满意度和教学质量。通过这些举措，可以为教师的专业化发展提供更广阔的空间，进而推动高校教育教学质量的不断提升。

第三节 教学环境创设

一、教学设施建设

为了提高B教育教学质量，我们必须重视完善教室设备。教室设备是支撑教学正常进行的基础，对于学生的学习效果至关重要。只有在设备完备的教室中，教师才能更好地展开教学活动，学生才能更好地参与学习。因此，我们需要重点关注教室设备的质量和数量，确保每个教室都配备齐全，确保设备的正常运转和维护。只有这样，我们才能为B教育教学质量的改善打下扎实的基础。

通过不断提升校园环境，可以有效促进学生的学习积极性和学习效果。校园环境的良好与否直接关系到学生学习和生活的质量，因此学校应该重视校园环境建设。学校可以增加绿色植被，打造宜人的校园景观，营造舒适宜人的学习氛围，让学生在美丽的环境中学习，提高学习的效果。学校还可以加强校园卫生管理，保持校园整洁，提高学习和工作的舒适度。提升校园环境对于学生的学习和发展至关重要，学校应该持续关注校园环境建设，为学生提供一个良好的学习环境。

为了提高高校思想政治教育教学质量，建设教学实验室至关重要。教学实验室是教学科研的重要场所，可以为教师提供实践教学的平台，帮助学生深入理解教学内容。同时，教学实验室也可以促进学生的创新思维和实践能力的培养，提升教学效果。因此，建设教学实验室要注重设备更新、技术支持和管理规范，确保实验室设施完善、设备齐全、功能齐备。同时，要加强对教师和学生的培训，提高他们在实验室中的操作能力和安全意识，确保实验室的正常运行和教学效果。建设教学实验室不仅是提高高校思想政治教育教学质量的需要，也是适应现代教育需求的重要举措。

在高校思想政治教育教学改革研究中，开展教学设备更新是至关重要的一环。通过不断更新优质的教学设备，可以有效提升教学质量，激发学生学习积极性。同时，适应时代发展的教学设备也能够为师生提供更便捷、更高效的教学环境，促进互动和学术交流。要加强对教学设备更新的重视，不断引入先进技术和设备，提升教学效果，满足教学需求。只有在不断更新的基础上，才能使思想政治教育教学更具活力和创新性。

推进信息化教育是当今高校教育改革的必然趋势，其核心在于利用先进技术手段提升教学质量和效率。通过引入信息化技术，高校可以实现课程内容的在线化、数字化，提供更加灵活多样的学习方式。同时，信息化教育也可以促进学生与教师之间的实时互动和交流，使教学更具互动性和针对性。

在推进信息化教育的过程中，高校应注重建设数字化教学平台和资源库，提供丰富多样的教学资源和工具，为师生创造良好的学习环境。高校还需注重培养教师使用信息化工具的能力，提供相应的培训和支持，以应对信息化教学带来的挑战和机遇。

总的来说，推进信息化教育既是高校教育教学改革的必然选择，也是提升教学质量、提高教育教学效率的有效途径。通过不断优化信息化教育体系，高校可以更好地满足学生的学习需求，促进教学内容的更新和升级，推动高等教育事业的可持续发展。

二、教学氛围打造

在高校思想政治教育教学改革研究中，建立良好学风是至关重要的一环。通过科学合理的课程设置和完善的教学评价体系，可以促进学生的学习兴趣和主动性，提高教学质量。加强师资队伍建设和教师队伍管理，为教师提供更多的培训和发展机会，是建立良好学风的关键。同时，创设良好的教学环境和氛围，营造轻松、活跃的学习氛围，有助于激发学生的学习热情和创新能力。通过以上多方面的努力，共同打造良好的学风，为高校思想政治教育教学改革提供坚实的基础和支持。

在高校思想政治教育教学改革研究中，提高 B 教育教学质量是关键。其中，课程设置是影响教学效果的重要因素，需要着重优化。同时，完善教学评价机制可以促进师生互动，提高教学质量。师资队伍的建设和管理也至关重要，需要确保教师专业素养和教学水平。创设良好的教学环境和打造浓厚的教学氛围也是重要的保障措施。倡导正能量的意义在于引导学生积极向上，塑造健康的学习风气，从而促进高校教育教学的全面提升。

鼓励自主学习对于高校思想政治教育教学改革至关重要。通过合理调整课程设置，完善教学评价体系，加强师资队伍建设，做好教师队伍管理工作，营造优质的教学环境和氛围，学校可以有效激发学生的学习兴趣和主动性，促进他们的自主学习能力的提升。这将有助于学生在学习中更好地发展自己的思维能力和创新意识，提高教育教学质量，推动学校教育事业全面发展。因此，鼓励自主学习不仅是一种教育理念，更是高校教育教学改革的必然选择。

三、实践机会拓展

为了提高高校思想政治教育的教学质量，我们需要不断探索创新。其中，开展实践课程是至关重要的一环。通过实践课程的开展，可以让学生在实际操作中学习理论知识，真正做到知行合一。同时，实践课程还可以帮助学生更好地理解和应用所学知识，提升他们的实际操作能力。在实践课程中，学生将有机会参与各种实践活动，锻炼自己的动手能力和解决问题的能力。通过实践课程，学生可以更好地将理论知识运用到实际中，培养学生的创新精神和实践能力，为他们未来的发展奠定坚实的基础。因此，开展实践课程是高校思想政治教育教学改革中不可或缺的一部分。

在高校思想政治教育教学改革研究中，引导学生实习是非常重要的一环。通过实习，学生可以将课堂学习内容与真实社会实践相结合，提升自己的综合能力和实践能力。同时，实习也可以帮助学生更好地了解社会的发展变化和需求，培养学生的创新意识和实践能力。因此，高校需要积极开展各类实习项目，为学生提供更多实践机会，促进学生的全面发展。引导学生实习不仅可以提升教学质量，也可以培养学生的社会责任感和团队合作精神，为他们未来的发展奠定良好基础。

高校思想政治教育教学改革研究中，提高B教育教学质量的关键之一是开展社会实践活动。通过开展社会实践活动，学生能够将所学理论知识与实际应用相结合，增强实践能力和解决问题的能力。同时，社会实践活动也能够拓展学生的视野，提高其社会责任感和使命感。通过组织学生参与各类社会实践活动，能够不断激发学生的学习热情，促进其全面发展。因此，加强高校社会实践活动的开展，是提高思想政治教育教学质量、培养优秀人才的有效途径之一。

在高校思想政治教育教学改革研究中，慎重选择实践基地是至关重要的。实践基地的选择直接影响着学生的实践能力和综合素质的提升。因此，在选择实践基地时，应该考虑到基地的实践资源是否丰富，实践项目是否符合教学要求，实践导师是否具有丰富的实践经验和教学能力。只有在慎重选择实践基地的基础上，学生才能够真正地将所学知识运用到实践中，提升自己的专业技能和创新能力。还应该重视与实践基地的合作关系，建立长期稳定的合作机制，为学生提供更多更广阔的实践机会，推动教学改革的深入发展。

在高校思想政治教育教学改革中，加强实践成果评价是至关重要的一环。只有通过对实践成果的评价，才能更好地了解学生在实践活动中所取得的成果和效果。通过实践成果评价，可以促进学生的积极参与和实践能力的提升。同时，实践成果评价也可以为教师提供重要的参考依据，从而不断完善教学方法和教学内容，提高教学水平。加强实践成果评价还可以帮助学校更好地评估教学质量，及时调整教学方向，确保教学效果的最大化。因此，高校应加强实践成果评价工作，为学生提供更好的实践机会，促进教学教育质量的全面提升。

四、高校文化建设

宣传校园文化是高校思想政治教育教学改革中不可或缺的重要环节。通过宣传校园文化，可以加强学校对学生的教育引导，提高学生成长的综合素质。同时，校园文化也是高校内部凝聚力的体现，能够增强师生之间的交流与互动，营造和谐的教育氛围。宣传校园文化还可以激发学生对传统文化的热爱，培养他们对国家、社会的责任感和使命感。通过传播校园文化，可以使学生成为校园文化传承与发展的参与者和推动者，促进高校教育教学质量的不断提升。

高校思想政治教育教学改革研究需要重点关注建设校园精神，这是培养学生全面发展的重要任务。校园精神是学校内在的价值追求和精神风貌，是学校文化的核心。通过建设校园精神，可以加强学校师生的集体认同感和凝聚力，推动整个教育教学系统的稳步前进。因此，高校要以培养德、智、体、美全面发展的社会主义建设者和接班人为目标，深入开展师生精神文明建设，加强爱国主义教育、社会主义核心价值观教育，弘扬中华优秀传统文化，树立正确的人生观、价值观和世界观，促进学生全面发展，助力高校思想政治教育教学改革的深入开展。

在高校思想政治教育教学改革中，弘扬校园价值观是至关重要的。通过课程设置的优化和教学评价的完善，师资队伍建设及教师队伍管理的有效实施，教学环境的创设和高校文化的建设，可以更好地引导学生树立正确的人生观、价值观和世界观。校园价值观的弘扬，不仅能够培养学生的社会责任感和使命感，更可以塑造他们的道德情操和品德修养。在这样的校园氛围下，学生们将更加热爱学习、关心他人、尊重师长，形成良好的行为习惯和健康的人格品质。弘扬校园价值观是推动高校思想政治教育教学改革的重要一环，也是培养德智体美劳全面发展的社会主义建设者和接班人的关键举措。

高校思想政治教育教学改革研究的重要方面之一是培育校园特色。校园特色不仅体现了学校的办学理念和风格，也是学校对外宣传和招生的重要窗口。通过精心打造校园文化，学校可以凸显自身的特色和优势，吸引更多优秀的学生和教师加入。同时，校园特色也可以促进学校内部的凝聚力和向心力，营造积极向上的学习氛围。因此，建设具有鲜明特色的校园文化，需要学校全体师生的共同努力和积极参与，形成学校特色的共识和认同感。只有如此，才能实现高校教育教学质量的全面提升和可持续发展。

通过促进文化交流，可以实现不同文化之间的融合和交流，为学生提供更广阔的学习空间和视野。这种交流不仅可以促进教师和学生之间的沟通和交流，还可以为教学提供更多元化的教育资源和方法。同时，文化交流也可以激发学生对教学内容的兴趣和热情，提高他们的学习积极性和创造力。教师在文化交流中，可以学习和借鉴其他文化中的教学经验，不断完善自身的教学理念和方法。通过促进文化交流，可以为高校思想政治教育教学改革注入新的活力和动力，提升教学质量和效果。

第十八章 高校思想政治教育教学改革的问题与展望

第一节 当前高校思想政治教育教学改革存在的问题

一、传统教学模式的僵化

当前高校思想政治教育教学改革存在的问题主要有两个方面，一是传统教学模式的僵化，教学内容和方法缺乏创新和灵活性，导致学生对思想政治教育的兴趣和参与度下降；二是缺乏实践与应用的意识，学生在课堂学习中缺乏与实际社会问题结合的机会，缺乏对理论知识的应用和实践能力的培养。这两个问题互相制约，影响了高校思想政治教育教学的效果和成效。为了解决这些问题，需要从教学内容、教学方法、实践环节等方面进行综合改革，提升教学质量和学生素养。只有通过不断探索和创新，才能更好地适应时代发展的需求，推动高校思想政治教育教学改革不断向前发展。

学生参与度不高，是当前高校思想政治教育教学改革中存在的一个突出问题。传统的教学模式往往以灌输式教育为主，学生只是被动接受知识，缺乏积极的思考和参与。这种模式下，学生往往缺乏主动性和创造性，难以形成批判性思维和自主学习的能力。因此，如何提高学生的参与度，引导他们积极参与到思想政治教育中来，成为了当务之急。当前高校需要探索更加开放、互动性强的教学模式，注重培养学生的自主学习能力和批判性思维，引导他们积极思考和参与到课堂教学和社会实践中，推动思想政治教育教学改革取得更好的效果。

二、教材内容更新不及时

高校思想政治教育教学改革中存在的问题之一是部分教材内容陈旧。这些陈旧的教材内容无法及时反映当今社会的发展和变化，导致学生获取的知识不够实用和时效性不强。这种情况下，教育的目的和效果将受到影响，无法达到预期的教学效果。因此，如何及时更新和替换这些陈旧的教材，以满足学生对新知识的需求，成为当前高校教育改革中的一个重要课题。只有通过更新教材内容，不断与时俱进，才能更好地引导学生，培养他们具有创新精神和应变能力的综合素养，使其更好地适应未来社会的发展需求。

高校思想政治教育教学改革中存在的问题之一是教材内容更新不及时。缺乏对现实社会问题的讨论也是一个显著的短板。这些问题导致教学内容与现实脱节，影响了学生对社会的认识和理解。解决这些问题需要不断更新教材内容，加强与现实社会问题的联系，引导学生思考和探讨当前社会问题，提高他们的综合素养和批判思维能力。只有通过不断改革与创新，才能更好地适应和引领时代发展的需求，为高校思想政治教育教学改革注入新的活力和动力。

三、教师教学水平不一

当前高校思想政治教育教学改革存在的问题是教师教学水平参差不齐，同时缺乏研究与创新意识。教师们在传统的教学模式下徘徊，缺乏对教学内容的更新和创新意识，导致学生接受的是陈旧的知识和理念。而随着社会的快速发展，这种教学方式已经无法满足现代学生的需求，不能培养他们的创新精神和实践能力。因此，亟需加强教师的自身学习和研究，提升他们的教学水平，培养教师与时俱进、勇于探索、富有创新精神的团队。只有如此，高校思想政治教育教学改革才能够取得实质性的突破和进步。

高校思想政治教育教学改革中存在的问题之一是教师教学水平参差不齐，这导致了教学质量的不稳定性和不可靠性。教学方法单一也是一个严重的问题，过于依赖传统的讲授式教学模式，缺乏创新和多样化，影响了学生的学习效果和激发学生思考的能力。这些问题不仅制约了高校思想政治教育教学改革的进程，也影响了学生成长成才的过程。因此，应该重视教师的教学水平提升和教学方法的多样化探索，以期推动高校思想政治教育教学改革朝着更好的方向发展。

当前高校思想政治教育教学改革存在的问题是教师教学水平不一和学生接受能力差异大。这些问题给教育教学工作带来了一定的困难和挑战。教师的教学水平不一会导致教学质量参差不齐，影响教育教学效果。而学生接受能力差异大则会导致教学过程中出现学生学习进度不齐、学习兴趣不高等问题，影响教学效果。因此，当前高校思想政治教育教学改革需要从多方面入手，针对这些问题提出相应的解决方案，以推动高校思想政治教育教学改革取得更好的效果和成效。

高校思想政治教育教学改革中存在的问题之一是教师教学水平参差不齐，表现在教学方法、内容、态度等方面存在较大差异。考核评价标准也存在不够科学的问题，评价方式单一、标准不明确等现象普遍存在。这些问题制约了高校思想政治教育教学改革的深入发展,需要引起足够重视和及时改善。

四、教学资源分配不均

当前高校思想政治教育教学改革存在的问题在于教学资源分配不均,国家重点学科资源匮乏。这种不均衡的资源分配导致了一些学科领域的资源匮乏,影响了学生的学习体验和教学质量。国家重点学科资源的匮乏不仅影响了教学的深度和广度,还可能导致教学目标无法实现。因此,当前高校思想政治教育教学改革亟待解决教学资源分配不均和国家重点学科资源匮乏的问题,以提升教育质量和学生的学习效果。

当前高校思想政治教育教学改革存在的问题之一是教学资源分配不均。在地方高校中,由于资源匮乏,往往导致教学条件不尽如人意,学生学习和发展的机会受到限制。地方高校面临着师资力量不足、教学设备滞后、教学科研基地不完善等问题,这直接影响了思想政治教育教学的质量和效果。资源匹配不足在一定程度上阻碍了高校思想政治教育教学改革的进程,需要加大力度进行改革和完善,提高地方高校的教学资源配置和利用效率,让教育资源更加均衡地服务于每一位学生的教育发展。

当前高校思想政治教育教学改革存在的问题之一是投入产出比不合理。一些高校在思想政治教育教学上投入了大量资源,但却没有取得相应的成效,效益不够明显。这种不合理的投入产出比让高校在思想政治教育上缺乏有效的指导和引导,导致了师生在这方面的学习效果不够显著。为了解决这一问题,高校需要优化投入资源的配置,合理分配各项资源,提高教育质量和教学效果,确保投入得到应有的回报,使学生真正受益,为学生的思想政治教育提供更好的保障。

师资队伍结构不合理具体体现在教师队伍中普遍存在着学历不高、教学水平参差不齐、教学经验较为单一等问题。一些青年教师缺乏深厚的学术造诣和实践经验,无法辅导学生开展研究性学习和创新实践活动。而一些资深教师在知识结构和教学方法上跟不上时代发展步伐,难以适应学生的多元化需求。师资队伍结构不合理不仅影响到教育教学质量的提升,也制约了高校思想政治教育教学改革的深入推进。如何优化和完善师资队伍结构,培养一支具有国际视野、创新精神和实践能力强的高素质教师队伍,是当前高校思想政治教育教学改革亟待解决的问题。

第二节　高校思想政治教育教学改革的发展前景

一、社会需求推动

当前，高校思想政治教育教学改革面临着教学资源分配不均的问题。然而，我们相信高校思想政治教育教学改革有着广阔的发展前景。社会对于高校思想政治教育教学改革有着强烈的推动力，而国家发展的需求也为高校思想政治教育教学改革提供了重要的支持和保障。愿我们共同努力，推动高校思想政治教育教学改革不断向前发展，以满足国家发展的需要。

人才培养需求在当前高校思想政治教育教学改革中占据重要地位。随着社会发展的变革和高等教育的逐步普及，人才培养需求也日益多元和复杂。高校应该结合社会的实际需求，培养具有创新意识、实践能力和社会责任感的优秀人才。这不仅需要高校加强对学生的思想政治教育，更需要关注学生的个性发展和综合素质提升。只有在满足人才培养需求的前提下，高校思想政治教育教学改革才能取得更好的发展前景，成为推动社会进步和人才培养的重要力量。

随着社会的不断发展和变革，高校思想政治教育教学改革面临着诸多问题和挑战。随着社会多元化和多样性的发展，教学资源的分配不均已成为一个显著的问题。一些高校在教育资源投入上的不足导致了教学质量和效果的不稳定性，教学方法的单一化也成为一个亟待解决的问题。

同时，社会价值观的多元化和碎片化也对高校思想政治教育教学改革提出了新的挑战。学生的认知结构和价值取向日益复杂多样，传统的教学方式已难以满足他们的需求，需要探索更加灵活多样的教育模式和方法。

在科技飞速发展的时代背景下，高校思想政治教育教学改革也要与时俱进，紧跟科技发展的步伐。信息技术的普及和应用为高校思想政治教育教学提供了新的空间和可能性，也为我们提出了新的挑战和机遇。面对这些问题和挑战，高校思想政治教育教学改革需要加强研究和探索，不断完善和创新教学方法，以适应时代发展的需求。

二、教育体制改革助力

高校思想政治教育教学改革的问题与展望，也包括课程设置在其中起到的关键作用。当前存在的问题之一是教学资源分配不均，一些重要课程缺乏足够的支持和关注，导致教学效果不尽如人意。在这种情况下，通过重构课程设置，重新规划资源分配，有望提高教学质量和效果。

教育体制改革可以为高校思想政治教育教学改革提供有力支持，促进教育教学的优化和升级。而课程设置的重构则是一项关键举措，可以针对现有问题进行有效改善。通过重新审视课程设置，优化课程结构，增加实践环节，提高课程的针对性和实用性，从而激发学生学习的热情，培养他们的思想能力和政治素养。这些举措将有望推动高校思想政治教育教学改革向更高水平迈进。

然而，当前高校思想政治教育教学改革仍存在一些问题。除了教学资源分配不均外，还有教学内容过于枯燥、学生学习兴趣不高等现象。传统的教学方法往往只是简单的传授知识，缺乏互动性和启发性，难以激发学生的学习兴趣和主动性。因此，如何通过创新教学方法，有效地引导和激发学生的思考和探究，提升他们的思想政治素养成为亟待解决的问题。

教学方法的创新是推动思想政治教育教学改革的关键之一。例如，可以引入案例教学、角色扮演、小组讨论等多元化的教学方式，让学生参与其中，从而增强他们的学习兴趣和实践能力。利用现代科技手段，如在线教学平台、虚拟实验室等，也可以为思想政治教育教学注入新的活力。

随着教育体制的不断改革和教学方法的不断创新，未来高校思想政治教育教学改革有望取得更加显著的成果，为培养德智体美劳全面发展的社会主义建设者和接班人打下更加坚实的基础。

标准的不合理性是当前高校思想政治教育教学改革中存在的一个严重问题。目前的评价标准往往过分侧重课程成绩和学术表现，忽略了学生思想意识和政治立场的培养。这种评价标准容易使学生只注重功利性的学习，而忽视了思想政治教育的本质。同时，缺乏科学合理的评价方式也难以有效地反映出学生的整体发展情况，无法全面地评估学生综合素养的提升。这不仅限制了学生在思想政治方面的成长，也影响了高校思想政治教育教学改革的深入发展。因此，如何改善评价标准，更好地促进学生思想政治教育的发展，亟待深入探讨。

师资队伍在高校思想政治教育中扮演着至关重要的角色，他们是引领学生思想发展的重要力量。然而，目前师资队伍在高校思想政治教育中存在一些问题。一些教师的教学理念落后，无法与学生深入沟通，影响教学效果。一些教师缺乏足够的教学经验和教学方法，难以激发学生的学习兴趣。

要提高高校思想政治教育的教学质量，需要优化师资队伍的配备。可以通过建立持续的师资培训机制，提升教师的专业水平和教学技能。也可以通过引进优秀的教育专家和学者，丰富师资队伍的结构，促进思想政治教育的交流与合作。师资队伍的优化将有助于提升高校思想政治教育的质量，培养更多具有社会责任感和创新精神的优秀人才。

三、技术进步应用

网络教学在思想政治教育中的应用现状颇具挑战。一方面，网络教学为学生提供了更加灵活和便捷的学习方式，丰富多样的教学资源也能够吸引和激发学生的学习兴趣。另一方面，网络教学也存在着信息传递不及时、互动性不强等问题。这些问题可能会影响教学效果，甚至造成学生对思想政治教育内容的理解和掌握不足。

如何在网络教学的平台上提高思想政治教育的教学效果，提升学生的思想政治素养，是当前高校教育改革的重要议题。因此，需要深入研究网络教学在思想政治教育中的应用现状，发现问题所在，并寻求有效解决方案，以推动高校思想政治教育教学改革迈向更高水平。

多媒体教学手段在高校思想政治教育中发挥着越来越重要的作用。通过多媒体手段，可以更生动、形象地呈现教学内容，增强学生的学习兴趣和主动性。例如，通过视频教学可以让学生更加直观地了解历史事件和政治理论，激发他们对思想政治教育的兴趣。多媒体教学还可以提供更加多样化的教学方式，例如在线讨论、网络课程等，使得教学更具灵活性和互动性。

然而，多媒体教学手段也存在一些不足之处。学生长时间接触电子设备可能会对他们的视力和身体健康造成影响。一些学生可能对多媒体教学不感兴趣，导致学习效果不佳。多媒体教学需要投入大量的资金和技术支持，一些学校可能无法承担这样的成本。

因此，高校在推行多媒体教学时需要注意平衡利弊，充分发挥其优势的同时，也要解决其存在的问题，从而更好地促进思想政治教育教学改革的发展。

随着教育技术的不断发展，智能化教学工具在高校思想政治教育中的应用前景备受关注。然而，当前高校思想政治教育教学改革仍然存在着一些问题。除了资源分配不均外，教学内容的更新和教学方法的创新也是亟待解决的难题。同时，教师队伍结构不合理、学生学习积极性不高等问题也制约了教育教学质量的提高。

但是，对于高校思想政治教育教学改革的发展前景，我们依然可以抱有希望。技术进步的应用将为思想政治教育的教学提供更多可能性，智能化教学工具的使用将为教师和学生带来更多便利和推动力。通过借助现代化技术手段，高校思想政治教育教学改革将更加发展壮大，为培养德智体美全面发展的社会主义建设者和接班人打下坚实基础。

对于高校思想政治教育教学改革而言，教学资源分配不均是一个严重的问题。然而，随着技术的进步和数据分析的应用，我们看到了改革的曙光。技术的进步不仅可以提升教学质量，还可以帮助教师更好地理解学生的学习情况，从而更有针对性地指导教学。同时，数据分析的应用也可以为教学改革提供科学的依据，帮助我们更加全面地了解教学的有效性和不足之处。因此，展望未来，我们可以看到高校思想政治教育教学改革有着广阔的发展前景，技术和数据分析将成为推动改革的重要力量。愿我们能够积极应用这些新技术，不断完善教育教学体系，为培养德智体美劳全面发展的社会主义建设者和接班人而努力。

第三节 高校思想政治教育教学改革的路径选择

一、以学生为中心

当前高校思想政治教育教学改革存在的问题，主要体现在教学资源分配不均。然而，高校思想政治教育教学改革的发展前景很有希望，因为技术进步能够被应用到教学中去。要选择一条符合发展的路径，以学生为中心是一个很好的方向，因为这样就可以更好地满足学生的需求，使教学更加贴近学生的实际情况，更有针对性和效果。

学生参与式教学是当前高校思想政治教育教学改革的重要路径选择之一。它强调以学生为中心，充分调动学生的积极性和参与性，让学生在学习过程中成为主体。通过学生参与式教学，可以促进学生的思考能力、创新能力和解决问题的能力，培养学生的批判性思维和团队合作精神。在教学实践中，教师应该引导学生积极参与教学活动，提供多样化的学习方式和资源支持，激发学生的学习兴趣和动力。学生参与式教学不仅可以提高教学效果，更能够培养学生的综合素质，促进他们全面发展。通过学生参与式教学，可以有效解决当前高校思想政治教育教学改革中存在的教学资源分配不均等问题，为推动高校思想政治教育教学改革的发展提供有力支撑。

当前高校思想政治教育教学改革面临的问题之一是教学资源分配不均，这不利于学生全面发展。然而，高校思想政治教育教学改革的发展前景看似乌云密布，但随着技术进步的应用，我们将为学生提供更多更好的教学资源。因此，高校思想政治教育教学改革的路径选择应以学生为中心，注重学生能力培养，培养学生具备综合素养和批判思维能力，以更好地适应未来社会发展的需求。

针对当前高校思想政治教育教学改革存在的问题，教学资源分配不均是一个亟待解决的难题。但是，高校思想政治教育教学改革的发展前景是乐观的，技术进步的应用为改革提供了新的可能性。在选择高校思想政治教育教学改革的路径时，以学生为中心是一个值得重视的方向。学生发展评价将成为改革的核心内容之一，这为高校思想政治教育教学改革提供了更加全面和科学的参考依据。

二、多元化教学方式

在当前高校思想政治教育教学改革中,存在着教学资源分配不均的问题。然而,随着技术的进步和应用,高校思想政治教育教学改革的发展前景变得更加广阔。在选择路径时,多元化教学方式是一个重要的考虑因素。同时,重要的是要理论与实践相结合,使教学内容更加贴近实际,更具实效性。通过这种方式,高校思想政治教育教学改革才能更好地实现其目标,为培养德智体美劳全面发展的社会主义建设者和接班人做出更大的贡献。

当前高校思想政治教育教学改革存在的问题,主要体现在教学资源分配不均。而对高校思想政治教育教学改革的发展前景,应当注重技术进步的应用。在高校思想政治教育教学改革的路径选择上,应该倡导多元化的教学方式,同时需要进行教育资源的整合。通过教育资源整合,可以更好地促进高校思想政治教育教学改革的进程,为学生提供更加丰富、多样化的学习资源,更好地满足不同学生的学习需求。

三、师德师能提升

师德建设是当前高校思想政治教育教学改革中至关重要的一环。通过提升师德师能,可以有效增强教师的教学质量和教育水平,进一步提高教学效果。只有教师本身具备良好的师德情操和专业能力,才能更好地引导学生,塑造学生的思想观念。因此,高校应该加强对教师的师德教育,注重培养教师的教学技能和教育理念,使其在教学实践中不断提升自我修养,成为学生成长成才道路上的良师益友。师德建设不仅仅是一种行为规范,更是一种教育理念的传承,为高校思想政治教育教学改革提供了重要的支撑和保障。

教育教学培训在高校思想政治教育教学改革中扮演着重要角色,通过针对教师的培训,可以提升他们的教学水平和专业素养,从而提高教学质量。教育教学培训不仅有利于教师个人的成长,也有助于推动整个高校教育教学体系的不断完善和改进。通过培训,教师们可以不断学习新的教学方法和理念,适应时代发展的需求,提升教学效果和学生的满意度。因此,高校应该加强对教师的教育教学培训,促进其教学水平的提升,推动高校思想政治教育教学改革朝着更加积极、健康的方向发展。

高校思想政治教育教学改革的路径选择是关键的,其中师德师能的提升是至关重要的一环。教师作为学生的榜样和引路人,其师德和师能直接影响着学生的思想道德修养和学习成绩。因此,高校应该加强对教师师德师能的培训和考核,建立激励机制和惩罚机制,督促教师自觉提升自身的教育教学水平。同时,为了促进教师在教学过程中的创新,高校还需要建立教师创新机制,鼓励教师探索新的教学方法和课程内容,开展跨学科合作，推动高校思想政治教育教学改革的深入发展。通过师德师能的提升和教师创新机制的建立，高校思想政治教育教学改革将迎来更加美好的未来。

第四节 高校思想政治教育教学改革的实施路径

一、加强政策引导

政府支持政策包括制定相关政策文件和提供经费支持，以推动高校思想政治教育教学改革的深入开展。政府的支持将在资源整合、政策倡导、评估监督等方面发挥重要作用，为高校教育改革提供有力支持，促进教育教学的质量和效果不断提升，为培养德智体美劳全面发展的社会主义建设者和接班人注入强大动力。政府的政策支持将为高校思想政治教育教学改革的顺利进行提供必要保障，为建设一流大学、培养优秀人才作出应有贡献。

学校内部政策的重要性不言而喻，它将直接影响到高校思想政治教育教学改革的实施效果。加强政策引导，能够规范教学过程，促进教学资源的合理配置，从而解决当前存在的教学资源分配不均等问题。同时，通过技术进步的应用，为高校思想政治教育教学改革提供更多可能性，为教学质量的提升提供支持。在路径选择上，更要重视师德师能的提升，将教师队伍建设作为重中之重，为高校思想政治教育教学改革提供坚实的师资力量。学校内部政策对于高校思想政治教育教学改革的路径选择和实施路径具有至关重要的作用，需要给予足够的重视和关注。

教育部门政策的重要性在于引导和规范高校思想政治教育教学改革的方向和目标。目前高校思想政治教育教学改革中存在的问题主要是教学资源的分配不均，导致一些学校在教育教学条件上存在差距。然而，随着技术的进步和应用，未来高校思想政治教育教学改革的发展前景仍然广阔。为了选择更好的路径，高校需要加强师德师能的提升，提高教师的专业素养和教学水平。同时，教育部门的政策引导也要加强，促进高校思想政治教育教学改革的顺利实施，为培养德智体美劳全面发展的社会主义建设者和接班人做出贡献。

二、教学资源整合

当前高校思想政治教育教学改革面临着教学资源分配不均的问题，这一问题制约了高校教学质量的提升和教学效果的发挥。然而，展望未来，高校思想政治教育教学改革有望通过技术进步的应用来优化教学资源的分配和利用，提高教学效率和效果。

路径选择方面，师德师能的提升是非常关键的，只有具备高素质的教师团队，才能保证思想政治教育教学改革取得实质性进展。在实施路径上，教学资源整合和共享是非常重要的，只有实现资源共享才能充分利用各方的教学优势，提升整体的教学质量和效果。高校思想政治教育教学改革需要在现有的基础上进行创新和完善，方能更好地适应时代的发展要求，实现高校思想政治教育教学的可持续发展。

当前高校思想政治教育教学改革存在的问题是教学资源分配不均，影响了教学质量和学生发展。然而，高校思想政治教育教学改革的发展前景是光明的，可以通过技术进步应用来提高教学效果。为了选择正确的路径，我们需要不断提升师德师能，以确保教育质量和教学效果。在实施路径上，教学资源整合是至关重要的，同时课程协同开发也是为了更好地满足学生需求和提高教学水平。因此，我们应该努力解决当前存在的问题，不断改进和完善高校思想政治教育教学体系，以促进学生全面发展。

教师团队合作是高校思想政治教育教学改革中至关重要的一环。只有教师们团结协作，共同探讨教学方法和课程设置，才能更好地提高教学质量。同时，教师之间的交流和合作也可以促进教学资源的共享和整合，实现资源优势互补。在教师团队合作的过程中，可以相互启发、共同成长，培养团队意识和合作精神，提升整个教学团队的凝聚力和执行力。通过教师团队合作，可以更好地实现高校思想政治教育教学改革的目标，为学生提供更优质的教育服务。

当前高校思想政治教育教学改革存在的问题主要表现在教学资源分配不均，导致影响教学质量。然而，高校思想政治教育教学改革的发展前景依然广阔，技术进步的应用将为教学提供更多可能性。在路径选择上，师德师能的提升是关键，为建设高素质师资队伍奠定基础。在实施路径上，教学资源整合至关重要，而校际资源整合更能有效地优化资源配置，提高教学效率，促进高校思想政治教育教学改革的全面发展。

三、核心价值观教育

值观传递在高校思想政治教育教学改革中扮演着重要的角色。当前存在的问题之一是教学资源分配不均，这直接影响到思想政治教育的教学效果。然而，随着技术的进步应用，高校思想政治教育教学改革有着广阔的发展前景。为了选择正确的路径，师德师能的提升至关重要。通过核心价值观教育，实施路径可以更加清晰明了。在这个过程中，价值观传递起到了至关重要的作用，促进了学生们正确的思想观念和行为准则的养成。

高校思想政治教育教学改革的实施路径中，核心价值观教育起着至关重要的作用。通过引领学生树立正确的人生观、价值观和世界观，可以有效增强其思想道德水平，提升学生的文化素养和社会责任感。核心价值观引领的意义在于为学生提供既定的准则和信念，指导他们正确行为和决策，培养他们积极向上的人格品质和社会责任感。唯有通过核心价值观教育，学生才能真正了解什么是正确的、美好的、有意义的生活方式，形成自己的价值观体系，从而在未来的社会生活中做出更加明智的选择和决策，成为有担当、有情怀的社会主义建设者和接班人。核心价值观引领性教育是高校思想政治教育教学改革的必然选择，也是推动高校教育整体发展的关键所在。

在当前高校思想政治教育教学改革中，存在着教学资源分配不均的问题。然而，随着技术的进步和应用，高校思想政治教育教学改革的发展前景仍然十分乐观。为了更好地选择正确的路径进行改革，我们需要提升师德师能，确保教师在教学中能够起到更加积极的作用。在实施高校思想政治教育教学改革的过程中，核心价值观教育是至关重要的，同时要注重将这些价值观融入到实践当中，确保学生能够真正理解和接受这些核心价值观。通过不断地实践和探索，高校思想政治教育教学改革必将取得更大的成功。

第五节　高校思想政治教育教学改革的成果评估

一、学生综合素质评价

高校思想政治教育教学改革的关键在于培养学生的知识、能力和品德。通过核心价值观教育和师德师能的提升，可以使学生从多方面得到全面的发展。利用技术进步的应用，可以更好地分配教学资源，促进教育的公平和高效。评估学生的综合素质，既要注重学术成就，也要关注学生的综合素质，包括道德品质和社会责任感。高校思想政治教育教学改革的未来发展前景是光明的，只要我们坚定不移地走上核心价值观教育之路，相信必能迎来更美好的明天。

教学资源分配不均，已成为当前高校思想政治教育教学改革的一大难题。然而，随着技术进步的应用和师德师能的不断提升，高校思想政治教育教学改革的发展前景仍然充满希望。在选择适合的路径上，核心价值观教育成为高校思想政治教育教学改革的实施路径之一。为了有效评估成果，学生综合素质评价被提出，通过综合测评方案的实施，可以更全面地了解和评价学生在思想政治教育方面的表现，为高校教育提质增效提供重要参考。

二、教学效果评估

教学改革效果评估是高校思想政治教育教学改革的必不可少的一环。只有通过对教学效果进行评估，才能及时发现问题并采取针对性措施进行改进。而教学效果评估不仅包括学生学习成绩的提高，更重要的是要评估学生的思想政治素养和核心价值观的培养情况。只有通过全面的评估，才能真正了解教学改革的效果如何，才能更好地指导未来的改革工作。因此，教学改革效果评估应该成为高校思想政治教育教学改革的重要内容，通过科学方法和有效手段进行评估，为教学改革的持续深入提供有力支持。

当前高校思想政治教育教学改革中存在的问题主要是教学资源分配不均，这导致了一些学校无法提供优质的教育资源。然而，未来的发展前景却充满了希望，因为技术进步的应用将为高校思想政治教育教学改革带来新的机遇。路径选择上，师德师能的提升至关重要，而核心价值观教育则是实施路径的重要组成部分。在成果评估方面，教学效果评估和学生学业成绩评估将为教学改革的推进提供重要依据。

高校思想政治教育教学改革的社会认可程度评估是一个重要的方面。在当前社会背景下，人们对高校思想政治教育教学改革的重视程度逐渐提升，认为这是提升学生综合素质和思想政治素养的必要途径。因此，高校在推进思想政治教育教学改革时，不仅需要关注教学效果评估，还应考虑社会对这些改革的认可程度。

针对高校思想政治教育教学改革的社会认可程度评估，可以采取广泛征求社会各界意见的方法，通过问卷调查、专家座谈会等方式收集各方面的意见和建议，从而更好地了解社会对高校思想政治教育教学改革的看法，为推动改革提供重要参考。同时，高校也应该注重与社会各界的沟通和合作，增强社会对高校思想政治教育教学改革的认同感和支持度，确保改革的顺利进行和取得更好的效果。

人才培养质量评估是高校思想政治教育教学改革的重要环节。通过评估学生在思想政治理论学习、思想政治实践活动、思想政治教育文化传承等方面的表现，能够客观全面地了解学生的学习情况和思想政治素养水平。评估结果可为学校提供指导，指导学校进一步改进和完善思想政治教育教学，提升人才培养质量。同时，人才培养质量评估也有利于激励学生积极参与思想政治教育，培养学生的爱国主义情感和社会责任感，推动学生综合素质的全面提升。通过不断完善人才培养质量评估机制，可以有效推动高校思想政治教育教学改革的深入发展，为培养德才兼备的社会主义建设者和接班人奠定坚实基础。

当前高校思想政治教育教学改革存在的问题主要体现在教学资源分配不均，这给教育教学工作带来一定困难。但是随着技术的不断进步，我们可以看到高校思想政治教育教学改革的发展前景非常广阔。为了更好地推进这一改革，我们需要选择正确的路径，其中师德师能的提升至关重要。通过核心价值观教育的实施路径，我们可以促进高校思想政治教育教学改革的顺利进行，并对教学效果进行评估，同时通过公众满意度调查了解社会对高校思想政治教育教学改革的认可程度。

三、教学改革影响评估

高校思想政治教育教学改革的成果评估是教育改革的重要一环。通过对教学成果的评估，可以及时发现问题，有效调整改革方向，持续优化教学质量。教学改革的影响评估是对改革举措的实际效果进行检验和验证，以确保改革举措真正落地生根，取得实质成效。而教学成果的应用则是将改革成果运用于教育教学实践中，推动学生思想政治教育的质量提升，培养更加合格的社会人才。高校应加强对教学成果的应用研究，不断挖掘改革成果的潜力，实现教学改革的可持续发展，为思想政治教育事业的蓬勃发展贡献力量。

高校思想政治教育教学改革的示范效果渐渐显现出来。在改革实施后，学生的参与度明显提高，思想政治教育的教学内容更加贴近学生生活，更易被接受。同时，学生的思想政治素养得到了明显提升，表现在他们更加关注国家大事，更加注重自身的综合素质。教师在教学过程中也更加注重与学生的互动，更深入地了解学生的需求和思想动态，从而更好地指导他们的成长。高校思想政治教育教学改革也带来了诸多教学实践的创新，为将来的教学改革提供了宝贵的经验和参考。可以预见，随着改革的不断深化，高校思想政治教育教学将迎来更加美好的未来。

在高校思想政治教育教学改革的实践中，我们发现了一些问题和经验教训。教学资源的分配不均导致了一些高校在思想政治教育领域的教学质量和水平存在差异，亟需加强资源的整合和共享。一些高校在教学改革中过于注重表面的技术进步应用而忽视了教育的本质，导致教学效果不尽如人意。师德师能的提升也是一个长期而繁重的任务，需要高校加强对教师的培训和引导。

虽然在教学改革中会遇到各种问题和困难，但我们依然看到了高校思想政治教育教学改革的发展前景。通过核心价值观教育的推广，可以培养学生正确的价值观念，提高他们的综合素质和思想品德。同时，教学改革的成果评估也将成为未来的重要任务，通过对教学改革的影响和效果进行评估，可以为未来的改革提供更好的借鉴和指导。高校思想政治教育教学改革的路还很长，但我们有信心在不断探索中取得更大的进步。

在高校思想政治教育教学改革中，传承成功经验并进行创新是一个重要的课题。当前存在的问题包括教学资源分配不均、师德师能提升、核心价值观教育等。为了推动教学质量不断提升，需要更多地应用技术进步，提升教育教学的效率和质量。同时，路径选择也是至关重要的，需要在传统经验的基础上进行创新，找到适合当前时代的教学改革实施路径。

在推进高校思想政治教育教学改革的过程中，需注重评估教学改革的成果，了解改革的影响和启示，为下一步改革提供借鉴。同时，要注意教学改革的传承及创新，将成功经验传承下来，并在此基础上进行创新，推动教学质量的不断提升。只有不断探索新的教学模式和方法，才能更好地适应现代高校教育的发展需求。

第十九章 高校思想政治教育教学改革研究问题分析与解决方案

第一节 现状分析

一、高校思想政治教育教学存在的问题

这种传统的教育模式导致学生对思想政治教育教学的兴趣不高,学习效果不明显。由于缺乏新颖的教学方法,学生们对教材的理解陷入枯燥乏味的境地,难以激发出他们对思想政治学科的浓厚兴趣。很多学生认为这门学科只是"应试课",缺乏实际的意义和应用价值,导致他们失去了主动学习的积极性。

缺乏新颖的教学方法也导致了教师在教学过程中难以吸引学生的注意力,无法引导学生主动思考和参与讨论。学生们往往只是单纯地接受教师灌输的知识,缺乏理解和思考的过程,使得教学效果大打折扣。

总的来说,缺乏新颖的教学方法使得高校思想政治教育教学陷入了一种"墨守成规"的困境,需要针对这一问题进行深入思考和研究。

这种现象可能与思政课程的内容有关,有些学生可能觉得思政课程内容枯燥乏味,缺乏吸引力;教学方式也可能是一个因素,传统的讲授式教学模式可能无法激发学生的学习兴趣。学生群体的差异化也是一个问题,不同年龄、专业背景、兴趣爱好的学生可能对思政课程有不同的接受程度。这些因素综合起来,造成了学生对思政课程兴趣不高的情况。解决这些问题,需要深入研究各个方面的原因,以找到更好的改进方向。

教材更新较慢,导致高校思想政治教育教学存在一系列问题。部分教材内容过时,无法跟上时代的发展和变化,难以引导学生正确理解和把握时事政治。一些教材的编写者可能因为立场偏颇或经验不足,容易出现片面性或直接误导学生的情况。由于教材更新较慢,学生很难获得最新最全面的信息,影响他们的思想政治观念的时效性和全面性。教材内容陈旧,不符合时代需求,已经成为高校思想政治教育教学改革的一

大障碍。

这种缺乏有效的评价体系的情况，直接影响到了高校思想政治教育教学的质量和效果。在现行评价体系下，评价标准不够明确具体，评价方式过于单一，评价工具缺乏科学性和客观性。由于评价体系的不完善，学生的思想政治教育教学成果往往无法准确衡量，也无法很好地达到预期效果。

评价体系的缺陷可能源于多方面原因，如教育理念的滞后、评价者的主观意识强、评价方法的单一等。这些问题的存在导致了评价体系的僵化和不完善，无法很好地反映教学效果和学生表现。因此，高校思想政治教育教学改革中，如何建立更科学、客观、有效的评价体系是亟待解决的问题。

二、高校思想政治教育教学改革的必要性

当前时代对高校思想政治教育教学提出了更高的要求，要求学校要注重培养学生的创新能力、实践能力和社会责任感，而不只是灌输理论知识。然而，现有的教育体制在某种程度上还停留在传统的思想政治教育模式，过于注重灌输知识，缺乏针对性和实效性。

因此，高校思想政治教育教学需要进行改革，突破传统的教学模式，引入更多互动式教学方法，激发学生的学习兴趣和思考能力。同时，还应该加强实践教学，让学生在实际中运用所学知识，增强他们的综合能力。

高校还应该注重对学生的全面素质培养，不仅仅是思想政治教育，还要涵盖学生的道德品质、文化素养等方面的培养。只有这样，高校思想政治教育教学才能真正走向深入，为学生的全面发展提供更好的支持和保障。

在当前社会快速变化和信息爆炸的背景下，学生需要具备更强的思辨能力和实践能力才能适应未来社会的发展需要。因此，高校思想政治教育教学的改革势在必行。可以通过引入跨学科的教学内容，促进学生们对不同学科之间的联系和整体把握能力。可以采用案例分析的方式，让学生通过解决实际问题来锻炼实践能力和团队协作能力。引入互动式教学方法，让思想政治教育不再枯燥乏味，而是充满活力和趣味，提高学生的学习积极性和主动性。通过这些改革措施，学生的综合素养将得到有效提升，为他们未来的发展打下坚实的基础。

通过改革思政教育，可以帮助学生建立正确的人生观、世界观和价值观，培养学生的社会责任感和使命感。在课堂教学中，可以引导学生关注社会热点问题，促使他们思考自己在其中扮演的角色，并激发他们参与社会实践的热情。组织学生参与志愿者活动、社会实践等，让他们亲身感受社会的现实问题，激发他们去解决问题的愿望。

培养学生的社会责任感不仅有利于个人成长，更能为社会发展做出贡献。当学生

具有较强的社会责任感时，他们将更加关注社会问题、积极参与社会活动，为社会的进步和发展贡献自己的力量。学校应该从教学内容、教学方式、教师队伍等方面入手，探索有效的方法来促进学生社会责任感的培养，实现高校思想政治教育教学改革的目标。

三、高校思想政治教育教学改革的影响

教育教学改革是高校思想政治教育的必然要求和重要途径。通过改革，学生可以在学术方面获得更广泛的知识，培养批判性思维和创新意识；在实践方面，学生可以参与社会实践、社团活动等，提高实践能力和团队合作意识；在创新方面，学校可以提供更多的创新创业机会和平台，激发学生的创新潜能和创业精神。

教育教学改革不仅仅是课程设置和教学方法的改变，更是要在学生的全面发展中寻找平衡点，让学生在思想、学识和实践层面得到充分的培养。只有通过改革，高校思想政治教育才能更好地适应时代发展的需求，促进学生的全面发展，培养更加优秀、全面的人才。

一方面，改进教学方法是提高大学教育质量的关键。传统的板书授课方式已经不能满足学生多样化的学习需求，因此需要引入互动式授课、案例分析等多元化教学方法。这样不仅可以激发学生的学习兴趣，增强他们的参与感，还能提高教学效果。

另一方面，内容设置也至关重要。思政教育课程需要与时俱进，结合当今社会的热点问题和学生的需求，设置贴近学生生活、有实际意义的课程内容。比如，引入政策解读、社会实践等元素，让学生在课堂中不仅仅是被动接受知识，更是主动思考、实践和探究。

高校思想政治教育教学改革是推动大学教育进步的关键之举。只有不断完善教学方法、提升课程内容，才能实现培养德智体美劳全面发展的高素质人才的目标。愿我们共同努力，推动思政教育教学改革不断向前发展！

第二节 改革目标

一、加强思政课程内容建设

高校思想政治教育教学改革从影响和现状分析来看，已经成为当前高等教育领域内一个重要的议题。针对这一问题，我们制定了改革目标，即加强思政课程内容建设，强化思想政治教育的意识。通过深入研究和探讨，我们将努力推动高校思想政治教育

向更深层次、更广领域发展，提高教育质量和教学效果。同时，我们也将积极探索新的教学方法和手段，不断完善教育体系，促进学生全面发展和成长。在这个过程中，强化思想政治教育的同时，也将为高校教育改革带来新的活力和动力。

拓展课程内容不仅仅是扩充传统思政课程内容范围，更要求创新教学方法和手段，提升教学效果和学生参与度。可以通过引入现代教育技术，如网络课堂、多媒体教学等，拓展课程形式，使学生更好地理解和接受思政教育内容。同时，拓展课程内容还可以融入时事热点、社会现象等实际案例，引导学生思考和探索，加深对思政课程的理解和应用。通过不断探索和实践，高校思想政治教育教学改革可以更好地适应时代发展需求，提升教育质量和效果。

高校思想政治教育教学改革的影响对于提高教学质量起到了积极的推动作用。改革目标是加强思政课程内容建设，通过对教学内容、教学方法的优化，不断提升教学质量，使学生更好地理解和接受思想政治教育。同时，改革也能激发教师的教学热情和创新精神，提高教学效率和教学水平。只有在不断改革创新中，高校思想政治教育教学才能与时俱进，适应社会发展的需要，确保教育目标的实现。这也是为了培养德、智、体、美全面发展的社会主义建设者和接班人，助推国家实现长治久安、繁荣昌盛的宏伟愿景。

高校思想政治教育教学改革中，实践教学的重要性不言而喻。只有通过实践，学生才能真正理解并掌握所学知识，将理论联系实际。因此，我们需要强化实践教学，让学生在实践中学习、实践中成长。通过实际操作、实地考察等方式，激发学生的学习兴趣，培养学生的创新精神和实践能力。实践教学不仅能够加深学生对思政课程的理解和印象，更能够培养学生的综合能力和实践能力，为他们未来的发展奠定坚实基础。因此，我们必须将实践教学融入到思政课程中，引导学生在实践中学习、实践中成长，推动高校思政教育教学改革向更深层次发展。

二、完善师资队伍建设

然而，提升教师教育水平在实践中仍然存在着诸多难点和挑战。一些教师可能缺乏相关的教学方法和理念，难以应对学生不同的思想政治需求。教师们的自身思想政治素养和理论修养也需要不断提升，以更好地引领学生进行思想政治教育。教师培训的有效性和实际效果也需要进一步评估和改进。因此，如何有效提升教师的教育水平，以适应当下高校思想政治教育的发展需求，是当前亟待思考和解决的重要问题。希望未来在高校思想政治教育教学改革研究中能够找到更多的突破点，促进教师教育水平的提升，推动思想政治教育的不断深化和发展。

高校思想政治教育教学改革的影响是深远的。通过完善师资队伍建设，提高教师教学能力，可以更好地推动思想政治教育工作的深入开展。改革的目标是促进教师专业素养的提升，有效提高教学质量。同时，这也可以激发教师的教学激情，使他们更加积极主动地投入到教学工作中。因此，要加强对教师的培训和指导，提供更多的学习机会和平台，督促教师不断提高自身的教学水平，确保思想政治教育教学工作能够不断取得新的成效。

为了推动高校思想政治教育教学改革，我们需要鼓励教师创新教学方法。通过创新教学方法，教师可以更好地激发学生的学习兴趣，提高教学效果。同时，创新教学方法也可以帮助教师更好地适应时代发展的需求，更好地满足学生的学习需求。通过鼓励教师创新教学方法，可以促进高校思想政治教育教学的不断进步，为培养德智体美全面发展的社会主义建设者和接班人做出更大的贡献。

三、推进教学管理改革

高校思想政治教育教学改革的影响深远而重要。当前，高校思想政治教育教学改革已成为教育改革的重要组成部分。为了不断提高教学水平，需要不断推进教学管理改革，建立健全评价体系，确保教学质量和教学效果的持续提升。只有通过不断地调整和优化教学管理方式，才能更好地引导和激发学生的学习兴趣，培养他们的思想品德和综合素质，为他们的成长和发展打下坚实的基础。因此，建立健全的评价体系成为当前高校思想政治教育教学改革的重要举措之一。通过建立科学合理的评价体系，可以更好地评估学生的学习情况和教师的教学水平，为教学改革提供有力支撑。

高校思想政治教育教学改革的影响是深远而持久的，对教育教学管理提出了更高的要求。当前，改革的目标是推进教学管理改革，通过创新教学管理机制提高教学质量和效果。创新教学管理机制的主要意义在于优化资源配置，提高教学效率，激发教学活力，促进教师发展。为了实现这一目标，需要建立一套科学合理的管理体系，强调以教师为主体，促进其专业成长，鼓励教学创新，营造浓厚的教学氛围。只有这样，高校思想政治教育教学改革才能真正取得实质性的成果。

加强教学质量监督是高校思想政治教育教学改革的关键环节。通过监督评估，可以及时发现问题，找出不足之处，从而有针对性地进行改进和提升教学质量。监督评估也能够促进教师的职业成长和发展，让他们意识到自身存在的不足，不断提高教学水平和专业素养。加强教学质量监督还可以增强学生对思想政治教育的认同感和参与度，提升他们的学习积极性和学术成就。因此，只有加强教学质量监督，才能真正实现高校思想政治教育教学改革的目标，为学生的全面发展和社会的进步做出更大的贡献。

教师是高校思想政治教育教学改革的主体，他们的参与至关重要。教师身处教育第一线,是思想政治教育的主要实施者和传播者,他们的参与可以有效地提升教学质量,激发学生的学习兴趣,增强学生的思想政治素养。

鼓励教师参与教学改革可以给予他们更多的自主权和创新空间,激发他们的教学热情和创造力。通过教师参与,可以引入新的教育理念和方法,促进教学内容的更新与丰富,进一步提升教学效果和教学质量。

同时,鼓励教师参与教学改革也可以增强他们对教育事业的责任感和使命感,推动高校思想政治教育教学改革的深入发展。只有让教师与改革同行,共同探索前行的道路,才能更好地实现高校思想政治教育教学改革的目标。

第三节 改革措施

一、落实新课程标准

科学设置课程目标是高校思想政治教育教学改革的重要一环。通过科学设置目标,可以更好地明确教学内容和方向,激发学生学习的兴趣和积极性。同时,科学设置目标也可以帮助教师更好地制定教学计划和评估标准,确保教学的针对性和有效性。

在高校思想政治教育教学中,科学设置课程目标可以帮助学生更好地理解党的路线方针政策,提高他们的思想政治素质和思想政治觉悟。通过设置具体、可操作的目标,可以使学生在思想政治教育教学中更有针对性地进行学习和实践,实现教学效果的最大化。

因此,在高校思想政治教育教学改革中,科学设置课程目标是至关重要的,只有通过科学设置目标,才能更好地推动思想政治教育教学的深入发展,培养出更多合格的社会主义建设者和接班人。

更新教材内容是推动思想政治教育教学改革的重要一环。过时的教材不能满足当下学生的需求和对知识的需求。更新教材内容可以使教学内容更加贴近实际,更加贴近学生的兴趣和认知水平,从而提高教学效果。在更新教材内容的过程中,可以引入更多的现代理论和方法,涵盖更广泛的知识领域,以及更加灵活的教学方式,从而激发学生的学习热情,培养他们的批判思维和创新能力。

更新教材内容也可以帮助教师更好地掌握教学内容,提升他们的教学水平和教学质量。通过更新教材内容,可以不断总结和探索适合当下学生的教学内容和方法,不断完善教学体系,促进高校思想政治教育教学改革不断深化和发展。因此,更新教材内容是高校思想政治教育教学改革中必不可少的一环。

引入多样化教学方法是高校思想政治教育教学改革的重要方向之一。通过多样化的教学方法，可以激发学生的学习兴趣，提高他们的参与度和主动性。不同的学生有不同的学习方式和习惯，因此采用多样化的教学方法可以更好地满足学生的个性化需求，提高他们的学习效果。

在教学实践中，教师可以尝试结合讲解、讨论、案例分析、小组讨论、实践活动等多种教学方法，以丰富教学内容，激发学生的学习热情。通过多样化的教学方法，可以打破传统的教学模式，促使学生更加积极地参与到课堂中来，促进他们的全面发展和综合素质的提升。因此，高校思想政治教育教学改革需要更加注重教学方法的多样化，以进一步提高教学质量和教学效果。

提升学生实践能力是当前高校思想政治教育教学改革中的一项重要任务。通过实践活动，学生可以将课堂所学知识应用到实际情境中，培养解决问题的能力和团队合作意识。这种实践能力培养不仅可以增强学生的综合素质，更有助于他们在未来的工作和生活中做出更加积极和有效的贡献。

加强学生实践能力培养需要学校提供更多的实践教育资源和平台，如社会实践、实习实训、创新创业项目等。同时，教师也需要在教学过程中更加注重培养学生的实践能力，引导他们积极参与实践活动，激发他们的学习兴趣和动力。

通过加强学生实践能力培养，可以有效提高高校思想政治教育的实效性和吸引力，使学生在实践中不仅能够获得知识，更能够培养自主学习和创新能力，全面提升他们的综合素质和竞争力。

二、提升教师教育水平

组织定期培训活动是提升高校思想政治教育教师教育水平和教学水平的重要途径。通过定期培训，教师可以不断更新教育理念、教学方法和教学资源，以满足学生不断变化的需求。培训活动可以帮助教师提高专业知识水平，增强教学技能，激发教学热情，并且可以促进师生之间的互动与交流，形成良好的教学氛围。

定期培训活动还可以促进教师之间的合作和共享，让教师们在教学实践中相互学习、相互借鉴，共同提升教育水平。培训活动也可以让教师们更好地了解国内外思想政治教育教学的最新发展动态，引进先进的教育理念和教学模式，推动高校思想政治教育教学的不断创新与发展。因此，组织定期培训活动是高校思想政治教育教学改革的重要举措之一。

为了推动高校思想政治教育教学改革，激励教师参与教学研究是至关重要的。只有教师积极参与研究，才能不断提升自己的教育水平，从而为学生提供更好的教学质量。教师参与研究不仅可以帮助他们更好地掌握教学方法和技巧，还能够激发他们的学术热情和教学热情。通过不断地研究探讨，教师可以不断改进教学内容和教学方式，提高教学效果。因此，高校应该给予教师更多的支持和鼓励，让他们有更多的时间和精力投入到教学研究中。只有如此，高校思想政治教育教学改革才能够取得实质性的进展，真正实现教育目标。

在高校思想政治教育教学改革中，建立教学经验交流平台是至关重要的。通过这样的平台，教师们可以分享各自的教学经验和教学方法，相互学习借鉴。这种互相交流的机制不仅可以促进教师之间的互动和合作，还能够提高整体的教学质量和水平。通过不断地分享和交流，教师们可以更好地发现问题、总结经验、改进方法，从而不断提升自身的教学能力和水平。同时，建立这样的平台也可以创造一种积极向上的教学氛围，激发学生的学习兴趣和积极性，推动高校思想政治教育教学改革不断深化和完善。

三、强化学生实践教学

高校思想政治教育教学改革的影响深远。为了达到推进教学管理改革的目标，我们必须采取有效的措施。强化学生实践教学是其中之一，通过实践教学可以培养学生的实践能力和创新思维。提倡学生参与社会实践也是非常重要的，可以使学生更好地了解社会、增加社会阅历，从而提高他们的社会责任感和参与意识。因此，我们要积极倡导学生融入社会实践活动，让他们学以致用，将所学知识应用到实践中去，为未来的社会发展做出贡献。

高校思想政治教育教学改革的影响是深远的，改革目标是为了推进教学管理改革。为此，我们采取了一系列的改革措施，其中之一就是强化学生实践教学。我们还开展了思政课程创新项目，以期在课程内容和教学方法上进行更新和改进，为学生提供更加丰富、全面的思想政治教育。通过这些努力，我们希望能够不断提升高校思想政治教育教学的质量，培养更多德智体美劳全面发展的社会主义建设者和接班人。

加强学生社会责任感培养是当前高校思想政治教育教学改革中的重要内容。通过开展各类社会实践活动，引导学生深入社会，了解社会现实，增强社会责任感。培养学生热爱祖国，具有高度的社会责任感，能够主动承担社会责任，为建设社会主义现代化国家贡献力量。这不仅是高校教育的责任，也是对学生的一种培养，是实现高校思想政治教育教学改革目标的重要举措。只有在培养学生社会责任感的过程中，才能真正达到思想政治教育的目的，使学生在接受知识的同时，能够明晰自己的社会责任，积极参与社会建设。

高校思想政治教育教学改革旨在促进学生个性发展，这不仅是教育教学工作的重要方面，也是学校教育的根本任务之一。通过开展多样化的教学活动，提供更加丰富多彩的学习资源,为学生提供更广阔的发展空间,促使他们在学习过程中充分发挥个性优势,实现全面发展。教育教学改革应该注重培养学生的创新精神和能力,引导他们积极参与社会实践活动,探索自己的兴趣爱好,发展自己的特长,塑造健全的人格,培养独立思考和解决问题的能力,从而为社会和国家的建设贡献力量。通过促进学生个性发展,高校思想政治教育教学改革能够更好地满足社会的发展需求,为未来的人才培养打下坚实的基础。

第四节　改革成果

一、教学质量的提升

学生成绩明显提升是高校思想政治教育教学改革的一个重要成果。通过推进教学管理改革和强化学生实践教学,学校成功提升了教学质量,为学生的学习提供了更多的机会和平台。在改革的推动下,学生的学习效果和成绩得到了显著提升,体现了教育教学改革的积极影响。这些改革措施不仅使学生在理论学习方面有所突破,更加注重实践能力的培养,让学生成绩的提升不再是简单的数字增长,而是对他们全面发展的认可和肯定。高校思想政治教育教学改革的成果也在学生成绩的明显提升中得到了体现,为学校的教育教学工作注入了新的活力和动力。

高校思想政治教育教学改革的影响越来越凸显,成为教育界关注的焦点。为了达到推进教学管理改革的目标,高校纷纷采取了一系列改革措施,其中强化学生实践教学尤为重要。通过这些改革举措,教学质量得到显著提升,不仅如此,学生综合素养也得到了明显的提高。这些成果的取得,为高校思想政治教育教学改革注入了强大的动力,也为未来的发展指明了方向。

二、学生思想政治觉悟的增强

学生的思想政治理解能力增强是高校思想政治教育教学改革的一个重要目标。通过推进教学管理改革,加强学生实践教学,学生思想政治觉悟得到了提升。在改革的过程中,学生们逐渐意识到思想政治教育的重要性,增强了对国家政策的理解和认同。他们可以更深入地思考时事政治问题,更客观地分析国家发展的现状和趋势。因此,学生的思想政治理解能力得到了显著加强,为他们未来更好地为社会做出贡献打下了坚实基础。

学生社会责任感提升,是高校思想政治教育教学改革的一个重要成果。通过推进教学管理改革和强化学生实践教学，学生的思想政治觉悟得到了增强。他们不仅仅是知识的获取者，更加注重社会问题的认识和解决。在实践中，学生们能够积极参与社会活动，关注社会热点问题，展现出更加积极的态度和责任感。他们意识到自己作为大学生的责任，时刻准备着为社会发展和进步贡献自己的力量。因此，在高校思想政治教育教学改革的引导下，学生们的社会责任感得到了有效提升，展现出了更加积极向上的精神风貌。

通过高校思想政治教育教学改革，学生思想政治觉悟得到了增强，学生思想政治自觉性也得到了提升。在改革的过程中，学校着力推进教学管理改革，采取了一系列有效的措施，其中包括强化学生实践教学。这些改革措施的实施，使得学生在实践中能够更好地感受到思想政治教育的重要性，增强了他们对思想政治问题的敏感度和认识能力，进而使得学生的思想政治自觉性得到了更为明显的提升。通过这些改革措施的实施，高校思想政治教育教学改革取得了显著的成果，为培养德智体美劳全面发展的社会主义建设者和接班人打下了坚实的思想基础。

三、教学模式的创新

高校思想政治教育教学的改革是一项长期而紧迫的任务，对于推动高校教学管理的改革具有重要意义。为了有效实施改革，我们需要强化学生的实践教学，提高他们的实践能力和综合素质。通过教育模式的创新，我们可以不断探索适合高校思想政治教育教学的新模式，从而更好地培养学生的思想品德和社会责任感，推进教学管理体制的转变，实现高校教育的可持续发展。

通过高校思想政治教育教学改革的影响，我们目的在于推进教学管理改革，强化学生实践教学，并取得教学模式的创新。在这个过程中，我们需要不断地推进教育教学观念的转变，让教师和学生都能够适应新的教学模式，从而实现教学质量和效果的提升。通过这一改革措施，我们相信高校思想政治教育教学改革将取得更加积极的成果，为培养具有创新精神和实践能力的优秀人才贡献力量。

四、人才培养质量的提升

通过高校思想政治教育教学改革的实施，学生个性发展和创新能力得到显著提升。学校积极引入实践教学模式，激发学生的创新潜能和实践能力。学生在实践中积累经验，增强自信心，培养了解决问题的能力。通过参与各类实践活动，学生逐渐展现出独立思考、创新能力和团队合作精神，为他们未来的发展奠定了良好基础。在高校思想政治教育教学改革中，学生的个性得到尊重和发展，他们的创新能力逐渐得以提升，从而为社会培养了更多有社会责任感和创新精神的优秀人才。

通过教学改革促进学生全面发展是高校思想政治教育教学改革的重要目标之一。在这一过程中，高校可以通过搭建多元化的教学平台，为学生提供更广泛的学习资源和机会，促进学生的身心健康发展和全面素质提升。高校还可以加强实践教学环节，让学生在实践中学习，培养学生的创新能力和实践能力，促进学生全面发展。通过这些改革措施，高校可以培养具有高素质、创新能力和社会责任感的优秀人才，为社会的可持续发展做出贡献。高校思想政治教育教学改革的成功实施，将有助于提升人才培养质量，促进学生全面发展。

第五节　展望未来

一、继续推动高校思想政治教育教学改革

高校思想政治教育教学改革的影响至关重要，为推进教学管理改革，我们需要不断加强师资队伍建设。只有建立起高素质师资队伍，才能够有效推动教学改革，提升教育教学质量。强化学生实践教学也是改革的关键措施之一，通过实践教学，学生可以更好地理解知识，提高综合能力。人才培养质量的提升是改革的重要成果，只有不断完善教育教学体系，才能培养出更多符合社会需求的优秀人才。展望未来，我们将继续推动高校思想政治教育教学改革，持续加强师资队伍建设，为高校教育事业的长远发展做出更大贡献。

为了更好地推动高校思想政治教育教学改革，我们需要不断拓展课程内容，使其更加贴近时代需求和学生实际。通过丰富多样的课程设置，可以激发学生学习兴趣，提升他们的综合素质和能力。同时，不断拓展课程内容还能够促进学生的全面发展，培养出更具竞争力和创新精神的优秀人才。在未来，我们将继续积极探索和推动高校思想政治教育教学改革，不断完善课程内容，使之更加符合社会发展的要求，为培养更多社会需要的人才做出更大的贡献。

在高校思想政治教育教学改革过程中，完善管理机制显得尤为重要。通过建立健全的管理体系，确保改革措施的有效实施和顺利推进，进一步提升高校教学管理水平和效率。未来，我们将持续优化管理机制，加强制度建设，完善管理细则，促进教育教学改革全面深入开展。只有不断优化管理机制，才能为高校思想政治教育教学改革注入持久动力，实现教育教学质量和水平的持续提升。

高校思想政治教育教学改革取得显著成果，人才培养质量得到提升。未来，将继

续推动高校思想政治教育教学改革，加强教学管理改革，强化学生实践教学，推动教学资源共享，使教学资源得到更好的利用，为提升教育教学质量作出更大的贡献。

二、深化教学管理体制改革

高校思想政治教育教学改革的影响是深远的，为推进教学管理改革提供了契机。强化学生实践教学是改革的关键措施，为人才培养质量的提升起到了重要作用。展望未来，深化教学管理体制改革将进一步提高管理效率，推动高校教学工作朝着更高水平、更高质量的目标迈进。

高校思想政治教育教学改革的影响深远而积极，为促进学生全面发展提供了有力支持。推进教学管理改革是改革的核心目标之一，通过加强学生实践教学，培养学生的实践能力和创新思维，进一步提升了人才培养质量。未来，深化教学管理体制改革，加强教育教学质量监督将是必然选择，以确保高校教育教学工作的顺利进行，真正达到培养德智体美劳全面发展的高素质人才的目标。

三、加强与社会的对接

建立校企合作机制，是高校思想政治教育教学改革的重要举措之一。通过与社会、企业的深度合作，可以更好地将学生培养成与时俱进、具有创新精神和实践能力的人才。这种合作机制不仅可以为学生提供更多的实践机会和就业渠道，也可以促进校内外资源的共享和优势互补。未来，随着校企合作机制的不断健全和完善，高校思想政治教育教学改革将迎来更加广阔的发展空间，为人才培养质量的提升和社会需求的满足奠定坚实基础。

高校思想政治教育教学改革研究中，拓展社会实践基地是非常重要的一环。通过加强与社会的对接，我们可以为学生提供更广阔的实践机会，让他们在实践中学习，提高综合素质。同时，拓展社会实践基地也可以促进学校与社会资源的共享，实现资源优化配置，为学生提供更多更好的学习环境和条件。未来，我们将进一步加强与社会的合作，不断拓展社会实践基地，为高校思想政治教育教学改革注入更多的活力和动力。

四、推动人才培养模式创新

在高校思想政治教育教学改革的过程中，强化学生创新创业意识显得尤为重要。通过引导学生积极参与创新创业活动，可以激发其创造力和创新意识，培养他们独立思考和解决问题的能力。这种教育模式不仅有助于学生更好地适应未来社会的发展需求，也有利于提升高校人才培养质量和水平。未来，更需要高校注重培养学生的创新创业意识，促进其成为具有创新精神和实践能力的优秀人才，为社会发展注入新的活力与动力。

通过高校思想政治教育教学改革，我们可以提升学生的综合素质竞争力，使他们在未来社会竞争中具备更强的竞争力。这一改革将促进学生全面发展，培养其独立思考和解决问题的能力，提高他们的综合素质水平。同时，我们还需要不断探索和创新人才培养模式，为学生提供更加多元化的教育资源和机会，帮助他们更好地适应社会需要。期待未来，在改革的道路上不断前行，为培养具有竞争力的优秀人才而努力。

五、加强评估和总结

定期评估改革成效是保证高校思想政治教育教学改革始终沿着正确方向前行的重要举措。只有通过定期评估，我们才能及时了解改革的成效，发现问题并及时加以解决，进一步促进改革的深化和持续发展。定期评估改革成效可以帮助我们识别改革中存在的不足之处，及时调整措施和策略，确保改革目标的实现。同时，定期评估也可以为下一步的改革提供宝贵经验和教训，指导我们更好地推进高校思想政治教育教学改革，进一步提高人才培养质量，为培养德智体美劳全面发展的社会主义建设者和接班人做出更大贡献。

通过对高校思想政治教育教学改革的探索和实践，取得了较好的成果。在推进教学管理改革的过程中，不断强化学生实践教学的重要性，培养了学生的实践能力和创新意识，为人才培养质量的提升打下了坚实的基础。未来，我们将进一步加强评估和总结工作，汇总成功经验，不断完善改革举措，为高校思想政治教育教学改革的持续发展提供更加有力的支持和保障。我们相信，在全体教职工的共同努力下，高校思想政治教育教学改革一定能够取得更加显著的成绩，为培养更多优秀人才作出积极贡献。

不断完善改进措施是高校思想政治教育教学改革的重要任务之一。随着社会的发展和教育需求的变化，教学方法和管理体制也需要不断进行改进和完善。只有通过持续的评估和总结，才能及时发现问题，找出解决方案，进一步提高教学质量和效果。未来，我们应该加强对教学改革的评估，全面总结改革过程中的经验和教训，不断优化改进措施，使之更贴合学生的需求和实际情况，从而更好地促进教育教学的发展和提高人才培养的质量。

第二十章　未来发展趋势和重点方向

第一节　教学内容的创新与丰富

一、提高教材编写水平

引入新颖的案例和事例是高校思想政治教育教学改革的重要一环。通过选取具有代表性和现实性的案例和事例，可以让学生更加直观地了解和思考当下社会和政治的现状，激发他们的学习兴趣和思考能力。例如，可以引入一些热点新闻事件或者历史事件作为案例，让学生通过分析和讨论，理解背后的社会意义和价值取向。同时，在选取案例和事例时，也要注意多元化和包容性，让学生能够从不同角度和立场去思考和探讨，培养他们的多元化思维和包容性素养。通过引入新颖的案例和事例，可以使思想政治教育教学更加生动有趣，有利于激发学生的学习热情和思考能力，提高教学效果和教学质量。

针对当下社会热点问题，高校思想政治教育教学应该紧密结合现实，引导学生在课堂上进行探讨和思考。教师可以选择一些与学生生活息息相关的话题，如环境保护、就业问题、社会公平等，引导学生分析问题的深层次原因，思考解决问题的方法。

同时，在教学内容的创新方面，可以引入案例分析、角色扮演、小组讨论等互动式教学方法，激发学生的兴趣和参与度。密切关注学生的心理变化和需求，采取多元化的教学策略，引导学生形成独立思考和批判思维的能力。

提高教材编写水平也是教学改革的重点之一。教材内容应该贴近时代发展，注重理论与实践的结合，强调问题导向的教学理念，使学生能够更好地理解和运用知识。

高校思想政治教育教学改革需要以时代为背景，注重问题导向，引导学生关注社会现实，培养学生的批判思维和解决问题的能力，为学生的综合发展提供更全面的支持。

加强跨学科知识融入思想政治教育教学是当前的重要任务之一。通过将历史、文化、法律、经济等不同学科的知识融入思想政治教育中，可以使学生更全面地了解和认识社会现实，培养其综合分析和解决问题的能力。同时，教材编写的水平也是关键所在，需要以更加通俗易懂、贴近学生实际生活的方式呈现教育内容，吸引学生的兴趣和参与度。

教学内容的创新与丰富也是改革的重点之一。除了传统的课堂讲授，可以引入案例分析、游戏互动、小组讨论等多种教学方法，激发学生的主动学习意识，增强他们的思辨能力和批判思维。通过这些创新方式，可以使思想政治教育更加生动有趣，提高学生的综合素质和自主学习能力。

二、开展多元化课程设计

选修课程的设置是高校思想政治教育教学改革中不可或缺的一环。通过设置不同选修课程，可以更好地满足学生个性化需求，提高教学质量。比如，可以设置"国际政治与外交"、"中国特色社会主义理论与实践"等选修课程，引导学生深入思考和研究现实社会和政治问题，增强他们的批判性思维能力和创新能力。

选修课程还可以根据学生的兴趣爱好和专业方向进行设置，如"民族地区发展研究"、"新媒体与公共舆论"等，激发学生的学习兴趣，培养他们的专业素养和综合能力。同时，选修课程的设置也可以促进跨学科教学和跨领域研究的发展，促进学科之间的融合与交流，推动高校思想政治教育教学改革朝着更加多元化、开放化的方向发展。

可以通过引入线上教学资源和平台，拓展教学手段，提高教学效果。通过在线平台，教师可以为学生提供更多样化的学习资源，包括视频、在线教材、教学软件等。学生可以在任何时间、任何地点进行学习，提高了学习的灵活性和便利性。

线上教学还可以推动教学方法的创新，例如通过在线讨论、在线测验等方式，激发学生的学习兴趣和思考能力。同时，线上教学可以为学生提供更多自主学习的机会，培养他们的自主学习意识和能力，从而提高教学效果。

因此，引入线上教学资源和平台是未来高校思想政治教育教学改革的重要方向之一，可以为学生提供更好的学习体验，提高教学质量。

这种跨学科合作设计能够带来更加丰富和多元化的教学内容，提供学生全面发展的机会。通过不同学科教师的共同合作，可以将不同学科的知识和技能有机地结合起来，让学生在学习中更加全面地了解问题，培养学生的跨学科思维能力和综合应用能力。

在高校思想政治教育教学中，跨学科合作设计可以通过很多途径来实现，比如跨学科项目设计、跨学科案例教学等。教师们可以在课程设置中加入不同学科的内容和资源，让学生在学习过程中能够跨学科地思考和解决问题。同时，跨学科合作设计也可以促进师生之间的互动和交流，增强学生的学习体验和教学效果。因此，高校思想政治教育教学改革需要更加注重跨学科合作设计，以提升教学质量和培养学生的综合能力。

高校思想政治教育教学改革研究的重点方向之一是推行项目式教学模式。这种教学模式不仅有助于激发学生的学习兴趣和主动性，而且能够培养学生的实践能力和团队合作意识。通过项目式教学，学生可以在实际项目中学习和应用知识，提高解决问题的能力和技巧。同时，项目式教学还能够促进跨学科知识的整合和应用，培养学生综合运用知识解决实际问题的能力。因此，推行项目式教学模式对于高校思想政治教育教学的创新和发展具有重要意义。在未来的教学改革中，我们需要积极探索项目式教学的具体实施方式，加强教师团队的培训和支持，促进学生和教师之间的有效互动，推动教学内容的创新与丰富，助力高校思想政治教育教学的进步。

三、加强实践教学环节

在高校思想政治教育教学改革研究中，组织实地考察和调研活动具有重要意义。通过实地考察和调研，可以深入了解思想政治教育的实际情况和存在问题，为今后的教学改革提供有力支撑。同时，实地考察和调研也可以促进师生之间的互动交流，激发学生的学习热情，提高教学效果。在未来的发展中，应该进一步拓展实地考察和调研活动的范围，注重实践教学环节的全面发展，培养学生的创新意识和实践能力。这样的做法不仅有利于丰富教学内容，更有利于提升学生综合素质，推动高校思想政治教育的深入发展。

为了推动高校思想政治教育教学改革，必须加强实践教学环节，使学生了解并掌握知识的同时，能够将所学知识应用于实际生活中，培养学生的实践能力和创新意识。同时，开展社会实践和志愿者活动可以让学生走出校园，走进社会，体验社会生活，增强社会责任感和社会情怀，培养学生的团队合作意识和社会交往能力。通过这些活动，学生可以更好地了解社会的状况和问题，提高思想政治素养，增强社会责任感，培养爱国情感。加强实践教学环节和开展社会实践和志愿者活动在高校思想政治教育教学改革中具有重要意义，应成为重点方向之一。

随着社会的不断发展，高校思想政治教育教学改革也日益受到重视。教学内容的创新与丰富是改革的重要方向之一，加强实践教学环节更是必不可少的一环。在这样的背景下，实施就业导向课程显得尤为重要。通过这样的课程设置，可以更好地满足学生的发展需求，使他们在求职就业过程中更具竞争力。

实施就业导向课程不仅仅是简单给予学生一些就业技能，更加注重培养学生的综合能力和创新思维，让他们能够适应不断变化的就业市场。通过这样的改革，不仅可以增强学生的就业能力，更可以提高学生们的终身学习意识，促进他们全面发展。这样的教学模式将助力于高校思想政治教育教学改革朝着更为健康、可持续的方向发展。

高校思想政治教育教学改革研究的重要方向之一就是加强教学内容的创新与丰富。通过不断更新教学内容，可以提高学生的学习兴趣和主动性，促进他们的思想认识水平的提升。同时，加强实践教学环节也是关键。通过实践教学，学生可以将理论知识应用于实际操作中，更好地理解和掌握所学知识。创新实验室建设与实践项目的意义也不可忽视。建设高水平的实验室设施，提供多样化的实践项目，可以帮助学生更好地理解学术理论，培养实际操作能力，为其未来的发展打下坚实基础。

四、强化个性化学习模式

在高校思想政治教育教学改革研究中，设立导师制度指导学生学习是一项非常重要的举措。导师可以为学生提供个性化的指导和支持，帮助他们更好地完成学业，实现自身的学习目标。通过导师制度，学生可以得到更丰富和多样化的学习资源，拓展自己的知识领域，提高学习的效果和质量。同时，导师也可以对学生进行及时的评估和反馈，帮助他们发现自身的不足之处，并指导他们进行改进和提升。总而言之，设立导师制度可以有效地推动高校思想政治教育教学改革的发展，促进学生成长成才，为学校的教育事业注入新的活力和动力。

在高校思想政治教育教学改革研究中，组织定制化培训和讲座起到了至关重要的作用。通过定制化培训和讲座，可以更好地适应学生的学习需求，引导他们积极参与到教学活动中，提升教学效果和学习质量。定制化培训和讲座可根据学生的学习水平和兴趣特点，量身定制课程内容和教学方式，帮助学生更好地理解和掌握知识点。同时，定制化培训和讲座也可以促进师生之间的互动和交流，激发学生学习的兴趣和积极性，提高教学效果和学习效率。因此，在高校思想政治教育教学改革中，组织定制化培训和讲座是非常重要的一环，对提升教学质量和教学效果具有重要意义。

第二节 教学方法的改革与优化

一、推广互动式教学

教学内容的创新与丰富对于高校思想政治教育教学改革具有重要意义。在未来发展趋势和重点方向中，强化个性化学习模式是一个重要方向。通过教学方法的改革与优化，可以更好地满足学生个性化学习需求，提高教学效果。同时，推广互动式教学也是不可忽视的一点。运用现代技术和工具提高互动性，可以激发学生的学习兴趣，提升他们的参与度和动手能力。通过不断地探索创新，将教学内容丰富多样，给学生带来更加丰富的学习体验，促进他们的思想政治教育教学认知水平的提高。

在高校思想政治教育教学改革研究中，教师们应当致力于教学内容的创新与丰富，通过强化个性化学习模式，激发学生的学习兴趣和主动性。同时，教学方法的改革与优化也是非常重要的，不断探索适合当代大学生的教学方式。推广互动式教学，打破传统的课堂教学模式，让学生更加积极参与到教学过程中。特别是，增加学生讨论和演讲环节，可以锻炼学生的思辨能力和表达能力，提高他们的自信心和团队合作意识。这样的措施能够有效促进学生的全面发展，为他们未来的发展打下坚实的基础。

在高校思想政治教育教学改革研究中，实施小组合作学习是未来的重点方向之一。通过小组合作学习，可以激发学生的学习兴趣和参与度，促进学生之间的合作与交流，提高学习效率和成果。在小组合作学习中，学生可以共同研究问题、讨论观点、分享心得，从而形成跨学科、跨专业的学习模式，促进知识的综合应用与创新。小组合作学习还可以培养学生的团队合作意识、沟通能力和领导才能，有助于提高学生的综合素质和竞争力，适应当今社会发展对人才的需求。通过实施小组合作学习，可以为高校思想政治教育的教学改革带来新的活力和动力，推动教育教学工作取得更好的发展。

在高校思想政治教育教学改革研究中，实践中体验式教学是一个重要的发展方向。通过实践中体验式教学，学生可以更加直观地感受到理论知识的应用，激发学习兴趣并提高学习效果。这种教学模式强调学生参与、实践和体验，让学生在实际操作中掌握知识和技能，促进学生成为知识的主人。

在实践中体验式教学中，学生可以通过参加实地考察、实验操作、实习实训等活动，将课堂上学到的知识与实际情况结合起来，加深对知识的理解和掌握。这种教学方式不仅可以培养学生的实践能力和解决问题的能力，还可以培养学生的团队合作精神和创新意识。实践中体验式教学是思想政治教育领域的一种创新，有助于培养学生的综合素质和实践能力，推动高校教育教学工作的改革和发展。

在高校思想政治教育教学改革研究中，创设虚拟教学环境是未来发展的重点方向之一。通过虚拟教学环境，可以实现教学内容的创新与丰富，强化个性化学习模式，改革与优化教学方法，并推广互动式教学。虚拟教学环境为学生提供了更加丰富的学习资源和场景，使他们可以在虚拟的环境中进行实践和探索，促进他们的深度学习和创新能力的培养。通过虚拟教学环境，学生可以参与到更加生动有趣的学习过程中，激发学习的兴趣和动力，提升教学效果。因此，创设虚拟教学环境对于高校思想政治教育教学改革具有重要意义，将成为未来教育的发展趋势。

二、强化实践能力培养

在高校思想政治教育教学改革研究中，拓展实习和实训机会是一个非常重要的方向。通过拓展实习和实训机会，可以让学生在实践中更好地理解和运用所学知识，增强他们的实践能力和创新能力。同时，这也能为学生提供更多的职业发展机会和实践经验，帮助他们更好地适应社会的需要和发展。因此，拓展实习和实训机会不仅可以丰富学生的学习经验，还可以提升他们的综合素养和竞争力，为他们的未来发展打下坚实的基础。在未来的教学改革中，我们将进一步加强对实习和实训机会的组织和管理，为学生提供更多更好的实践机会，助力他们的成长和发展。

通过组建实践基地及模拟场景，可以为学生提供更加贴近实际的学习环境，增强他们的实践能力和应对实际问题的能力。这样的教学模式可以使学生在模拟的情境中进行思考和实践，更好地将理论知识与实践相结合。同时，实践基地的建设也可以为学生提供更多的实践机会，让他们在真实的环境中进行学习和探索，从而更好地提升他们的综合素质和实践能力。在未来的发展中，进一步完善和扩大实践基地的建设，将是教学改革的重点方向之一。

三、注重个性发展辅导

近年来，随着高校思想政治教育教学改革的不断深化，建立个性测评档案成为学校重要的工作之一。这一举措旨在为学生提供更加个性化、精准的发展指导，促进其全面成长。通过对学生学习、生活、兴趣等方面的全面评估，为其量身定制个性化学习计划和发展路径，实现个性化辅导与指导。建立个性测评档案不仅可以帮助学生更好地了解自己的优势和劣势，还可以为教师提供更科学的教学方法和个性发展建议。这将有助于高校教育教学工作的效率和质量提升，促进学生成长成才，推动高校教育教学改革向更深层次发展。

在高校思想政治教育教学改革研究中，提供心理辅导和职业规划服务是重要的趋势和方向之一。通过为学生提供心理辅导，可以帮助他们解决心理问题，增强心理健康，促进学习和发展。同时，通过为学生提供职业规划服务，可以帮助他们了解自己的优势和兴趣，指导他们选择适合自己的职业方向，提高就业竞争力。这种个性化的服务可以更好地满足学生的需要，促进他们在思想政治教育中的全面发展和提升，是当前教学改革的重要内容之一。

高校思想政治教育教学改革研究的重点方向之一是配备专业发展导师团队。这意味着学校需要建立一个由经验丰富、专业知识全面的教师组成的团队，他们将为学生提供个性化的发展辅导和支持。这样的专业导师团队可以帮助学生更好地规划自己的学习和发展路径，指导他们面对挑战和困难时如何应对。同时，专业导师团队还能够根据学生的兴趣、特长和需求，为他们量身定制个性化的学习计划和辅导方案，帮助他们实现自身潜能的最大化。这种个性化的发展辅导模式将有助于激发学生学习的积极性和主动性，提高他们的学习效果和成长速度。

第三节 评价体系的完善与创新

一、构建多元评价体系

在高校思想政治教育教学改革研究中，引入学业成绩评价以外的标准是必不可少的。通过构建多元评价体系，可以更全面地评价学生的综合素质和能力。这种评价方式不仅可以激发学生的学习动力，还能够促使他们在学习过程中更加全面地发展自己。同时，注重个性发展辅导，强化个性化学习模式，教学内容的创新与丰富，教学方法的改革与优化，评价体系的完善与创新，都是为了为学生提供更多元化、个性化的教育服务，帮助他们更好地适应未来社会发展的需求。因此，在未来的教育教学中，引入学业成绩评价以外的标准将是一个重要的发展趋势和方向。

为了更好地评价学生的学习情况和教学效果，我们需要设立一个综合评价指标体系。这个指标体系应该包括多个方面，例如学生的学习成绩、课堂表现、参与度、创新能力等。通过这些指标的综合评价，可以更全面地了解学生的学习状况，为他们提供更有效的教学和指导。同时，这个综合评价指标体系也可以帮助教师更好地调整教学方法和内容，以提高教学效果和学生的学习兴趣。通过不断完善和创新这个评价体系，我们可以更好地适应教育教学改革的需要，为学生的个性化发展提供更有针对性的教学和指导。

针对高校思想政治教育教学改革研究，教学内容的创新与丰富是至关重要的。通过强化个性化学习模式，激发学生的学习兴趣和主动性。同时，教学方法的改革与优化是促进学生全面发展的有效途径，为其提供更多实践机会和互动体验。在注重个性发展辅导的同时，建立完善的评价体系至关重要。构建多元评价体系，不仅能够更全面客观地评估学生的学习情况，还可以激励他们进行自我评价和互相评价，促进学习氛围的融洽和团结。开展学生自评和互评活动，不仅可以培养学生的自我认知和自主学习能力，还可以促进学生之间的互助合作，共同进步。

在高校思想政治教育教学改革研究中，进行教师评价反馈是至关重要的一环。通过对教师的评价反馈，可以及时了解教学工作中存在的问题和不足，有针对性地进行改进和提升。同时，教师评价反馈也可以促进教师之间的交流和学习，激发教师的教学热情和创新意识。在构建多元评价体系的基础上，进行教师评价反馈将更加科学客观，有利于教师的个人成长和发展。因此，高校在教学改革中应该重视教师评价反馈的作用，不断完善评价机制，营造良好的教学氛围，推动教学质量的提升和教育教学工作的全面发展。

二、推行动态评价制度

定期进行评价调研是高校思想政治教育教学改革中的重要环节。通过定期评价调研，可以及时了解教学效果，发现问题并加以改进。这种动态的评价机制有助于不断优化教学内容、方法和个性化学习模式，提升教学质量。同时，定期评价调研也可以促进教师和学生之间的互动与沟通，形成良好的教学氛围。通过这种方式，教育教学工作可以更加贴近学生需求，让每个学生都能得到个性化的发展辅导。因此，推行动态评价制度并定期进行评价调研，对于高校思想政治教育教学改革具有积极的意义。

在高校思想政治教育教学改革研究中，教学内容的创新与丰富是重要的发展趋势之一。学校需要强化个性化学习模式，满足不同学生的学习需求，提高教学效果。同时，教学方法的改革与优化也是必不可少的。通过采用新颖的教学方式和工具，可以激发学生的学习兴趣，提高他们的学习效率。

除此之外，注重个性发展辅导也是教学改革的重点方向之一。每个学生都有自己的特点和优势，学校应该根据学生的个性特点，开展有针对性的辅导和引导，帮助他们更好地发展自己的潜力。

评价体系的完善与创新是推动教学改革的关键。引入动态评价制度，运用数据分析评估教学效果，可以更客观地了解学生的学习情况和教学效果，为进一步改进教学方法和内容提供重要参考。通过不断的评估和调整，可以提高高校思想政治教育的教学质量，实现教育目标的最大化。

为了推进高校思想政治教育教学改革，实施绩效考核激励机制是至关重要的一环。通过建立科学合理的评价体系，激发教师的教学热情和创新意识，提高教学质量和效果。绩效考核激励机制的实施，可以促使教师注重个性化教学，提升教学水平，有效应对学生多样化的学习需求。同时，通过激励新的教学方法和手段的尝试，促进教学方法的改革与优化，使教学过程更加生动、富有趣味性，提高学生学习的积极性和主动性。绩效考核激励机制的实施，有助于构建更加完善和创新的评价体系，推动高校思想政治教育教学不断迈向新的高度。

加强评价结果应用和反馈的重要性不言而喻。只有通过不断地对评价结果进行分析和应用，才能及时发现问题，做出调整和改进。动态评价制度的推行为我们提供了更加灵活、多样的评价方式，使评价结果更具针对性和实用性。同时，加强评价结果的反馈也是至关重要的，只有将评价结果及时反馈给学生和教师，才能让他们了解自己的优劣势，及时调整学习和教学方法，实现个性化发展。因此，我们要注重评价结果的应用和反馈，不断完善评价体系，为高校思想政治教育教学改革提供更加有力的支持。

三、强化素质评价

在高校思想政治教育教学改革研究中，注重学生综合能力评估是至关重要的一环。通过不断完善评价体系和强化素质评价，可以更全面地了解学生的学习情况和发展水平。同时，个性化学习模式的强化也为学生的综合能力提升提供了更好的机会。教学方法的改革与优化，以及个性发展辅导的重视，都能有效地帮助学生实现自身潜力的最大化。因此，在教育教学中，不仅要关注知识传授，更要重视学生综合能力的培养和评估，使每个学生都能在综合能力上得到充分的提升和展示。

在高校思想政治教育教学改革研究中，加强社会实践与实际能力评价是非常重要的一环。通过引入更多的实践活动，可以帮助学生更好地将理论知识与实际应用相结合，提升他们的综合能力。同时，实际能力评价也能更加客观地评价学生的学习成果，鼓励他们不断进步。通过加强社会实践与实际能力评价，可以更好地培养学生的创新思维和实际应用能力，为其未来的发展奠定良好基础。

通过开展学生综合素质评估，可以更全面地了解学生的学习情况和发展状况，为他们提供更好的个性化学习和辅导。同时，强化素质评价可以促进学生全面发展，提高他们的学习动力和自信心。评价体系的完善与创新是必不可少的，可以更客观、科学地评估学生的学习成果和综合素质。只有不断改革和优化教学方法，注重个性化学习模式，教学内容的创新与丰富，才能更好地满足学生的个性化需求，推动高校思想政治教育教学改革朝着更加健康、可持续的方向发展。

四、建立质量评价监控体系

中国大学在高校思想政治教育教学改革研究中，将设立专门质量评估机构作为重要举措之一。这一举措旨在建立起更为科学、有效的质量评估体系，加强对教学过程和成果的监控和评价。通过设立专门机构，可以更好地对教学质量进行定量化和定性化评估，及时发现问题并改善教学工作。同时，这也能促进教师和学生在教学过程中的互动和反馈，提升教学效果和质量。总体而言，设立专门质量评估机构是中国大学在未来教学改革中的重要举措之一，将为教学质量的提升和教学水平的提高提供坚实的保障。

持续的教学检查和评估是确保高校思想政治教育教学质量不断提升的关键。定期组织教学检查和评估可以帮助学校及时发现存在的问题和不足,及时调整教学方向和措施。通过对教学效果和教学质量进行全面的评估,可以更好地了解学生的学习情况和成果,为教学改进提供有力支持。

教学检查和评估还可以促进师生之间的沟通和交流,增强师生之间的互动和合作,激发学生学习的积极性和主动性。同时,通过对教师教学水平和教学态度的评估,可以及时发现并奖励优秀教师,激励其不断提高教学水平,为学生提供更好的教学效果和服务。因此,高校应该加强对教学的监督和管理,建立健全的教学评价机制,不断完善和提升思想政治教育的教学质量。

通过加强教学评估数据管理,高校能够更有效地监测教学质量和学生表现。这一过程需要建立科学的数据收集、整理和分析机制,以及有效的反馈和改进机制。通过系统收集教学评估数据,可以更准确地了解教学的优势和不足,为进一步的改进提供依据。同时,加强教学评估数据管理也有助于为决策者提供更全面的信息,以便他们制定更有针对性的教育政策和措施。在面对日益复杂多变的高等教育环境中,提高数据管理能力是高校思想政治教育教学改革的必然要求。

对于高校思想政治教育教学改革的未来发展趋势和重点方向,持续改进和追踪质量评价指标是至关重要的一环。通过建立质量评价监控体系,可以更好地了解教学效果和学生进步情况,为未来改进和优化提供数据支持。除此之外,教学内容的创新与丰富也是关键。随着社会发展的变化,思想政治教育需要与时俱进,及时调整内容以适应学生的需求和社会的发展。同时,强化个性化学习模式和个性发展辅导也是未来的重点方向。通过关注每个学生的个性特点和需求,可以更好地激发学生的学习兴趣和潜力,从而提高教学效果和学生综合素质。教学方法的改革与优化也是重要的方向,不断探索适合不同学生群体的教学方法,提高教学效果,实现思想政治教育教学质量的提升。

第四节 师资队伍建设和教师培训

一、提高教师整体素质

通过开展专业知识提升项目,高校可以帮助教师不断提升自身的学术能力和教学水平,从而更好地完成思想政治教育的任务。该项目可以包括学术研讨会、专业技能培训、学术交流等多种形式，使教师有机会接触最新的研究成果和教学方法，不断更新自己的知识结构。

专业知识提升项目也有助于教师提高自身的综合素质，包括创新能力、领导能力、沟通能力等方面。通过不断学习和交流，教师可以拓展自己的视野，增强对学科的理解和洞察，为学生提供更加全面和深入的教育服务。

因此，高校应该重视专业知识提升项目的开展，为教师提供良好的学习和交流平台，帮助他们不断提升自身素质，推动思想政治教育教学改革和发展。

加强教师培训是推动高校思想政治教育教学改革的重要举措之一。通过系统的教育教学理论培训，可以帮助教师不断提升自身的专业素养和教学能力，更好地应对教育教学改革的挑战。教师培训应该不断更新教学理念和方法，引导教师思考如何更好地传授知识、激发学生的学习兴趣和提高学生成绩。同时，注重培养教师的创新意识和团队合作精神，使其能够适应教育教学改革所需的新要求和新挑战。

高校还可以通过开展教育教学研讨会、交流学习等活动，促进教师之间的互相学习和交流，促进教学经验的共享和创新。只有不断提升教师的整体素质，高校思想政治教育教学才能不断得到改进和提升。

通过推行教学反思和评估机制，可以帮助高校教师不断审视自身的教学方式和教学效果，从而不断优化教学过程。在这个过程中，教师可以根据评估结果进行自我反思，发现不足之处并加以改进，从而提高教学水平和教学质量。同时，教学反思和评估机制也可以促进教师之间的交流和互相学习，形成良好的教学互助氛围。

除了帮助提高教师整体素质外，教学反思和评估机制还可以促进教学质量的不断提升，进一步推动高校思想政治教育教学改革的深入发展。因此，建立健全的教学反思和评估机制是高校思想政治教育教学改革的重要一环，也是提高教育质量的关键举措。

关于高校思想政治教育的教学改革，加强教师专业发展指导至关重要。教师是教育的中坚力量，他们的专业素养直接影响到教育教学的质量和效果。因此，高校应该注重为教师提供专业发展指导，包括但不限于提供专业培训、教学方法研讨、学术交流等。

教师的专业发展指导需要有系统性和连续性，帮助教师不断提升自身的教学水平和专业素养。通过专业发展指导，教师可以更好地了解教育教学的最新理论和实践，不断更新自己的知识体系和教学技能。同时，高校还可以通过专业发展指导帮助教师解决教学中遇到的问题，促进教学质量的不断提升。

总的来说，加强教师专业发展指导是高校思想政治教育教学改革的关键举措之一。希望各高校在未来的工作中能够更加重视教师的专业发展，为高校教育教学事业的发展贡献力量。

二、增强师资队伍结构

为了增强师资队伍的结构，高校需要加强对青年教师的引进和培养工作。青年教师具有朝气蓬勃、创新能力强等优势，他们是高校教学改革的生力军。通过引进和培养青年教师，可以为高校注入新的血液和思想，促进教学方法的创新与优化，推动教学内容的丰富与完善。

青年教师也是未来高校教育的中坚力量，他们的成长和发展对于高校的整体教学质量至关重要。因此，高校需要重视青年教师的培养工作，为他们提供良好的发展机会和环境，不断提升他们的专业水平和教学能力。只有如此，才能为高校思想政治教育教学改革的持续发展奠定坚实的基础。

学科交叉师资布局的优化是高校思想政治教育教学改革的关键一环。通过合理安排各学科背景的教师，可以促进思想政治教育的多元化发展，提高学生的学习效果和综合素质。同时，优化师资队伍结构也能够激发教师的创新潜力，推动教学方法的改革与优化，实现教育教学工作的高质量发展。良好的师资组合和交叉布局不仅可以促进师生之间的互动交流，还可以提升学科交叉融合的能力，为学生提供更加全面和有价值的教育资源。因此，高校在进行思想政治教育教学改革时，需要加强对师资队伍的建设与管理，不断优化学科交叉师资布局，推动高校思想政治教学的不断创新和发展。

这些举措对于高校思想政治教育的教学改革具有重要意义。特别是定期开展教师学术交流活动，能够促进教师之间的交流和共享教学经验，有助于提高教学质量和水平。

通过教师学术交流活动，可以激发教师的创新意识，引领教学理念的更新和教学方法的改进。教师们也能够在交流中相互学习、共同成长，进而形成更加融洽的师生关系。在这样的氛围中，教师能够更好地发挥自身的专业优势，实现个性发展，从而为学生提供更加优质的教育教学服务。

因此，加强师资队伍结构，定期开展教师学术交流活动是推动高校思想政治教育教学改革的重要举措之一，也是提高教学质量和水平的有效途径。

三、实施专业化培训

专业发展计划的设立是高校思想政治教育教学改革的一个重要举措。通过设立专业发展计划，可以为教师提供更多的培训和支持，使其能够不断提升自身的教学水平和研究能力。同时，专业发展计划也可以帮助教师更好地定位自己在教育教学领域的位置，明确自己的职业发展方向和目标，从而能够更有针对性地进行专业化培训。

除了为教师制定专业发展计划外，高校还应该建立完善的评价体系，对教师的专业发展计划进行跟踪和评估，及时发现问题并进行调整。只有这样，高校思想政治教育教学改革才能够取得实质性的进展，为培养德智体美全面发展的社会主义建设者和接班人打下坚实的基础。

为了提高高校思想政治教育的教学质量，必须注重师资队伍建设和教师培训。针对当前教师队伍中存在的问题和不足，可以组织行业专家来进行授课，提升教师们的专业水平和教学能力。通过专业化培训，可以使教师更加深入地了解思想政治教育的最新理论和实践经验，从而更好地引导学生，提高教学效果。

同时，教师培训还可以促进教师的个性化发展，帮助他们在教学实践中发挥自己的特长，提升教学的个性化水平。通过建立有效的培训机制和评价体系，可以不断完善教师培训工作，为高校思想政治教育的教学改革提供坚实的支撑。

通过推行教师培训考核体系，高校可以确保教师们不仅具备专业知识和教学技能，还能够不断更新和提升自己的教育理念和教学方法。这样一来，教师能够更好地适应学生个性化学习需求，提高教学质量和效果。

推行教师培训考核体系也有利于激励教师积极参与教育教学改革，持续学习和提高自身素质。这将有助于构建一支专业化、高水平的教师队伍，为高校思想政治教育的教学改革提供坚实的保障。

在未来的教学改革中，高校需要注重提升教师的综合素质，强化教师的职业认同感和使命感，同时为他们提供更多的发展机会和支持，构建一个良好的教育教学环境。只有这样，我们才能真正实现高校思想政治教育教学改革的目标，培养更多具有国际竞争力的优秀人才。

加强师资队伍建设是推动高校思想政治教育教学改革的关键一环。为了提高教师的专业水平和教学质量，高校应该加强教师培训，提供多样化的培训方式和机会，以满足不同教师的需求。同时，建立起教师职业发展通道，让教师有更多的机会发展自己的学术研究和教学技能，激发他们的教学热情和创新能力。通过引入专业化培训和职业发展通道，可以吸引更多优秀的教师加入到思想政治教育教学队伍中，推动教学改革不断深入发展，为高等教育培养更加全面发展的优秀人才奠定坚实基础。

第五节　教育资源整合与共享

一、强化院校合作共建

通过建立国际合作交流机制，高校可以借鉴国外先进的思想政治教育教学经验，引进国际先进教学理念和方法，促进教育教学质量的提升。同时，国际合作交流也可以促进高校之间的资源整合与共享，推动院校合作共建的进程，实现优势互补、合作共赢。

在国际合作交流机制下，高校可以开展师生互访、学术研讨、项目合作等多种形式的合作活动，促进国际间的学术交流与合作。这不仅可以提升高校人才培养水平，还可以推动教育教学体系的改革与创新，进一步推动高校思想政治教育教学改革取得更好的成效。

在高校思想政治教育教学改革研究中，推动校际资源整合是至关重要的一环。通过强化院校合作共建，可以促进教育资源的共享与整合，提升教学质量和水平。院校之间可以在教学内容、教学方法、评价体系等方面进行交流与合作，共同探索更适合学生发展的教学模式和管理机制。师资队伍的建设和教师培训也需要加强，实施专业化培训，提升教师教学水平和专业素养。只有共同努力，才能推动高校思想政治教育的改革与发展，为培养高素质人才做出积极贡献。

加强高校间的学术研究合作是推动思想政治教育教学改革的重要途径之一。通过开展合作研究，不仅可以促进院校之间的交流互动，还可以汇聚各方智慧，共同探讨教学改革的路径和方法。在研究合作中，可以共享资源、整合专业优势，提升教育教学品质和水平。

学术研究合作还可以为高校教师提供更广阔的发展空间，促进教师间的交流与合作，激发教师的创新和研究热情。同时，学术研究的成果也可以为高校思想政治教育教学改革提供实践依据和理论支持。因此，高校应积极开展学术研究合作，不断推动思想政治教育教学改革迈向更高水平。

二、拓展教育资源开放共享

通过构建共享教育资源平台，高校可以实现多方面资源的整合和共享。这样一来，不同高校之间的教学资源就可以得到更好的利用，避免资源浪费和重复建设。共享教育资源平台可以为教师提供更多的教学素材和案例，丰富课堂教学内容，激发学生学习兴趣。同时，学生也可以通过平台获取到更广泛的学习资源，拓展视野，提升能力。

通过共享教育资源平台，高校还可以增强交流合作，促进教师间的共同成长和学术交流。教师们可以通过平台分享教学经验、研究成果和教学方法，相互借鉴学习，共同提升教学质量。同时，学生也可以在平台上进行跨学科的学习和交流，拓展思维，培养综合能力。共享教育资源平台有助于构建更加开放和共享的高校教育环境，推动高校思想政治教育教学改革的深入发展。

为推动高校思想政治教育教学改革，必须积极探索开放课程学习的新模式。这种模式不仅可以拓展教育资源的范围和深度，还可以促进师生之间的互动和交流。通过推广开放课程学习，学生可以更加自主地选择适合自己发展需求的课程，从而实现个性化学习的目标。

同时，开放课程学习也能够促进不同高校之间教育资源的共享。这样一来，不仅有助于提高高校教学水平和教育质量，也能够为师生提供更多选择的机会，激发他们的学习热情和创新能力。

因此，建议高校进一步加强对开放课程学习的推广和支持，为学生提供更加宽广的学习领域和机会，推动高校思想政治教育教学改革朝着更加多元化、开放化的方向发展。

三、强化校企合作

为了推动高校思想政治教育教学改革的深入发展，我们需要加强校企合作，开展合作办学项目，以提高教学质量和培养更具竞争力的人才。通过与企业合作，高校可以更好地了解行业需求，调整教学内容和方法，使教育更贴合实际需求。同时，校企合作可以为学生提供更多的实践机会，促进理论与实践的结合。

开展合作办学项目也可以帮助高校拓展教育资源，丰富教学内容，提高教学质量。通过与不同领域的企业进行合作，高校可以开设更多的专业课程，满足学生多样化的学习需求。合作办学项目可以为高校师生提供更多的交流机会，促进双方的共同发展。

在强化校企合作的过程中，高校需要积极探索合作模式，不断创新机制和方法，实现优势互补，共同发展。通过开展合作办学项目，高校思想政治教育教学改革将迎来更为广阔的发展空间。

为推动高校思想政治教育教学改革，高校需要重点关注教学内容的创新与丰富。通过不断更新教学内容和拓展教学资源，可以提高学生的学习兴趣和学习效果。同时，强化个性化学习模式也是必不可少的。针对不同学生的学习特点和需求，个性化学习模式能够帮助学生更好地掌握知识和提高能力。

除此之外，教学方法的改革与优化也是关键。传统的教学方法已经不能很好地适应学生的需求，因此需要探索新的教学方法，不断优化教学过程，提高教学效果。同时，注重个性发展辅导也是重要的一环，通过个性化的发展辅导，可以帮助学生更好地成长和发展。

为了确保教育质量，评价体系的完善与创新也是必须的。建立质量评价监控体系，可以及时发现问题并进行调整。师资队伍建设和教师培训也是关键所在，实施专业化培训能够提升教师的教学水平和能力。

教育资源整合与共享、强化校企合作以及实施产学研结合也是推动高校思想政治教育教学改革的重点方向。通过多方合作，共同努力，可以为高校思想政治教育教学改革注入新的活力和动力。

通过组建校企双向实习基地，高校可以更好地与企业合作，为学生提供更丰富的实践机会，帮助他们更好地理解和应用所学知识。校企合作也可以促进教师与企业之间的交流与合作，提升教师的教学水平和实践能力。

在校企双向实习基地的支持下，高校的思想政治教育教学改革将更加贴近社会需求，更加贴近实际情况，为学生提供更全面的培养和发展机会。这样的改革不仅可以提高思想政治教育教学的实效性，还可以促进高校与社会的深度互动与融合，为高等教育注入新的活力和动力。

企业导师制度的推广对高校思想政治教育教学改革起着举足轻重的作用。企业导师可以为学生提供实践机会，帮助他们更好地理解社会现实，增强实践能力和创新意识。通过与企业导师的交流和互动，学生能够更深入地了解社会发展趋势和需求，拓展思维视野，培养创新精神和团队合作能力。

同时，企业导师制度的推广也可以为高校教师提供更多的实践经验和行业知识，促进教学方法的改革与优化。教师们可以通过与企业导师的合作，了解行业最新动态和发展趋势，将实践经验融入教学内容中，提升教学质量和教学效果。

因此，推广企业导师制度不仅可以促进学生的全面发展，还可以提升教师的教学水平和专业素养，有助于高校思想政治教育教学改革的深入发展。

四、推动教育公平发展

高校思想政治教育教学改革研究中，加强优质教育资源平衡分布对推动教育公平发展至关重要。资源的不均衡分布会导致教育质量和学生发展的不均衡，影响到教育公平。因此，通过加强资源的平衡分布，可以提高教育教学的质量，确保每一个学生都能够获得公平的教育机会。

教育资源的平衡分布可以通过资源整合和共享来实现，确保资源的合理利用和公平分配。同时，还可以通过建立综合评价体系，监测资源分配的公平性和合理性，确保资源更加精准地满足教育教学的需求。

通过加强优质教育资源的平衡分布，可以促进高校思想政治教育教学改革，推动教育公平发展，为学生提供更加优质的教育教学环境和更多的发展机会。这将有助于提高教育教学水平，推动高校教育事业不断迈向新的高度。

这些政策对教育公平的影响不容忽视。通过降低学费和提供奖学金，可以帮助更多家庭经济困难的学生接受高等教育，打破了传统的贫富差距，促进了教育公平的实现。同时，优惠政策也激励学生更加努力学习，取得更好的成绩，为自己的未来发展奠定坚实基础。

然而，尽管这些政策对教育公平有积极影响，但也存在一些问题需要解决。例如，如何确保资金的合理分配和使用，避免造成学费减免和奖学金发放不公平的情况。同时，还需进一步加强对政策执行情况的监督和评估，及时调整政策，确保其效果最大化。

总的来说，实施学费和奖学金优惠政策是高校思想政治教育教学改革中的一项重要举措，对促进教育公平和提升教育品质具有重要意义，但需要不断完善和调整，以确保其有效实施。

五、提高教学质量保障水平

加强教学考核和评估体系是教学质量提升的必要手段之一。通过建立科学合理的考核和评估体系，可以有效监督和评价教学工作的实施情况，确保教学目标的达成。同时，考核和评估也能激发教师的教学热情，促进其不断提升教学水平。

在高校思想政治教育教学改革中，加强教学考核和评估体系需要综合考量教学内容的新颖性、教学方法的灵活性和评价体系的科学性，确保其能够全面反映教学质量的优劣，并及时调整教学策略。只有这样，才能真正提高高校思想政治教育教学的水平，推动学生思想素质的全面提升。

教学质量监控机制在高校思想政治教育教学改革中的作用不可忽视。其建立和完善能够有效监督教学过程，提升教学效果，保障教育质量。通过监控机制，可以及时发现和解决教学中存在的问题，促进教师专业水平提升，提高学生学习质量。

监控机制可以帮助高校建立起科学的评价指标体系，不断优化教学内容和方法，推动个性化学习模式的发展。同时，监控机制也促使教师更多地关注学生的个性发展需求，加强个性化发展辅导，助力学生全面成长。

监控机制的建立也有利于促进教学资源的整合与共享，实现优质教育资源的高效利用。通过建立质量评价监控体系，高校可以更好地提升教学质量保障水平，推动思想政治教育教学改革不断向前发展。

教学质量评估与改善是高校思想政治教育教学改革中至关重要的环节。通过评估教学质量，可以及时发现存在的问题和不足，进一步改进教学方法、内容和手段，提高教学效果。评估不仅可以帮助学校全面了解教学过程中的各个环节,还可以促进教师和学生的发展和进步。同时,评估也为学校提供了数据支持,帮助制定合理的教学改善方案,推动教学质量的提升。

改善教学质量不仅需要学校和教师共同努力,也需要学生和家长的积极参与和配合。教学质量的评估与改善是一个长期、持续的过程,需要各方共同努力,共同促进高校思想政治教育的不断发展和进步。只有不断完善教育教学工作,才能更好地培养学生综合素质,促进社会和谐发展。

通过鼓励创新教学实践活动,可以激发教师的教学热情和创造力,提高他们对教学内容的理解和把握。教师在实践中不断尝试和探索新的教学方法和手段,能够更好地激发学生的学习兴趣,提高教学效果。同时,创新教学实践活动也可以促进学生的自主学习能力和创新思维的培养,使他们在实践中学会解决问题的能力,提高综合素质。

鼓励创新教学实践活动不仅可以带动高校思想政治教育教学质量的提升,还能够促进教育教学改革的深入发展。只有在不断尝试和创新的过程中,高校思想政治教育教学才能跟上时代的步伐,适应学生的需求和社会的发展变化。因此,鼓励创新教学实践活动对高校思想政治教育教学改革是至关重要的。

第二十一章 结论

第一节 研究背景

一、中国高校思想政治教育现状

思政教育是培养学生正确世界观、人生观、价值观的重要途径，是高校教育中不可或缺的一部分。在当今社会，面对多元化的思想文化，高校思政教育更显重要。只有通过思政教育，学生才能够树立正确的人生目标，树立正确的世界观和价值观，引导他们走向充实、积极、有意义的人生道路。

思政教育还可以培养学生的社会责任感和使命感，激发他们的爱国情怀和社会担当。只有具备正确的思想觉悟和社会责任，学生才能够在未来的工作和生活中发挥积极作用，为社会稳定和发展做出贡献。思政教育的重要性不可忽视，高校应该加强对思政教育的重视和投入，不断深化改革，提升教育质量，培养更加优秀的人才。

目前，中国高校思想政治教育存在着一些问题。一些教育教学方法滞后，无法吸引学生参与和思考，导致学生对思政课程缺乏兴趣。一些思政教育内容过于枯燥，无法引起学生的共鸣和思考，难以在学生心中树立正确的思想观念。一些高校思政教育缺乏实践性，无法与学生实际生活相结合，使得学生很难将所学知识运用到实际生活中。更严重的是，一些高校思政教育缺乏针对性，无法满足不同学生群体的需求，导致一些学生对思政课程的教育效果产生怀疑。

这些问题的存在对高校教育起到了一定的负面影响，阻碍了学生的全面发展和提高他们的思想境界。因此，有必要对高校思想政治教育进行深入的研究和探讨，以期找到解决问题的方法和路径。

二、高校思政教育的历史演变

传统思政教育模式的特点主要体现在具有一定的规范性和固定性,一般以口头讲授、文献阅读、理论学习等形式展开教学过程。传统思政教育模式在长期的实践中不断调整和发展,逐渐形成了一套相对成熟的教学体系。教师在传统思政教育中扮演着重要的角色,他们的言传身教对学生的思想政治素养有着直接的影响。

不断变化的社会形势和学生群体的特点也在推动着传统思政教育模式的不断调整与变革。通过对传统模式的理解和思考,我们可以更好地把握教学的本质,进一步完善和发展高校思想政治教育,为培养社会主义事业的合格建设者和接班人做出更大贡献。

在现代社会,思想政治教育教学改革正面临着新的挑战和机遇。随着社会主义核心价值观的推广和国家治理体系的不断完善,高校思政教育不再仅仅是灌输知识和理论,更要注重引导学生树立正确的人生观、世界观和价值观,培养学生的社会责任感和创新能力。

现代思政教育强调以学生为中心,倡导开放式、互动式的教学方式,注重培养学生的思辨能力和批判意识。同时,思政课程也在不断更新和改进,更加注重与时代需求的契合,涉及更加广泛和前沿的社会问题,引导学生关注国家发展、社会进步。

总的来说,现代思政教育致力于培养学生的全面发展和综合素质,为他们未来的职业生涯和社会责任打下坚实的思想基础。随着时代的发展和社会需求的变化,思政教育教学改革也将持续深入,为高校学生的发展提供更加有力的支持和指导。

三、国内外高校思政教育改革探讨

在国内高校思想政治教育教学改革中,一些成功的经验包括推动思政教育与专业教育相结合,积极探索多元化的教学方法,注重培养学生的创新能力和实践能力,加强师生互动和思想引领,以及建立健全的教育评价体系等。这些经验值得在未来的改革中继续借鉴和总结。

然而,也不可忽视当前高校思政教育面临的一些问题和挑战。例如,一些高校思政课程教学内容单一,缺乏针对性和趣味性;部分学生对思政教育缺乏重视,缺乏积极性;一些教师教学水平和方法有待提高等。在今后的改革中,需要认真总结经验和教训,不断完善改革措施,以提升高校思想政治教育的实效性和针对性,为培养德智体美全面发展的社会主义建设者和接班人做出更大贡献。

在国外高校,思政教育改革日益受到重视,许多学校纷纷加强课程设置,注重教育内容更新和教学方法创新。比如,某美国大学将思政教育融入到各个学科中,通过跨学科的探讨和研究，引导学生学会独立思考和批判性分析。某英国大学开设了面向全球化背景的思政教育课程，帮助学生更好地理解世界局势和国际关系，培养跨文化交流的能力。

这些国外高校在思政教育改革方面的成功经验值得国内高校学习借鉴。通过借鉴国外案例，可以为我国高校思政教育改革提供新思路和策略，促进学生全面发展和综合素质提升，推动高等教育教学水平的持续提高。

跨学科思政教育探索，是当前高校思想政治教育改革的重要内容之一。在国内外高校思政教育改革探讨的背景下，跨学科思政教育的提出，为传统的思政教育模式带来了新的视野和思路。通过将不同学科知识与思政教育相结合，可以更好地促进学生的思想政治素养全面提升，培养学生的综合素质和创新能力。跨学科思政教育的探索，不仅可以丰富思政教育的内容和形式，更能够培养学生的综合能力和创新思维。因此，在高校思想政治教育教学改革中，跨学科思政教育的推广和实践具有重要意义。

四、当前高校思政教育问题分析

学生思想政治素质下降已成为当前高校思政教育改革亟待解决的问题。随着时代变迁和社会发展，学生普遍存在思想观念不够成熟、价值观念模糊、政治觉悟不足等问题。这些困扰着学生的思想政治素质下降，不仅影响着他们的全面发展，也在一定程度上损害了高校教育的整体质量。因此，必须针对学生思想政治素质下降的现状和原因进行深入分析，寻求有效的改革途径和措施，以推动高校思想政治教育教学的全面提升和发展。

教育教学模式滞后是当前高校思想政治教育面临的一个重要问题。传统的教学模式过于注重知识传授和考试成绩，缺乏对学生综合素质的培养。教师仍然以讲授为主，课堂教学缺乏互动和讨论，学生缺乏主动学习的动力。课程设置也较为单一，缺乏针对性和灵活性，难以适应学生个性化发展的需求。教育教学模式滞后不仅影响了学生的学习效果，也限制了他们的自主发展能力和创新意识的培养。因此，急需对高校思想政治教育的教学模式进行改革，更好地适应时代发展的需求，促进学生全面发展。

五、思政教育面临的挑战

社会环境变迁的背景下，高校思想政治教育教学改革显得尤为迫切。随着社会经济的不断发展和人民生活水平的提高，学生的思想观念和认识水平也在不断变化。传统的思政教育方式已经无法适应时代发展的需要，迫切需要对教育内容和方法进行创新和改革。只有与时俱进，不断创新，才能更好地引导学生树立正确的世界观、人生观和价值观。这是当前高校思想政治教育教学改革的迫切要求,也是思政教育面临的挑战。

新媒体对思政教育教学的影响是不可忽视的,随着社会信息化的发展,学生获取信息的渠道愈发多样化,传统的教学方式已经不能满足他们的需求。新媒体平台如微博、微信等成为学生获取新闻和信息的主要途径,因此思政教育教学也需要借助新媒体平台来传播思想理念和教育内容。新媒体作为一种全新的传媒形式,能够实现信息的即时传递和互动交流,为思政教育注入了新的活力。通过运用新媒体平台,教师可以更好地与学生互动,调动学生的学习积极性,加强教学效果。因此,在思政教育教学改革中,充分利用新媒体平台,将对提升思政教育教学的质量和效果起着积极的推动作用。

第二节 高校思政教育教学改革对策

一、创新思政教育理念

提升思政教育核心价值观,是当前高校思政教育教学改革的重要方向。通过创新教育理念,可以促进学生思想道德素质的全面提升。在面临挑战的情况下,高校应积极探索教学改革对策,以适应时代发展的要求。思政教育是培养学生终身发展的基础,要注重价值观的培养,引导学生树立正确的人生观、价值观,具有坚定的思想信念和正确的道德行为。只有提高思政教育的核心价值观,才能更好地引领学生成长,促进社会的和谐与发展。

在当前社会背景下,高校思想政治教育教学改革已成为当务之急。推行素质教育是其中的关键一环,只有通过素质教育的推行,才能更好地塑造学生的综合素质和发展潜能。通过创新思政教育理念,加强对学生的思想引导和情感教育,培养他们正确的世界观、人生观和价值观。高校思政教育教学改革对策需要从内部教学活动入手,加强思政教育与学科教育的整合,提升教师的教学水平和思政工作能力。面对思政教育面临的挑战,我们必须积极探索符合时代要求的教学模式和方法,为培养德智体美劳全面发展的社会主义建设者和接班人奠定坚实基础。

高校思想政治教育教学改革研究表明,培养学生创新能力已经成为当前高校教育的重要任务。创新能力的培养可以帮助学生更好地适应社会发展的需求,提高他们解决问题的能力和创新意识。通过引入新的教学方法和理念,学生的创新能力可以得到有效提升,从而为他们未来的发展奠定良好的基础。因此,高校应积极探索创新思政教育的路径,不断推动教学改革,为学生的综合发展提供更广阔的空间。

倡导人文关怀，是当前高校思政教育教学改革中不可忽视的重要方面。通过创新思政教育理念，可以有效弥补现实中存在的挑战和问题，为学生提供更为全面、人性化的教育教学环境。这种关怀不仅仅是关注学生的学术表现，更要关心他们的内心世界和情感需求。通过倡导人文关怀，可以促进学生的全面发展，培养其独立思考和价值追求的能力。在高校思政教育教学改革中，我们应该重视人文关怀，让思政教育真正成为学生成长的助力和引导，为培养德智体美劳全面发展的社会主义建设者和接班人打下坚实基础。

高校思想政治教育教学改革是当前高校教育领域的重要议题，也是思政教育工作的核心内容。在现代社会中，传统的教育模式已经无法满足新时代学生的需求和挑战。因此，建设特色教育品牌成为高校发展的重要方向。通过创新思政教育理念，高校可以实现思政教育的全面提升，培养学生的综合素质和社会责任感，使他们成为有担当、有使命感的新时代青年人。建设特色教育品牌将是高校思政教育教学改革的重要抓手，为高校教育事业的长远发展注入新的活力。

二、改进思政教学方法

引入互动式教学是高校思政教育教学改革的重要一步。通过互动式教学，可以激发学生的学习兴趣，增强他们的参与度和自主性，提高课堂教学效果。在互动式教学中，学生可以通过讨论、小组合作、角色扮演等方式，积极参与到教学过程中，从而更好地理解和掌握所学知识。互动式教学也有利于培养学生的批判性思维能力和团队合作精神，促进他们的全面发展。因此，引入互动式教学是推动高校思政教育教学改革的有效途径，有助于培养具有创新精神和社会责任感的优秀人才。

在高校思想政治教育教学改革的过程中，开展多元化评估是至关重要的。通过多元化评估，可以更全面地了解学生的思想状况，发现存在的问题和不足，并及时进行调整和改进。同时，多元化评估可以提高思政教育的针对性和有效性，使教学更具有生动性和实效性。展开多元化评估不仅有助于高校思政教育教学改革的深入推进，也有利于培养学生的综合素质和创新能力，为学生成长成才提供更好的保障。因此，高校应当重视开展多元化评估工作，不断完善评估机制，为思政教育的发展注入新的活力和动力。

实施案例教学可以有效提高学生的综合能力，使他们在具体情境中实践所学知识，更好地理解和运用思想政治理论。通过案例教学，学生可以在实际问题中思考和解决，培养批判性思维和创新能力。案例教学不仅可以激发学生的学习兴趣，也可以增加他们的参与感和实践经验。通过实施案例教学，学生可以更好地发展自己的综合素质，提高解决问题的能力，培养独立思考和判断能力，有利于塑造学生的人文精神和社会责任感。因此，高校思想政治教育教学改革需要加大对案例教学的推广和应用，从而提升教学效果，培养更具有创新精神和实践能力的人才。

加强思政教育管理，是当前高校思政教育教学改革的迫切需要。只有加强管理，才能更好地规范和指导思政教育工作，确保其有效开展和落地落实。管理要求严格、细致，做到科学规范、透明公正。同时，要注重对思政教育工作的监督和评估，及时发现问题并加以解决。只有这样，才能推动思政教育事业不断向前发展，实现教学质量和教学效果的提升，让学生真正受益。高校思政教育管理的完善，将为学生提供更好的教育环境和更丰富的思想政治教育资源，培养出更加优秀和有担当的人才。

推动师资队伍建设，需要加强师资队伍的建设和培训工作，提高教师的专业水平和教学质量。只有具备较高的学术水平和教学能力的教师才能更好地开展思政教育工作，引领学生积极参与学习，增强其思想道德修养。同时，还需要搭建良好的教师交流平台，促进教师之间的交流与合作，共同探讨教学方法和经验，不断提升教学水平。通过推动师资队伍建设，可以进一步推动高校思政教育教学改革的深入发展，实现教育教学质量的全面提升。

三、落实思政教育内容

主题教育作为一种新的思想政治教育方式，具有独特的价值和意义。通过强化主题教育，可以让学生更加深入地理解和认识党的路线方针政策，增强对党的信仰和忠诚。主题教育还可以引导学生正确树立人生观、价值观，锻炼学生坚定的理想信念和正确的世界观。在高校思政教育教学改革中，强化主题教育是非常重要的一环，对于培养德智体美劳全面发展的社会主义建设者和接班人具有重要意义。

强化主题教育也能够激发学生的思想激情，激励他们积极参与社会实践，提高学生的综合素质和创新能力。通过各种形式的主题教育活动，可以让学生身临其境地感受党的创造力和号召力，从而更加深刻地领会理论与实践的辩证关系。强化主题教育是高校思想政治教育教学改革的必然要求，对于培养德才兼备、政治坚定、具有社会责任感的新时代大学生具有重要意义。

在高校教育中弘扬中国优秀传统文化，不仅可以增强学生的文化自信和认同感，更能够培养学生的爱国情怀和社会责任感。中国优秀传统文化蕴含着丰富的人文精神和道德观念，如孝道、仁爱、礼法等，这些价值理念不仅是中华民族几千年发展的智慧结晶，也是指导人们行为的宝贵财富。通过弘扬中国优秀传统文化，可以帮助学生树立正确的人生观和价值观，更好地应对当今社会复杂多变的挑战。

在高校思想政治教育教学改革中，弘扬中国优秀传统文化需要全校各方共同努力，不仅需要教师引导和示范，更需要学生自觉去学习和传承。只有通过全校共同努力，才能真正实现思政教育教学改革的目标，培养德智体美全面发展的社会主义建设者和接班人。

四、推进教学改革实践

建立教育科研实践平台是高校思想政治教育教学改革的必然选择。这种平台可以为教师和学生提供更多的参与和实践机会，促进理论和实践相结合，从而更好地培养学生的创新能力和实践能力。同时，建立这样的平台也可以促进教育教学改革与科研工作的有机结合，推动学校教育教学质量的提升。

通过建立教育科研实践平台，可以有效整合高校内外资源，为学生提供更全面的知识和技能培养。通过开展跨学科的合作研究和实践活动，可以拓展学生的视野，培养综合素质。教育科研实践平台还有助于激发学生的研究兴趣和创新意识，培养他们勇于探索、勇于实践的品质。因此，建立教育科研实践平台是高校思想政治教育教学改革的有效途径。

加强国际学术交流是提升高校教学水平的重要途径之一。通过与国际学术界的交流合作，可以引进先进的教学理念和方法，开阔教师和学生的视野，促进学术创新和教学改革。同时，与国际学术界的交流也有助于增进我国高校在国际上的影响力和声誉，提升学校的国际竞争力。

在加强国际学术交流的过程中，高校可以借助国际会议、学术交流活动、合作研究项目等平台，与国外优秀学者、教育专家开展深入交流与合作。这种交流不仅可以增加教师和学生的学术资源，还可以促进不同文化背景下的思想碰撞和交流，从而培养学生的国际视野和跨文化交流能力。加强国际学术交流对于提升高校教学水平和思政教育质量具有积极的促进作用。

五、加强评估监督

估机制的设立是监督高校教学质量的重要手段之一。通过评估机制，可以及时了解教育教学工作的实际情况，发现问题并采取有效措施加以解决。评估机制的建立可以帮助高校建立起规范的管理制度，增强教师的责任感和使命感，提高教育教学质量。

评估机制的设立也可以提高高校思想政治教育的整体水平和社会认可度。通过对教学过程的评估，可以及时发现存在的问题，促使教师加强自身的专业素养和教学能力，提高学生的思想政治素质和综合素质。同时，评估机制的建立也可以引导高校思政教育教学走向多样化、个性化的发展道路，更好地适应社会的发展需求。

设立评估机制对于监督高校教学质量的重要性不言而喻，只有建立起科学、公正、严格的评估体系,才能不断提升高校思想政治教育的教学质量,推动高校思政教育教学改革朝着更好的方向发展。

召开教研会议是推动高校思想政治教育教学改革的有效途径之一。会议提供了一个集思广益,交流经验的平台,教师们可以分享教学心得、探讨教学方法、共同研究教学内容。通过会议,可以激发教师们的创新意识,激励他们积极参与教学改革,提高教学质量。

而且,召开教研会议也可以促进教师之间的合作与交流,增进师生之间的互动,营造良好的教学氛围。在会议上,教师们可以相互借鉴对方的经验,共同探讨教学中遇到的问题,共同寻找解决的办法。通过教研会议的举办,可以形成学习型教师团队,推动学校思政教育教学的不断创新和发展。因此,加强教研会议的组织与管理,对于促进高校思想政治教育教学改革起到了积极的作用。

第三节 高校思政教育教学改革效果评估

一、教学改革成效分析

学生思政教育素质的提升是高校思政教育教学改革的核心目标之一。学生的政治意识、思想品德、道德观念等方面的提升,直接关系到国家和社会的长远发展。通过加强思政教育的内容和形式,引导学生树立正确的世界观、人生观、价值观,提高他们的综合素质水平。

学生思政教育素质的提升不仅仅是培养学生的道德情操和社会责任感,更重要的是培养他们的创新精神、实践能力和解决问题的能力。只有在这些方面取得显著进步,学生才能真正成为国家和社会需要的人才。

因此,高校思政教育教学改革必须把学生思政教育素质提升放在首位,通过不断完善教学内容和方法,激发学生的学习兴趣和动力,引导他们积极参与思政教育活动,形成良好的思想道德风尚。只有如此,高校思政教育教学改革才能取得显著成效,为培养德智体美劳全面发展的社会主义建设者和接班人打下坚实基础。

教师教学水平的提高是高校思想政治教育教学改革的关键环节。只有教师具备了扎实的专业知识和丰富的教学经验,才能更好地传授思想政治理论知识,引导学生树立正确的世界观、人生观和价值观。教师的教学水平直接影响着教学质量和教育效果。

为提高教师教学水平,高校可以加强对教师的培训和培养,提供更多的教学资源和支持,鼓励教师积极参与教学研究和教学创新。同时,建立科学的评估体系,对教师的教学进行定期评估和监督，及时发现问题并进行改进。还可以通过激励机制和奖励措施，激励教师提升教学水平和教学质量。

只有不断提升教师的教学水平，高校思想政治教育教学改革才能取得长足的进步，为学生的全面发展和社会的进步做出更大的贡献。

学校教育氛围的变化对整体教学环境产生了深远影响。优质的教育氛围能够激发学生学习的兴趣和潜力，营造出积极向上的学习氛围，有利于教育教学改革的顺利推进。而教育氛围的恶化则可能导致学生对学习的消极态度，甚至影响到思想政治教育的传达和接受。

随着社会发展和教育理念的变化，学校教育氛围也在不断调整和变化。一些高校开始倡导开放、民主、自由的教育理念，注重培养学生的创新精神和独立思考能力。而一些学校则更注重传统的教学方式和教育观念，导致学生在传统观念的笼罩下缺乏创新意识。

因此，学校教育氛围的变化需要引起高度重视，学校应该根据实际情况积极调整教育理念和教学方式，打造积极向上的教育氛围，为思想政治教育教学改革提供有力支持。

思政教育质量评估是高校思政教育教学改革的重要环节。只有通过评估监督，才能及时了解教学改革的效果，发现问题并及时进行调整和改进。评估可以帮助高校更加科学地制定教学计划、课程设置，提高教学质量。同时，评估还可以促进教师的专业成长和教学水平的提高，激励学生的学习热情和学术创新能力。

针对思政教育质量评估，高校可以借鉴国内外高校的先进经验，建立科学的评估体系，确定评估指标和标准，加强评估结果的应用和反馈。只有不断完善思政教育质量评估，高校思政教育教学改革才能取得实实在在的成效，为培养德智体美劳全面发展的社会主义建设者和接班人作出更大贡献。

社会反馈意见对于高校教学改革的参考价值不可忽视。正是通过倾听社会舆论和听取各界意见，高校才能更好地把握学生需求，更加精准地进行教学改革。社会反馈意见可以帮助高校不断完善教学内容和方式，使思政教育更具针对性和有效性。同时，社会反馈也可以让高校更加开放，建立和社会更紧密的联系，推动教学改革走向深入。

在收集社会反馈意见的过程中，高校应当注重对意见的分类和分析，找出其中的共性和争议点，制定针对性的改革方案。同时，高校还应当建立持续的反馈机制，不断调整和改进教学改革方案，使之尽快得到实施和检验。只有始终保持对社会反馈意见的高度重视，高校的思政教育教学改革才能不断取得新进展。

二、教学改革问题解决

在面临高校思政教育教学改革问题的时候,我们必须提出切实可行的改进建议。这些建议需要根据教育实践和研究成果,以及学生和教师的意见和建议为基础。通过加强评估监督,我们可以更好地了解改革的进展情况,及时发现和解决问题。同时,对高校思政教育教学改革效果进行评估,可以帮助我们更加客观地了解改革的成果和不足,为未来的改革提供参考。

除了加强评估监督以外,我们还需要深入研究教学改革所面临的问题,并提出针对性的解决方案。只有确立了改进方向和方法,我们才能有效地推动思政教育教学的创新和发展。通过不断的实践和调整,我们相信高校思想政治教育教学改革一定会取得更好的成果。

改进措施的落实情况对于提升教学质量至关重要。只有将改革举措真正落到实处,才能有效提高思想政治教育的教学水平。在落实过程中,需要加强对改革措施的监督和评估,确保各项改革能够做到全面覆盖、全员参与,避免一味追求形式而忽略实质。

同时,要注重教师队伍建设,提升教师的教学能力和思政教育水平,使他们成为学生的引路人和示范者。加强校园文化建设,营造浓厚的思想政治教育氛围,引导学生深入思考、积极参与,实现思想政治教育教学改革的良性循环。

只有不断完善改进措施的落实,才能真正提升高校思想政治教育教学改革的效果,推动高校教育事业不断向前发展。愿我们能够在不断探索实践中,找到更多有效的改革路径,为培养社会主义事业的建设者和接班人做出更大的贡献。

教学改革效果的评估对于高校思想政治教育教学改革至关重要。只有通过对教学效果进行科学的评估,才能及时发现问题并提出有效的整改建议。这不仅有助于提高教学质量,也可以更好地引导学生的思想政治教育学习,促进学生全面发展。

在评估过程中,高校应加强监督和调查力度,确保评估结果的客观性和公正性。同时,也要注意根据评估结果提出具体的整改建议,针对性地改进教学改革中存在的问题,进一步提升思想政治教育教学的效果。

对高校思想政治教育教学改革效果进行评估和整改建议的提出是推动高校思政教育教学持续改进的关键步骤。希望高校在未来的教学改革中能够不断探索,不断完善,提高教学质量,培养优秀的思想政治人才。

在高校思想政治教育教学改革中,我们深刻体会到了一些经验教训。对于师资队伍的培养和建设要加强,保障教育教学质量。需要不断探索创新教学方法,提高学生参与度和学习效果。同时,在教学改革中应充分考虑学生的个性和需求,不断完善与时俱进。要加强与社会实践的结合,培养学生的实践能力和社会责任感。

在实践中,我们也发现了一些教训。有些教学改革措施可能会遇到阻力,需要耐心倾听各方意见,寻求最佳解决方案。同时,要注重教学改革的系统性和全局性,避免片面性改革带来的问题和隐患。总的来说,高校思想政治教育教学改革需要不断总结反思,不断完善和提高,以适应时代需求和挑战。

第四节 高校思政教育教学改革展望

一、未来思政教育发展趋势

在未来,国家政策将继续强调高校思想政治教育的重要性,并提出更加明确的指导方针。政府将进一步加大对思政教育的支持力度,加强对高校思政教育教学改革的监督和评估。同时,鼓励高校探索符合自身特点和实际情况的思政教育教学改革路径,积极引导学生树立正确的世界观、人生观和价值观。

未来,高校思政教育将更加注重培养学生的创新能力、实践能力和综合素质,推动学生成为德、智、体、美全面发展的社会主义建设者和接班人。政府将继续加大对高校思政教育的政策支持,助力高校思政教育教学改革的实施和发展。只有在政府、学校和社会共同努力下,高校思想政治教育才能不断迈向新的高度。

随着社会的快速发展和变革,未来对高校思政教育的需求和发展要求也在不断提升。随着知识经济和信息化时代的到来,人才培养要求更加注重学生的综合素质和创新能力,思政教育也需要更加注重培养学生的思辨能力、创新精神和社会责任感。

社会的多元化和全球化也给思政教育带来挑战。随着社会结构的不断变化和文化多样性的增加,高校思政教育需要更加关注学生的跨文化交流能力和国际视野,让学生能够更好地适应全球化的挑战和机遇。

因此,高校思政教育教学改革需要不断深化,与时俱进,紧密结合社会需求和发展要求,为学生提供更加有针对性和实用性的思政教育,帮助他们成为德智体美劳全面发展的社会主义建设者和接班人。

近年来,高校思想政治教育教学改革持续推进,采取了一系列新措施。例如,加强师资队伍建设,引进优质教学资源,积极开展思政课程改革,提倡以案例教学、互动讨论等方式激发学生参与热情。同时,加强了学生思想政治教育,注重培养学生综合素质和创新精神,推动学生德智体美全面发展。

这些措施的实施取得了一定效果,学生思想政治觉悟和素质有了明显提升,教学质量和教学效果得到了有效改善。同时,学生的创新能力和团队合作意识也得到了增强,为高校教育事业的不断发展注入了新的活力。

然而，也要看到，在教学改革过程中，仍然存在一些问题和挑战。例如，一些学校仍然存在思政教育资源不足、教学方式传统等老大难问题，亟待进一步加强改革措施，提升教育教学质量，推动高校思政教育事业取得更大的发展。

二、发展思政教育新模式

高校思政教育的未来发展方向可能是建立更具时代特色和创新精神的思政教育新模式。这个新模式可以是基于信息技术的线上教学，也可以是注重实践与体验的线下教学，更可以是结合社会实践、企业合作等多元化形式的教学模式。

新型教学方法对思政教育的重要性不可忽视，它们可以激发学生的学习兴趣，培养学生的创新能力和综合素质，提升思政教育的互动性和趣味性。除了传统的课堂教学外，研讨会、实践活动、社会调研等形式都可以成为思政教育的有效途径。

在今后的高校思政教育教学改革中，应该积极探索并尝试各种新型教学方法，不断完善教学体系，为培养德智体美全面发展的社会主义建设者和接班人奠定坚实基础。

线上线下融合教学平台对高校思政教育的意义和发展前景不可忽视。这种模式可以极大地拓展教学资源，提供更多元化的学习渠道，帮助学生更好地理解和应用思政教育的知识。同时，线上线下融合教学平台也可以促进师生之间的互动和交流，激发学生的学习兴趣和潜力。

未来，随着科技的发展和教育理念的更新，线上线下融合教学平台在高校思政教育中的作用将愈发重要。这种模式不仅可以满足学生多样化的学习需求，还可以促进高校的教育改革和发展。因此，建设线上线下融合教学平台已经成为高校思政教育教学改革的重要方向之一，将为高校思政教育的提升奠定坚实的基础。

教师师德建设是高校思政教育的基础和核心，关系到教育质量和学生成长。未来教师师德建设的方向应当是注重师德修养和道德规范的培养，提高教师的专业素养和情感认同，引导教师积极践行社会主义核心价值观，传播积极健康的思想观念。

在未来的教师师德建设中，重点应该放在教师的思想政治素质提升、职业道德规范构建、教学科研能力培养等方面。只有通过加强对教师的规范管理和引导，才能更好地推动高校思政教育教学改革的深入发展，为培养德智体美劳全面发展的社会主义建设者和接班人奠定坚实基础。

跨学科教学设计是高校思想政治教育教学改革的重要组成部分之一。通过将思政教育内容融入到不同学科的教学中，可以更好地促进学生思维的跨界交叉，增强学生的综合素养。比如，在文学课程中引入政治思想分析，或者在经济学课程中探讨社会政治影响等，都可以有效地拓展思政教育的领域。

跨学科合作模式也是一个重要的手段。通过与不同学科领域的教师进行合作，共同设计和实施思政教育内容，可以更好地实现思政教育内容的贯穿和深化，提高学生对思政教育内容的理解和接受度。

因此，拓展跨学科思政教育领域和推动跨学科合作模式的发展，将为高校思政教育教学改革注入新的活力和动力，也将有助于更好地培养具有高度综合素养和思想政治素养的优秀人才。

多方合作是推动高校思想政治教育教学改革的重要路径。学校内部各部门合作可以整合资源、优势互补，促进教学改革的深入发展。外部机构合作可以引入更多的先进理念和经验，提升教学质量与水平。而师生合作可以促进教学方案的创新、教学方法的多样化，增进师生之间的互动与交流，激发学生的学习兴趣与潜力。

多方合作不仅可以提升教学效果，更能够拓展高校思想政治教育教学改革的影响力和持续性。通过各方共同努力和合作，可以共同应对思政教育面临的挑战，推动高校思政教育教学改革向着更加深入、全面、有效的方向前进。期待未来，在多方合作的引领下，高校思政教育教学改革能够迎来更加美好的发展前景。

第五节　综合评价和建议

一、思政教育教学改革成效评价

高校思想政治教育教学改革的成果在教育质量提升方面已经初显成效。一方面，通过教学改革，学生的综合素质和思想政治水平得到了提升，更加注重思辨能力和创新思维的培养，使他们在社会实践中更具竞争力。另一方面，教学改革提高了教师的教学水平和教学质量，促进了师生之间更加密切的互动和交流。

同时，高校思想政治教育教学改革也使教育更加符合时代潮流和学生需求，更加贴近社会现实和发展趋势，为培养德智体美劳全面发展的社会主义建设者和接班人打下了坚实的基础。可以说，高校思想政治教育教学改革促进了教育质量的提升，为高等教育的发展提供了新的动力和方向。

在众多教育工作者和学术界的持续关注和深入研究下，高校思想政治教育教学改革所取得的效果被广泛认可。但是，我们也必须意识到，这一改革的可持续性和长期影响尚需进一步审视。

教学改革的可持续性需要更多的时间来观察和评估。尽管目前的成效得到了一定程度的认可，但我们仍需关注改革是否能够持续发挥作用，是否能够真正改变学生的思想观念和行为方式。

教学改革的长期影响也需要深入研究。改革实施之初可能产生的积极效果是否能够持续长久，是否能够在学生毕业后仍然有所体现，这都是我们需要进一步探讨的问题。

高校思想政治教育教学改革的成效虽然得到广泛认可，但我们还需要继续保持关注并进行进一步的研究和评估，以确保改革的可持续性和长期影响。

随着社会的不断发展，高校思想政治教育教学改革也备受关注。政府希望通过该改革，培养更加符合社会需求的人才；企业期待学生在校园内塑造更强的社会责任感和团队合作能力；社会机构呼吁加强对学生的思想引导，使其更加具有社会责任感和创新能力。

各方对高校思想政治教育教学改革充满期待，希望通过推动改革，培养更加适应社会发展需求的人才。但目前还存在着一些问题，如课程设置不合理、教学方法落后等。因此，社会各界对高校思想政治教育教学改革的关注和期待也促使我们进一步深化改革，提高教学质量，培养更符合社会需求的优秀人才。

通过对学生和教师的满意度调查发现，大部分学生对高校思想政治教育教学改革持积极态度，认为教学内容更加符合时代需求，师生互动更加活跃。而教师普遍感觉到改革带来了更多挑战和压力，但也认为改革能够激发教学激情，提高教学效果。

影响学生满意度的因素主要包括教学质量、思政课程设置以及教学方法等方面。而教师满意度受到教学压力、改革政策和资源保障等因素的影响。

评估学生和教师的满意度对于高校思想政治教育教学改革至关重要，有助于深入了解改革的影响和问题所在，为未来的改革提供参考和建议。

二、未来改革建议

未来改革建议应该紧密围绕着如何深化思政教育内涵展开。这需要完善思政教育的内容和形式，注重思想引领、情感塑造、价值观培养，培养学生的思想品德和社会责任感。同时，要加强师资队伍建设，提升教师的教学水平和思政教育水平，形成一支思政教育教学力量强大的师资队伍。需要加强与时俱进的教材建设，制定符合时代发展和学生需求的思政教育教学内容，提升思政教育教学的针对性和实用性。希望通过这些措施，高校思政教育教学能够更好地适应时代发展潮流，培养出更多具有高尚思想品德和社会责任感的优秀学生。

然而，当前高校思想政治教育教学改革中仍存在创新不足的问题。部分教师缺乏更新教育理念和教学方法的意识，仍停留在传统的灌输式教学模式中，难以激发学生的兴趣和参与度。教材内容和形式相对滞后，不能真正贴近学生的实际需求和思想认知，导致教学效果不理想。再者，大学生的思想观念多元化、个性化，对传统教育模式的接受程度不高，导致教学改革难以取得实质性突破。

这些问题的存在导致高校思想政治教育教学改革难以取得预期效果,影响到学生的思想政治教育水平提升和全面发展。要想真正改善这种局面,需要对教师队伍进行培训和引导,更新教育理念和教学方法,同时加大对教育教学改革的政策支持和引导力度。只有这样,高校思想政治教育教学改革才能迈出更加坚实的步伐。

三、发展方向展望

在未来,高校思想政治教育教学改革应该朝着更加开放、多元化的方向发展。这包括引入更多先进的教育理念和方法,不断拓展教学内容和形式,促进学生全面发展。同时,需要注重提高教师的思政教育水平,鼓励他们不断学习和创新,以更好地引导学生,培养他们的独立思考能力和创新意识。

在深化改革进程中,也需要加强与社会的联系,借鉴和吸收社会各界的经验和智慧,与时俱进地推进思政教育教学改革。这样才能更好地适应当代大学生的需求,实现高校思想政治教育教学的可持续发展。期待未来,高校思政教育教学改革能够取得更加显著的成果,为培养德智体美劳全面发展的社会主义建设者和接班人做出更大的贡献。

在当今社会,高校思想政治教育教学正处于一种前所未有的挑战和机遇之中。随着社会的不断发展和进步,教育现代化已成为高校教育的必然趋势。教育现代化不仅要求高校思政教育教学与时俱进,结合社会现实,培养学生的创新能力和实践能力,还要求高校思政教育教学要贴近学生,引导学生树立正确的人生观和世界观。

教育现代化对高校的重要性不言而喻,它不仅可以提高教育质量,提升学生综合素质,还能够促进高校的长远发展。因此,高校思想政治教育教学改革势在必行。在面对挑战的同时,高校不妨从机遇中汲取力量,积极探索新的思政教育教学模式,以更好地适应社会发展的需要,为培养德智体美劳全面发展的社会主义建设者和接班人做出应有的贡献。

探索国际化合作是高校思想政治教育教学改革的重要方向之一。随着全球化的发展,国际间的思想交流与融合变得日益密切,高校也需要与国际接轨,提升教育质量和国际竞争力。

然而,国际化合作也面临诸多挑战,比如语言、文化、教学理念等方面的差异。如何在国际化合作中保持本土特色,又能吸收国际教育先进经验,是摆在高校面前的重要问题。

国际化合作不仅可以拓宽学生的国际视野,促进学术交流,还能提升高校师资队伍的素质。通过与国外高校开展合作项目、交换生计划等方式,可以为高校带来全新的教学理念和方法,有助于推动思政教育教学的创新与改革。

因此,探索国际化合作对高校思想政治教育教学改革具有重要意义,是高校在面对全球化挑战下必须要思考和探索的方向之一。

四、推进改革措施

特色教学项目在高校思想政治教育教学改革中具有重要作用。通过打造特色教学项目，可以激发学生的学习兴趣，提高教学质量，促进学生思想政治素养的全面提升。特色教学项目的设计应该贴近学生实际需求，注重培养学生的创新精神和实践能力，提升他们的综合素质。

特色教学项目还可以促进教师的教学能力和水平的提高。教师在设计和实施特色教学项目的过程中，会不断思考教育教学理念和方法，提升自身的教学水平，激发学生学习的热情。同时，特色教学项目还可以为高校教师提供更多的教学资源和支持，推动教学改革的深入开展。

综合来看，特色教学项目对高校思想政治教育教学的促进作用不容忽视。未来，我们应该进一步探讨特色教学项目的设计和实施机制，不断完善教育教学体系，为高校思想政治教育的发展注入新的活力和动力。

高校思想政治教育教学改革的关键在于政策支持的力度，政策支持可以为高校思想政治教育教学改革提供重要的制度保障和资源保障。例如，政策支持可以提供更多的经费支持，为高校开展教学改革提供必要的资金保障；政策支持还可以提供更灵活的制度安排，为高校教师和学生提供更多自主决策的空间，促进教学改革的顺利进行。

政策支持还能够为高校思想政治教育教学改革提供更好的政策环境，例如建立更加科学完善的评估机制，为高校教学改革的效果评估提供更客观的数据支持，推动教学改革的不断深入。因此，加大政策支持力度对于高校思想政治教育教学改革具有至关重要的意义。

在推进高校思想政治教育教学改革过程中，强化统筹协调机制是至关重要的。内部各部门之间的沟通和协调是确保改革目标顺利实现的关键。建立起有效的统筹协调机制，可以有效整合各方资源和力量，提高改革工作的效率和协同作用。

在这一机制下，各部门可以更好地协作，确保各项改革任务的有序推进，避免出现重复劳动和资源浪费。同时，通过定期开展跨学科和跨部门的交流研讨会议，可以促进不同思想流派和观点的交流和碰撞，有利于形成更加丰富和全面的教学改革方案。

强化统筹协调机制还可以提高对改革进展情况的监督和评估，及时发现问题并进行调整。通过建立有效的反馈机制，可以让改革工作更加贴近实际需求，更加符合高校内部的特点和实际情况。只有在内部统筹协调的基础上，高校思想政治教育教学改革才能取得更加显著的成效。

在高校思想政治教育教学改革中，推动文化传承与发展是至关重要的。通过深入挖掘传统文化精髓，引导学生树立正确的历史观、民族观和文化观，增强文化自信和民族认同。同时，高校还应关注当代社会文化现象，引导学生关注社会热点问题，促进思想的碰撞和交流。

为了推动文化传承与发展，高校可以开设跨学科的思政教育课程，融合文化、哲学、历史等学科知识，拓展学生的视野，培养综合素质。高校可以加强师资队伍建设，引进优秀文化传承专家，推动思政教育教学内容的更新和创新。

在全面深化教育改革的背景下，高校应不断探索适合时代发展需求的思政教育教学模式，为学生成长成才提供更好的保障和支持。【243字】

在高校思想政治教育教学改革中，促进师生互动交流具有重要意义。通过师生之间的互动交流，可以更好地提高教学效果，促进学生的思想认识和素质教育。同时，师生之间的交流也可以增强学生对教育内容的理解和学习兴趣，激发他们的学习动力。建立起师生互动交流的机制，能够有效促进教育教学改革的深入发展，为高校思政教育教学工作提供有效的支撑和保障。通过互动交流，师生之间的沟通和合作将更加畅通，教学效果将得到进一步提升，为高校思政教育的未来发展奠定坚实基础。

第二十二章 总结高校思想政治教育教学改革的意义和成果

第一节 高校思想政治教育教学改革的意义

一、促进学生全面发展

高校思想政治教育教学改革的意义在于促进学生全面发展，增强学生思想道德修养。通过改革，学生不仅可以在知识层面上得到提升，更能够在思想道德方面得到全面发展。这种改革要求学生不仅要具备专业知识，还要具备高尚的品德和正确的人生价值观，从而使他们在未来的工作和生活中能够做出正确的选择和决策。高校思想政治教育教学改革的意义就在于通过教育的方式引导学生树立正确的世界观、人生观和价值观，为他们的成长和发展打下坚实的基础。

高校思想政治教育教学改革的意义在于促进学生全面发展，培养学生社会责任感。通过这一改革，学生在学习过程中除了获取知识外，还能够更加全面地发展自身的各方面能力，包括思维能力、领导能力、沟通能力等。同时，这一改革也能够培养学生的社会责任感，让他们意识到作为一名大学生应该承担起社会的责任，为社会作出贡献。通过高校思想政治教育教学改革，学生将不仅仅是知识的获取者，更将成为社会的建设者和发展的推动者。这对于优秀人才的培养和国家建设都具有积极的意义。

高校思想政治教育教学改革的意义在于促进学生全面发展，培养学生创新能力。通过改革，学生不仅能够在传统学科知识上有所提高，更重要的是培养学生的创新思维和实践能力。这种创新能力不仅能够帮助学生在学术研究和实践中取得更好的成绩，也可以在未来工作中发挥重要作用。因此，高校思想政治教育教学改革不仅是为了传授知识，更是为了培养学生的全面发展，让他们在竞争激烈的社会中具备更强的竞争力。

增强学生的国家民族意识是高校思想政治教育教学改革的重要意义之一。通过教学改革，可以引导学生更加深刻地认识到自身的国家身份和民族文化，激发他们的爱国情感和文化自信。这不仅有利于学生的心智成长和自我认知，也对培养学生积极向上的人生态度和价值观有着重要的推动作用。当学生们树立正确的国家民族观念和文化认同时，他们会更加努力学习，更加尊重他人，更加珍惜和平发展的环境。因此，高校思想政治教育教学改革的意义之一就是通过增强学生的国家民族意识，推动学生全面发展，助力其成为有用之才。

二、推动课程教学模式创新

高校思想政治教育教学改革的意义在于推动课程教学模式的创新，引入现代技术手段。通过不断的改革和创新，可以更好地满足学生的学习需求，提高教学质量，培养学生的创新思维和实践能力。引入现代技术手段，可以让教学更加生动有趣，激发学生的学习兴趣，提高他们的学习积极性和主动性。这样的改革将有助于培养学生全面发展的能力，提高他们的综合素质，为他们未来的发展奠定良好基础。通过不断地进行教学改革和创新，高校的思想政治教育教学将更好地适应时代发展的需要，为学生成长成才提供更好的教育环境和条件。

然而，尽管高校思想政治教育教学改革已经取得了一定成果，但导向教学却并未得到充分实施。在实际教学过程中，学生往往被灌输大量理论知识，而缺乏对于问题分析、解决能力的培养。这种现象的出现，与多方面原因密不可分。传统的教学方式仍然占据主导地位，导致教师在课堂上更注重知识的传授而非学生的思维能力培养。思想政治教育课程内容较为严肃和抽象，难以引发学生的兴趣和思考，导致学生对课程缺乏积极性。考核制度也在一定程度上促使学生更倾向于死记硬背而非独立思考。高校思想政治教育教学改革亟需深入思考和探讨，以有效解决问题导向教学不足的现状。

然而，在高校思想政治教育中，实践教学环节存在一些不足之处。实践教学的场景往往缺乏真实性，无法真实地反映社会现实和学生所面对的实际挑战。实践教学的数量也存在不足，学生参与实践的机会有限，无法真正提升他们的实践能力和解决问题的能力。除此之外，实践教学的内容和形式也有待进一步改进，需要更加贴近学生的需求和社会发展的实际情况。

因此，如何进一步完善高校思想政治教育中的实践教学环节，提升学生的综合素质和解决问题能力，是当前需要深入探讨和研究的问题之一。只有不断地反思和改进，才能真正实现高校思想政治教育教学改革的目标，为培养德智体美劳全面发展的社会主义建设者和接班人奠定坚实基础。

在当今社会，知识更新速度迅猛，人们需要不断学习适应新的社会需求。因此，高校应该不仅仅注重学生在校期间的思想政治教育，更要培养学生终身学习的能力。

只有倡导终身学习理念，让学生明白学习是一种持续不断的过程，才能更好地适应社会的变化，做好自我成长和发展。

终身学习理念在思想政治教育中的重要性不言而喻。通过持续学习，学生可以不断拓展视野，丰富知识储备，增强综合素质。这有助于提高学生的思想道德素养，增强社会责任感和担当意识，培养学生积极向上、乐于探索的学习态度。因此，高校思想政治教育教学改革中必须要注重终身学习理念的灌输，从而促进学生全面发展。

三、增强师资队伍建设

然而，要提升教师的教育水平并非易事。当前，高校教师教育水平提升面临着诸多难点和挑战。一些高校教师缺乏最新的教学理念和方法，对于思想政治教育的特殊性和重要性认识不足，缺乏相关的专业知识与技能。教师教育水平提升需要耗费大量的时间和精力，但在教学、科研、行政等多重压力下，教师们往往难以抽出足够的时间来自我提升。一些教师缺乏对教学改革的积极性和主动性，抱着"教学如故"的态度，缺乏对教育教学改革的热情和动力。

面对这些难点和挑战，高校教育部门需要深入思考和探讨，积极寻找有效的解决途径和措施，共同推动高校思想政治教育教学的改革和提升。

师德师风建设是高校教育改革中一个重要的方面。当前，一些高校在师德师风建设方面存在诸多问题，如师德失范、师风不正等现象时有发生。这些问题不仅会影响教师的形象和声誉，也会直接影响到学生的健康成长和教学质量。因此，加强师德师风建设，提高教师的道德水准和职业素养，对于建设高素质的师资队伍和提高教育教学质量具有重要意义。

师德师风建设是高校思想政治教育教学改革中不可或缺的环节。只有教师们能够以身作则，遵纪守法，诚信为本，才能够引导学生健康成长，提高教学质量，促进学风建设。因此，高校需要重视师德师风建设，加强对教师的思想政治教育，提升教师的职业道德和敬业精神，努力营造良好的教育教学环境。

然而，当前高校在引进优秀教师方面存在一定的不足。一方面，由于一些高校对于人才引进政策、薪酬福利等方面的吸引力不足，导致优秀教师不愿意前往从事思想政治教育教学工作。另一方面，部分高校的选拔机制存在着不公平和不透明的现象，使得优秀教师难以脱颖而出。

然而，引进优秀教师对于高校思想政治教育教学改革的重要性不可忽视。优秀教师不仅可以带来新的教学理念和方法，更可以为学生树立榜样。他们的教学风格、学术研究成果以及实践经验，都将对学生产生积极的影响，促进学生的思想政治教育水平的提升。

因此，高校应该更加重视引进优秀教师工作，提高对教师的待遇和激励政策，加强选拔机制的公正性和透明度，为高校思想政治教育教学改革提供更好的师资支持。

对于高校思想政治教育教学改革而言，建立完善的师资培训机制至关重要。只有通过不断提升教师的教育教学水平和专业素养，才能更好地适应社会发展对人才培养的需求，推动高校思想政治教育教学不断创新和发展。建立培训机制能够帮助教师及时更新自身的知识和教学方法，提高教学效果和教育质量。

然而，建立培训机制也可能面临种种挑战。例如，资源投入不足、教师参与积极性低、培训内容和方式不够灵活等问题可能阻碍师资培训机制的有效运作。因此，高校需要认真分析并解决这些可能面临的挑战，才能使师资培训机制真正发挥促进高校思想政治教育教学改革的作用。

四、推进教科研融合发展

然而，当前高校思想政治教育中的理论研究仍存在不足之处。一方面，理论研究的深度和广度有待进一步加强，很多研究还停留在表面，缺乏深入挖掘和思辨。另一方面，在理论研究中缺乏新思想的引入和创新，导致研究成果的局限性和陈旧性。

高校思想政治教育教学改革的探索和实践需要更多关注理论研究的深度和广度，引入更多新颖的思想和观点，使其能够与时俱进，不断推动高校思想政治教育的发展和进步。只有不断完善和创新理论研究，才能更好地指导实践教学，培养出更加符合时代要求的高素质人才。希望未来高校思想政治教育的理论研究能够有更大突破和进展，为教育改革和发展注入更多活力和动力。

高校思想政治教育教学改革的意义，在于推进教科研融合发展，促进实践创新的不断深化。教育教学改革是推动高校教育事业发展的动力源泉，思想政治教育在其中起着重要作用。只有不断创新教学方式和方法，才能更好地培养学生的实践能力和创新意识。通过推进教科研融合发展，将学术研究和实践教学相结合，使学生在实践中获得更多的知识和技能。实践创新是改革的重要动力，只有不断创新实践方式和方法，才能更好地适应社会发展的需求，培养更多具有创新精神和实践能力的人才。高校思想政治教育教学改革的意义在于推动高校教育事业的全面发展，为培养德才兼备的社会主义建设者和接班人奠定坚实基础。

高校思想政治教育教学改革的一个重要意义在于推进教科研融合发展，通过打破学科壁垒，促进跨学科交流与合作，实现知识的整合与创新。同时，建立成果转化机制也是该改革的重要目标之一，可以有效促进科研成果的应用和推广，实现理论研究与实践教育的紧密结合。这样不仅可以提高学生的实际能力和创新意识，也有助于推动高校教育质量的持续提升和教学水平的不断提高。愿意通过这些措施，高校能够更好地适应时代的发展需求，培养更具有国际竞争力和创新精神的人才。

第二节　高校思想政治教育教学改革的成果

一、建立了多元化的课程体系

专业课程体系是高校思想政治教育教学改革的重要成果之一。这一体系的建立，为培养学生提供了更加全面和多元化的课程选择，帮助学生更好地了解和掌握思想政治教育的理论知识和实践技能。通过专业课程体系，学生可以选择符合自身兴趣和发展方向的课程，拓宽了学习领域，提高了综合素质。同时，专业课程体系也为教学科研提供了更多的发展空间，促进了教学科研的融合与创新。专业课程体系的建立，不仅满足了学生个性化学习需求，也促进了教育教学质量的提升，推动了高校思想政治教育教学改革的深入发展。

通识教育课程体系包括了多个领域的课程，通过这些课程，学生可以获得广泛的知识和能力。这种多元化的课程体系可以满足不同学生的需求，帮助他们全面发展。通过参加这些课程，学生可以了解各种学科的基本知识，培养批判性思维和跨学科能力。这样的课程设置不仅能够提高学生的综合素养，还能够满足社会对人才的需求，促进学生的个人发展和职业发展。通识教育课程体系的建立为高校思想政治教育教学改革带来了积极的效果，为高等教育的发展提供了重要的支持和保障。

高校思想政治教育教学改革的意义在于推进教科研融合发展。而该改革的成果之一就是建立了多元化的课程体系。在这一体系中，选修课程尤为重要，它为学生提供了更多选择的机会，让他们能够在个人兴趣和需求的基础上进行学习。通过选修课程，学生可以更加自主地规划自己的学习路径，培养自己的兴趣爱好，拓宽自己的学识面，增强自己的综合能力。因此，选修课程体系的建立不仅是对高校思想政治教育教学改革的重要成果，也为学生提供了更加多元化、个性化的学习体验，有助于培养出更加全面发展的人才。这使得高校的教育教学水平得到了进一步提升，有助于推动整个教育体系的不断完善。

实践教学课程体系的建立，是高校思想政治教育教学改革的重要成果之一，它有效地打破了传统教学模式的束缚，为学生提供了更加多元化、实践性强的课程教学体验。在这个体系中，学生可以通过参与各类实践活动和实习实践，将理论知识与实际操作相结合，提升了他们的综合能力和创新能力。同时，实践教学课程体系也使教师的教学方式更加多样化和灵活化，推动了教学内容的更新和深化，为教育教学质量不断提供保障。通过这一体系的建立，高校思想政治教育教学将更加贴近学生需求，更加符合社会发展的要求，为培养高素质、全面发展的人才打下了坚实基础。

二、提升了教学质量

估机制的建立，是高校思想政治教育教学改革的重要环节。通过建立科学合理的评估机制，可以更好地衡量教学质量和教学效果，从而及时调整教学方法和内容，提高教学水平。评估机制的建立，不仅可以激发教师教学的热情和创造力，还可以激励学生主动参与学习，促进教学研究和实践的深入发展。通过评估机制的建立，可以有效地监督和评价教育教学改革的成果，推动高校思想政治教育教学不断完善和发展。

目前，学校学风的状况并不尽如人意。一方面，部分学生存在学习态度不端正、浮躁懈怠的现象，缺乏对知识的热爱与追求；另一方面，学风建设中存在的问题也不容忽视，如考试作弊现象屡禁不止、学术诚信意识淡薄等。这些问题直接影响了学校的教育教学工作，导致教学质量无法有效提升，学生成绩水平参差不齐，教育教学效果受到影响。

教学资源共享平台的构建是高校思想政治教育教学改革的重要举措之一。学校可以通过建设数字化平台，将教学资源、教学方法和教学经验进行集中整合，形成共享资源库。教师和学生可以通过平台获取到更加丰富、全面的学习资源，提高教学的灵活性和针对性。

使用情况来看，教学资源共享平台得到了广泛的认可和应用。教师们积极上传和分享自己的教学案例和课件，学生们也通过平台进行学习和互动交流。同时，学校通过对平台上教学资源的统一管理和评估，有效监督和激励着教师们的教学水平和教学质量。

总的来说，教学资源共享平台的建设为高校思想政治教育教学改革注入了新的活力和动力，提升了教学质量和效果。平台所带来的便利和优势，将进一步推动高校思想政治教育教学的不断创新和发展。

成果展示通常包括学生论文、项目报告、教学设计等多种形式。通过学生成果的展示，可以激发学生的学习热情和主动性，提高他们的专业素养和实践能力。学生们在展示自己的成果时，不仅可以展现自己的学习成果和实践能力，还可以接受他人的评价和指导，促进学生之间的交流和合作，培养团队意识和责任感。

成果展示对学生学习积极性和成效的影响是深远的。学生们在展示过程中会更加认真地对待学习任务，提高自己的学习动力和目标感。通过展示自己的成果，学生可以及时发现自己的不足之处，不断完善自己的学习方法和技能，进一步提升学习效果和成绩。因此，成果展示不仅是对学生学习成果的一种验证，更是对学生自身学习能力和综合素质的一种提升和锻炼。展示形式多样，内容丰富，是高校思想政治教育教学改革中不可或缺的一环。

是高校思想政治教育教学改革的重要环节之一。通过评估教学效果，学校可以全面了解教学质量的具体情况，及时发现问题并采取有效措施加以改进。评估结果直接影响着学生的学习效果和教师的教学水平。学校目前建立了完善的评估机制，包括定期的学生满意度调查、教师教学评价以及课程质量评估等。

评估结果对教学质量改进的促进作用不可忽视。通过评估，学校可以全面了解教学中存在的问题，及时调整教学内容和方法，提升教师的教学水平；同时也可以更好地满足学生的需求，提高他们的参与度和学习兴趣。评估结果还可以帮助学校发现教学工作的薄弱环节，进一步完善教学体系，推动教学教育的不断发展。

评估是提升教学质量的有效手段，对于高校思想政治教育教学改革至关重要。只有积极推动评估工作，不断总结经验教训，才能够不断提高教学质量，真正实现高校思想政治教育教学改革的目标。

三、推动了教师专业发展

教师培训计划的实施是高校思想政治教育教学改革的重要一环。该计划包括教师参与各种专业能力培训、参观学习、教学研讨等活动，旨在提升教师的教学水平和教学理念。通过培训，教师们不仅掌握了最新的思政教学理论和方法，还加深了对学生心理和需求的理解，提升了教学质量和能力。

实施教师培训计划对教师专业能力提升起到了至关重要的作用。培训计划帮助教师更好地适应当下高校思想政治教育的需求和要求，使他们能够更加灵活地应对各种教学挑战。同时，培训也让教师们积极参与教研活动，促进了教学理念的更新和教学质量的提升。

总的来说，教师培训计划的实施不仅是高校思想政治教育教学改革的需要，也是教师个人发展的必然要求。只有不断提升教师的专业素养和能力，才能更好地适应和引领高校思想政治教育教学的发展。

为了进一步提高高校教师的教学水平和教育质量，学校制定了一套科学有效的教师评优机制。学校梳理了教师的教学成果、科研成果、师德师风等方面的评价指标，并建立了相应的评审委员会。学校注重对评优机制的宣传和培训，让教师们充分了解评优机制的意义和标准。学校通过公平公正的评选程序，选拔出了一批优秀的教师，激励了更多教师的积极性和创造性，也使教学质量得到了显著提升。

评优机制的实施效果

评优机制的实施带来了显著的成效。被评选出来的优秀教师成为了全校的学习典范,带动了师生的积极向上。教师们在评优过程中明确了自身的发展方向和努力目标,提升了自身的专业水平和教学能力。评优机制激发了更多教师的工作热情,凝聚了教师队伍的向心力。评优机制的实施充分彰显了对教师的肯定和尊重,为学校的教学质量提升和教育事业的发展做出了积极贡献。评优机制对教师的激励和发展起到了不可替代的重要作用。

四、加强了学生实践能力培养

为了加强学生的实践能力培养,学校不断拓展学生的实践机会。学生可以参与社会实践活动、实习实践、创新创业项目等,这些活动都为学生提供了更广阔的实践舞台。通过参与实践活动,学生能够将课堂学习与实际应用相结合,深化对知识的理解和掌握,提高解决问题的能力和思维能力。

实践机会对学生实践能力培养的重要作用不可忽视。实践是检验理论的最好方式,只有将所学知识应用到实践中去,学生才能真正掌握并运用这些知识。通过实践,学生能够培养团队合作能力、创新意识和实践能力,提升综合素质和竞争力。

因此,实践对学生能力提升至关重要,学校应该进一步加强对学生实践机会的拓展,为学生提供更多实践平台,推动学生综合素质的发展和提升。

通过加强社会实践教学,学生可以更深入地了解社会现实,增强社会责任感和使命感。在实践中,学生将面临各种挑战和问题,促使他们学会分析和解决实际问题的能力,培养创新意识和实践能力。同时,社会实践也可以帮助学生拓宽视野、增进人际交往能力,提升综合素养和团队协作能力。

社会实践对学生综合能力的培养有着重要的促进作用,是高校思想政治教育教学改革的重要内容之一。学校应当注重在实践中引导学生思考问题、学会解决问题,让他们在实践中不断成长和进步。只有通过实践,学生才能真正将所学知识运用到实际生活中,培养出更加全面和具有竞争力的人才。因此,加强社会实践教学是高校思想政治教育教学改革中不可或缺的一环。

为了更好地推动学生参与社会实践活动,高校思想政治教育教学需要更加贴近学生的实际需求和社会发展的脉搏。然而,当前存在的问题和挑战也较为突出。一些学生缺乏对社会实践活动的积极性和主动性,参与度不高,导致实践效果不尽如人意。学校与社会之间的联系和合作机制还不够完善,社会资源的整合利用有待加强。一些传统教育模式和观念也制约了学生参与社会实践活动的深度和广度。解决这些问题和挑战,需要高校思想政治教育教学改革有着持续的创新和探索,确保学生参与社会实践活动的有效性和深度。

对于高校思想政治教育的意义,促进学生创新创业能力的培养至关重要。随着社会经济的快速发展,创新创业已成为推动社会进步和个人发展的重要力量。因此,高校应该在思想政治教育中注重引导学生积极思考问题、勇于尝试创新,培养他们的创业精神和实践能力。

然而,当前高校面临着一些挑战,如学生缺乏实践经验、教师创新能力不足等。因此,思想政治教育教学改革需要更加注重实践教学,加强学生的创新实践能力培养,提升教师的教学水平和创新精神。只有这样,才能更好地推动高校思想政治教育向着更有活力、更具创新性的方向发展。

五、促进了校际合作与交流

促进了校际合作与交流,是高校思想政治教育教学改革的重要成果之一。通过与其他高校或研究机构的合作,可以促进教学资源的共享和互相学习,提高教学水平和教育质量。同时,校际合作也可以促进学生之间的交流与合作,丰富他们的学习经验和视野。

然而,结合产学研合作在高校思想政治教育教学改革中也存在一些问题和困难。比如,不同高校之间可能存在教学理念和管理体系上的差异,合作过程中可能会出现沟通不畅、资源共享不均等问题。产业界的需求也可能和高校的研究方向产生冲突,需要在合作过程中加以解决。

因此,要促进高校思想政治教育教学改革中的结合产学研合作,需要校际合作双方共同努力,不断解决合作中存在的问题和困难,实现互利共赢的局面。

然而,尽管加强学术交流在促进校际合作与交流方面具有重要作用,但当前仍存在一些局限和挑战。由于各高校之间学科领域的差异性和研究方向的多样性,学术交流难以达成共识,导致合作机会受限。学术交流需要投入大量的时间和精力,而部分教师在教学任务繁重的情况下难以抽出时间参与交流活动。一些高校之间存在着信息不对称和资源分配不均等的问题,也制约了学术交流的深度和广度。

因此,针对这些挑战,高校需要更加重视学术交流,建立更加完善的交流机制,促进校际之间的合作与交流,并共同推动高校思想政治教育教学改革取得更加广泛和深远的成果。

加强国际交流与合作对高校思想政治教育具有重要意义。国际交流可以促进不同文化背景下的学术交流和碰撞,拓宽学生的视野,培养国际化眼光和思维能力。通过与国外高校的合作,可借鉴其先进的教育理念和经验,提高我国高校思想政治教育的水平和质量。国际交流与合作还有助于拓展学生的就业渠道,增强国际竞争力。

然而,实施国际交流与合作也存在一些障碍。语言、文化和体制差异等问题可能会影响合作的顺利进行,存在一定的沟通和适应困难。同时,互相理解和尊重也需要时间来建立,需要双方共同努力克服这些困难,实现共赢发展。

第三节 高校思想政治教育教学改革的路径

一、课程体系完善

专业课程优化是高校思想政治教育教学改革中的重要环节。通过对专业课程的优化设计,可以更好地融入时代背景和社会需求,使学生能够树立正确的世界观、人生观和价值观。专业课程优化还能够提高学生的学习兴趣和参与度,激发他们对思想政治教育的热情,并且引导他们更加深入地思考和探讨社会现实和时事热点问题。

然而,目前在专业课程优化中仍存在一些问题需要解决。比如,一些专业课程内容过于理论化,与实际应用脱节;还有一些专业课程教学方式单一,缺乏互动和创新性。因此,在进行专业课程优化时,需要更加关注学生的需求和学习方式,结合行业需求和社会发展趋势,不断探索更加适合高校思想政治教育教学改革的课程设计方向。

为适应社会发展需求和学生个性化发展,高校思想政治教育教学改革路径上的关键一环是通识教育改革。在通识教育改革的引导下,高校思想政治教育教学正向多元化、全方位发展。通识教育的开展为学生提供了更为宽广的知识视野和综合能力培养,使思想政治教育教学更具包容性和创新性。

然而,随着改革的深入,高校思想政治教育教学所面临的挑战也逐渐凸显出来。一方面,传统思想政治课程与现代通识教育的整合尚需深入思考和探索,如何在传统思想政治教育中融入更多开放、前沿的思想内容,成为亟待解决的问题。另一方面,教师队伍建设、教学资源配置等问题也随之而来,如何有效整合资源,提升教师教育水平和教学质量,是未来思想政治教育教学改革亟需面对的挑战之一。

二、工作机制创新

教学评估机制在高校思想政治教育教学改革中扮演着重要角色。通过建立科学、全面的评估机制,可以有效地监督和改进教学质量,提高教学效果和教学管理水平。评估机制的建立和完善可以帮助高校更好地了解教学过程中存在的问题和不足,及时进行调整和改进,以确保教育教学工作始终保持高质量和有效性。除此之外,教学评估机制的建立也可以激励教师积极参与教学改革和教学研究,推动教学创新和教学方法的不断更新。通过不断优化和完善评估机制,可以促进高校内部的教学质量提升,提升学生思想政治教育的实效性,真正实现高等教育教学的提质增效。

学生评价体系是高校思想政治教育教学改革的重要组成部分之一，通过建立科学合理的评价方法，能够更好地激发学生学习的积极性和创造性思维。同时，学生评价体系也为教师提供了更有针对性的教学反馈，有助于提高教学质量和效果。通过不断完善学生评价体系，可以更好地了解学生的学习情况和需求，为他们提供更加个性化的教学服务，促进学生全面发展。

在高校思想政治教育教学改革中，教学质量监控起着至关重要的作用。通过建立有效的监控机制，可以及时发现问题、及时解决，保障教学质量的提升。监控教学质量可以从多个角度入手，包括学生评价、教师评价、课程评价等，通过数据分析和评估，及时调整教学内容和方法，提升教学效果。教学质量监控还可以促进教师之间的交流与合作，共同探讨教学方法和经验，提高教学水平。通过教学质量监控，可以有效推动高校思想政治教育教学改革的不断深化和发展。

三、师资建设加强

在教师培训计划方面，高校思想政治教育教学改革注重培养和提升教师的专业素养和教学能力。培训内容主要包括思想政治理论知识、教学方法与案例分析、学生心理辅导等。通过理论学习、案例讨论、实践操作等多种形式，提升教师的教学水平和促进教育教学改革的深入开展。

高校思想政治教育教学改革还注重培养教师的团队合作意识和跨学科交叉能力，加强教师间的交流与合作，促进教学成果共享和合作研究。通过教师培训计划的实施，不仅提高了教师的整体素质和教学水平，也拓展了教师的视野和思维，为高校思想政治教育教学改革的深入发展奠定了良好基础。

在高校思想政治教育教学改革中，师德师风建设是至关重要的一环。教师的教育教学态度和职业操守直接影响着教育教学质量和学生思想政治教育效果。因此，高校一直在加强师德师风建设方面的工作，鼓励教师端正教育教学态度，秉承正确职业操守，做到言传身教，为学生树立良好的榜样。

在师德师风建设中，高校注重培养教师的责任感和使命感，强调教师要以身作则，将公平、公正、公开的教育教学理念融入到日常教学活动中。同时，高校也加强对教师的教育培训，提升他们的专业素养和教育教学能力，确保他们能够胜任高质量的思想政治教育工作。

通过持续的努力和改进，高校教师的教育教学态度和职业操守得到了有效提升，为思想政治教育教学改革的顺利推进奠定了坚实的基础。师德师风建设的有效实施将进一步推动高校思想政治教育教学改革取得更加显著的成果。

四、教学资源共享

高校思想政治教育教学改革的路径是建设教学资源库，这一举措推动了教学资源的共享和交流。通过建设教学资源库，不同高校能够分享教学资源，提高教学质量和效率。教学资源库的建设为教师和学生提供了更多优质教育资源，促进了教学方法和内容的创新和优化。同时，教学资源共享也带动了学校间的合作与交流，增强了高校之间的互相借鉴和学习，形成了良好的学术氛围。整合优质的教学资源，让每所高校都能够受益，推动了教学质量的提升和教育教学改革的深化。

教学资源共享平台是高校思想政治教育教学改革的一个重要路径。通过建设这样的平台，不同高校可以将自己的教学资源进行共享，实现资源互补和优势互补。这样的举措不仅可以提高教学质量，还可以促进教师间的合作与交流，推动学术研究的进步。在这个平台上，教师们可以分享各自的教学经验和教学方法，共同探讨教学问题，使教学更加富有活力和创新性。同时，学生也能从中受益，得到更加全面和优质的教育资源，提升自身的学习效果和能力。这样的教学资源共享平台不仅有利于高校思想政治教育教学改革的深入发展，也有助于培养学生综合素质和创新能力，推动教学质量的提升。

通过教学成果展示，可以直观地展现高校思想政治教育教学改革的成果和效果。教学成果展示是一个重要的反馈机制，可以让教师和学生直观地了解教学改革的实际效果，激发大家的积极性和创造力。同时，教学成果展示也是一种对外交流的途径，可以吸引更多的教育者和学生参与到教学改革中来。

通过教学成果展示，可以展示学生在思想政治教育方面的全面发展，展示他们在政治素养、道德品质等方面的提升。同时，也可以展示教师在教学方法、教学资源等方面的创新和提升。教学成果展示可以促进校际间的合作与交流，让不同学校之间的教学成果互相借鉴、共同进步。因此，教学成果展示是高校思想政治教育教学改革中不可或缺的一个环节。

通过校际合作共享资源，高校之间可以相互借鉴优秀的教学案例和经验，促进教学改革的深入发展。例如，一些高校可以将自己在思想政治教育课程设计、教学方法、评价体系等方面的成功经验进行分享，让其他高校受益。这种资源共享不仅可以提高整体教学水平，也能够减少重复建设，提高资源利用效率。

校际合作共享资源也有助于搭建高校之间的交流平台，促进师生之间的交流互动。通过举办联合研讨会、交流讲座等活动，不仅可以分享优质教学资源，还可以促进师生之间的互相学习，丰富思想政治教育的内容和形式。

因此，高校思想政治教育教学改革需要加强校际合作，共享资源，实现资源的优化配置和共同提升教学质量，为培养德智体美劳全面发展的社会主义建设者和接班人做出更大贡献。

五、教学模式创新

在高校思想政治教育教学改革中，问题导向教学模式的应用对学生思维能力和问题解决能力的培养起到了重要作用。通过引导学生从问题出发，提出问题、分析问题、解决问题的过程，可以激发学生的思考能力和创新意识，培养他们独立思考和解决问题的能力。这种教学模式不仅提高了学生的学习动机和参与度，还能培养他们的批判性思维和综合分析能力，使其具备更好的逻辑思维和辨证能力。

在教学改革中，问题导向教学模式的价值在于突破了传统教学中的教师中心思维，转变为以学生为中心，引导学生主动探究和学习。这样不仅提高了教学效果，也促进了学生的自主学习和发展。因此，问题导向教学模式在高校思想政治教育教学改革中的应用具有重要意义，可以为学生提供更加丰富的教育资源和更具挑战性的学习环境。

实践教学在高校思想政治教育中具有重要作用和意义。通过实践教学，学生能够将理论知识与实际情况相结合，提高自己的实际能力和实践能力。实践教学不仅可以让学生更好地理解和掌握知识，还能够培养学生的创新精神和实践能力，使他们更好地适应社会发展的需求。

实践教学也是推动思想政治教育教学改革的重要路径之一。通过实践教学，可以激发学生的学习兴趣，激发他们的学习潜力，同时也可以促使教师们更加积极地开展教学改革，不断完善教学内容和教学方法，提高教学质量。

因此，实践教学在高校思想政治教育中的作用和意义不可忽视，应该加强实践教学的开展，为高校思想政治教育教学改革提供更多的支撑和动力。

个性化定制教学是高校思想政治教育教学改革的重要内容之一。通过了解每位学生的兴趣、特长和学习习惯，教师可以为其量身定制个性化的学习方案，使学生在思想政治教育中得到更好的成长。个性化定制教学还能激发学生的学习兴趣和潜能，提高他们的学习积极性和参与度，进而推动学生更好地完成学业目标。

在实施个性化定制教学的过程中，高校教师可以采取多种方式，如开展小班教学、进行个性化辅导和提供个性化学习资源等。这些做法不仅可以满足学生不同的学习需求，还能培养学生的自主学习能力和批判思维能力。因此，个性化定制教学在高校思想政治教育中的实施将有助于为学生成长路径和学业发展搭建更加完善的框架，促进学生全面发展。

第四节　高校思想政治教育教学改革的展望

一、推动改革向纵深发展

为了探索更好的教学模式，高校可以借鉴国内外先进的教育理念和实践经验，结合本校的特点和学生需求，进行创新性的教学设计。例如，可以引入案例教学、问题导向学习等活动，让学生在实际问题解决中掌握知识和技能。同时，高校还可以加强教师队伍建设，提高教师的教育教学水平和专业素养，以更好地引领学生思想引导和综合素质培养。

高校还应充分利用现代信息技术，推动教学内容的多样化和个性化，让学生在学习中体验到更多的乐趣和成就感。通过不断创新教学模式和手段，高校思想政治教育教学改革能够更好地发挥育人功能，培养出更多积极向上、有担当的优秀人才。希望高校能够在思想政治教育教学改革的道路上不断前行，为培养社会主义建设者和接班人做出更大的贡献。

为了持续优化高校思想政治教育的师资队伍，我们需要不断加强师资队伍的建设和提升。高校应该注重培养具有专业知识和教学经验的思政教育教师，为他们提供持续的教育培训和专业发展机会。高校可以引进国内外优秀的教育专家和学者，搭建高水平的学术平台，促进师资队伍的交流与合作。高校还可以通过建立导师制度和评估机制，不断激励教师的教学研究活动，提升他们的教学水平和教学效果。只有持续优化师资队伍，高校思想政治教育教学改革才能取得更加显著的成效，为学生提供更加优质的教育服务。

然而，尽管高校思想政治教育教学改革取得了一定的成果，但在校际合作方面仍存在一些不足。合作项目相对较少，缺乏多样性和深度，难以满足多样化的教学需求。目前的合作形式较为单一，主要是一些学术交流和研讨会，缺乏更深入的教学合作和资源共享。这些问题制约了高校思想政治教育教学改革的全面推进，需要更多的探索和积极的行动来加强校际合作。

然而，目前高校思想政治教育教学中产学研合作存在一些不足之处。合作机会较少，学校、企业和科研机构之间缺乏有效的对接平台，导致合作的机会受限。合作成果不够，虽然一些高校积极开展产学研合作，但是在转化科研成果、推动技术转移等方面仍存在困难。同时，高校对于合作方需求的了解还不够深入，导致合作效果不尽如人意。要想更好地推动产学研合作，需要高校加强与企业和科研机构的沟通与对接，增加合作机会，拓展合作领域，共同促进高校思想政治教育教学改革的深入发展。

然而，目前高校思想政治教育教学中社会实践教育存在着一些不足之处。实践机会相对较少，学生很难有机会去接触和参与真实的社会实践活动。现有的实践内容大多停留在纸上谈兵，缺乏真正的实践性和可操作性，无法真实地让学生感受和体验到社会实践的重要性与意义。这些问题导致学生的社会实践能力和素养难以得到有效的提升，影响了高校思想政治教育教学的效果和质量。解决这些问题，需要从多方面入手，进行深入的研究和探讨。

二、增强学生实践能力

然而，目前高校思想政治教育教学中存在一些问题，实践教学体系缺失是其中重要的一个方面。尽管在教学改革中进行了许多尝试和探索，但实践教学的体系性和完整性仍然不足。实践教学资源的匮乏也是一个严重挑战，许多高校面临实践教学场地、设备、师资等方面的不足，导致实践教学的质量无法得到有效保障。

实践教学与理论教学的脱节也是一个突出问题。一些高校在实践教学中缺乏与理论知识的有效结合，导致学生缺乏对实践活动的系统理解和分析能力。这些问题的存在严重影响了高校思想政治教育教学改革的效果和质量，需要进一步的探讨和解决。

然而，当前高校思想政治教育教学中存在着一些实践能力培养不足的问题。学生实践机会相对较少，缺乏实际操作的机会，导致他们在实际应用中的能力不够强大。实践能力培养缺乏系统性，缺乏全面系统地培养学生的实践能力，使得学生在实践中缺乏应变能力和创新能力。这些问题严重影响了高校思想政治教育教学的效果和质量。因此，要想进一步推动思政教育的改革发展，必须解决这些实践能力培养不足的问题。

三、推进应用型人才培养

然而，当前高校思想政治教育教学中存在着一些问题，其中最突出的便是未能充分结合产业需求。随着社会经济的不断发展和变化，产业界的需求也日益多样化，需要具备实践能力和专业技能的人才。然而，部分高校在思想政治教育教学中仍停留在理论知识的灌输，忽视了对学生实际需求的关注。

这种现象导致了高校毕业生在求职就业过程中面临着与产业需求不匹配的困境，无法顺利就业或适应岗位要求。因此，高校思想政治教育教学改革亟需重视将课程设置与产业需求相结合，培养符合时代发展需要的应用型人才。

然而，当前高校思想政治教育教学中存在着实践环节不足的问题。一方面，学生的实践机会有限，很多时候只能停留在课堂上理论讨论的层面，缺乏实践操作的机会。另一方面，实践内容与产业实践脱节，不符合社会发展的需求，使得学生在实践中缺乏对社会现实的深刻理解和把握。

在过去，高校思想政治教育注重理论教育，对实践环节的重视不够。而随着社会的不断发展和学生需求的变化，实践环节的不足已经成为影响教学质量和学生素质提升的主要问题之一。因此，高校思想政治教育教学改革需进一步强化实践环节，使学生能够在实践中增长见识，提升素质。

然而，尽管高校思想政治教育教学改革取得了一定成果，但也存在着一些问题。其中，学生创新能力的提升不足是一个亟待解决的重要问题。当前高校创新教育项目相对较少，学生缺乏获得实践经验和创造性思维的机会。学校对学生创新能力的评价体系仍不完善，往往只重视学生的成绩和考试表现，而忽视了学生的创新潜力和能力。因此，如何有效提升学生的创新能力成为了当前高校思想政治教育教学改革中的一项重要任务。只有通过深入研究和探讨，才能找出有效的解决方案，为高校教育事业注入更多活力和创新精神。

四、打造国际化教育品牌

高校思想政治教育教学改革的意义和成果将推进教科研融合发展，促进校际合作与交流。在教学模式创新的路径下，有望打造国际化教育品牌，加强国际交流合作，进一步提升高校的国际竞争力。

高校思想政治教育教学改革的意义在于推进教科研融合发展，促进了校际合作与交流。通过教学模式创新，我们可以打造国际化教育品牌，提升国际教育水平。这不仅有助于学校在全球教育领域的声誉和竞争力，也能为培养学生的国际视野和综合素质提供更广阔的舞台。展望未来，我们将继续努力，持续推进高校思想政治教育教学改革，为提升国际教育水平贡献力量。

高校思想政治教育教学改革的意义在于推进教科研融合发展，这为高校带来了成果，如促进了校际合作与交流。在路径上，高校进行了教学模式的创新，开拓了新的展望，即打造国际化教育品牌，以培养国际化人才为目标。

五、推动高校思想政治教育教学改革的深化发展

建设特色教育品牌是高校思想政治教育教学改革的必然要求，是提升高校办学水平和影响力的关键举措。通过建设特色教育品牌，可以更好地传承和弘扬优秀传统文化，培养具有国际视野和创新精神的优秀学生。同时，特色教育品牌的建设也能够吸引更多优秀师资和学子，推动高校内涵发展和提升整体竞争力。未来，随着教育信息化和大数据技术的不断发展，特色教育品牌将成为高校发展的重要支撑，为高校思想政治教育教学改革的深化发展提供有力支持。

高校思想政治教育教学改革，推动了教科研融合发展，促进了校际合作与交流。在教学模式创新的路径上，我们积极探索教学理念创新，努力实现深化发展的展望。通过持续努力，我们将推进高校思想政治教育教学改革的步伐，不断提升教学品质和效果。愿我们的教学理念不断创新、不断完善，为高校思想政治教育教学改革贡献更大的力量。

高校思想政治教育教学改革的重要性不言而喻，它推动了教科研融合发展，促进了校际合作与交流。在教学模式创新的路径上，我们看到了改革所带来的显著成果。展望未来，我们期待着推动高校思想政治教育教学改革的深化发展，促进教学成果转化。这将为高校教育事业带来更为璀璨的未来，激发学生的潜能，促使他们在实践中获得更多成长与收获。

高校思想政治教育教学改革的意义，推进教科研融合发展，成果是促进了校际合作与交流，路径是教学模式创新。展望未来，将推动高校思想政治教育教学改革的深化发展，强化社会责任教育。

第二十三章　展望未来高校思想政治教育的发展方向和重点领域

第一节　进一步推进课程体系建设

一、强化思政课程的理论性和实践性

进一步推进课程体系建设是高校思想政治教育教学改革的重要方向之一，只有不断完善课程体系，才能更好地满足学生多样化的需求。同时，强化思政课程的理论性和实践性也是当前的紧迫任务，只有理论联系实际，才能让学生在学习过程中更加深刻地领会思政课的重要意义。提高教学质量更是不可或缺的一环，只有通过不断优化教学方法和手段，才能够真正激发学生学习的兴趣，让他们更主动地参与到思政教育中来。通过这些努力，未来高校思想政治教育将迎来更加全面的发展，为培养德智体美劳全面发展的社会主义建设者和接班人奠定坚实基础。

高校思想政治教育教学改革研究的发展方向和重点领域需进一步推进课程体系建设。为此，需要强化思政课程的理论性和实践性，确保教学内容符合时代需求。同时，还要深化思政课程内容，使其更具时代性和前瞻性，以适应现代社会发展的需求。通过这些措施，可以提升高校思想政治教育教学质量，为学生提供更好的教育资源和平台，促进学生全面发展和成长。

在未来高校思想政治教育的发展过程中，进一步推进课程体系建设是至关重要的。强化思政课程的理论性和实践性，能够更好地培养学生的综合素质。加强课程评估机制，对教学效果进行监测和保障，可以提升教学质量，确保学生获得更好的教育成果。在不断完善的课程体系下，思政课程的内容和形式也将更加多样化和贴近学生需求。通过综合性的评估体系，能够更好地反映教学的水平和效果，为教师提供改进教学方法的参考依据，从而更好地实现高校思想政治教育的目标和使命。

二、拓展课程形式，提升教学方法

高校思想政治教育教学改革研究的未来发展方向和重点领域，需要进一步推进课程体系建设。通过拓展课程形式，提升教学方法，可以更好地促进学生的思想政治教育。同时，推广多元化教学模式，满足学生需求，有助于激发学生的学习兴趣和参与度。只有不断更新教学理念，创新教学方法，才能更好地适应时代发展的需求，实现高校思想政治教育的可持续发展。

通过进一步推进课程体系建设，拓展课程形式，提升教学方法，引入互动式教学，可以有效提升高校思想政治教育的教学效果。未来的发展方向和重点领域将更加关注学生的参与性和互动性，注重培养学生的思辨能力和创新精神。互动式教学不仅可以激发学生的学习兴趣，促进师生之间的交流互动，还能够促使学生更深入地理解和掌握教育内容。高校应积极探索各种形式的互动式教学，包括讨论课、案例分析、小组讨论、互动游戏等，不断创新教学模式，为培养德智体美劳全面发展的社会主义建设者和接班人做出更大贡献。

在未来的高校思想政治教育教学改革中，需要进一步推进课程体系建设，拓展课程形式，提升教学方法。同时，注重典型案例引导，增强思政教育实效，这是非常重要的。通过典型案例的引导，学生可以更加直观地理解和体会思政教育的重要性，同时增强他们的思想道德素养。这样一来，思政教育的实效性将得到进一步的提升，学生的综合素质也将得到有效提升。因此，在未来的高校思想政治教育中，注重典型案例引导是至关重要的一环。

三、建设终身学习体系，促进学生全面发展

教育改革的趋势需要我们与时俱进，不断推进课程体系建设，为学生提供更为全面的学习资源和机会。在这个多元化的社会背景下，我们需要建设终身学习体系，培养学生的学习能力和自主发展能力，让他们不断提升自我，实现全面发展。同时，强化思政教育与学生职业发展的融合，让学生在校园内不仅仅学到知识，更要学会如何将所学知识与职业发展相结合，为未来的职业生涯做好准备。这样的教育理念和体系建设将有助于培养出更有社会责任感和创新精神的优秀人才，为我国社会的发展贡献更多积极力量。

高校思想政治教育教学改革研究指出，未来高校思想政治教育的发展方向和重点领域需要进一步推进课程体系建设。构建完善的课程体系，不仅有助于学生系统学习思想政治理论知识，还能够培养学生的终身学习能力，促进其全面发展。增设社会实践和志愿服务课程也是当前亟需重视的一项工作。通过开设这些课程，可以让学生更

加深入地了解社会现实,培养他们的社会责任感,让他们在实践中不断提升自我,为社会主义事业作出更大的贡献。增设社会实践和志愿服务课程,是未来高校思想政治教育的重要发展方向之一,也是培养社会主义建设者和接班人的必然要求。

高校思想政治教育教学改革的发展方向和重点领域需要进一步推进课程体系建设,以更好地满足学生学习需求。建设终身学习体系是关键,可以促进学生在不同阶段全面发展。同时,提倡创新创业教育也助力于培养学生的创新意识和实践能力,以满足社会发展的需要。这些举措可以使学生在不断学习中获得更多知识和技能,提升终身学习的意愿和能力。高校应当关注这一方面,为学生的未来发展提供更多可能性。

第二节 加强师资队伍建设,提高教学水平

一、建立多层次、多类型师资培训机制

在未来的高校思想政治教育中,进一步推进课程体系建设将成为重点任务。建设终身学习体系,促进学生全面发展,是当前教育改革的重要方向。同时,加强师资队伍建设,提高教学水平,也是关乎教育质量的关键。建立多层次、多类型师资培训机制,能够提升教师教学能力,进而促进教学质量的提升。通过不断完善教师培训机制和方式,使教师在思想政治教育领域具备更加专业化和身心健康的能力,从而为学生成长成才提供更好的保障。只有不断努力提升教师的教学水平,才能有效提高思想政治教育的质量,为教育事业的可持续发展奠定坚实基础。

为进一步推进高校思想政治教育教学改革,我们需要加强对教师的思政教育理论知识学习。只有通过深入研究和理解思政教育相关理论,教师们才能更好地引领学生,更有效地开展教学工作。建立多层次、多类型的师资培训机制,将给予教师们更多学习思政教育理论知识的机会,从而提升他们的教学水平和专业素质。通过不断地学习和培训,教师们将能更好地理解和把握高校思想政治教育的发展方向和重点领域,为学生的全面发展和教育教学改革贡献更大的力量。

高校思想政治教育的发展离不开教师队伍的建设和教学水平的提高。为进一步推进课程体系建设,需要建立多层次、多类型的师资培训机制,为教师提供更多的学习机会和发展空间。同时,鼓励教师开展教学研究,积极探索教学改革的路径和方法,推动高校思想政治教育的创新发展。通过不断地完善课程体系,建设全面的终身学习体系,促进学生的全面发展,高校思想政治教育将迎来更加美好的未来。师资队伍的建设和教学水平的提高是推动高校思想政治教育教学改革的重要保障,也是实现高校教育目标的关键所在。

二、搭建交流合作平台，促进师资共享

为了进一步推进高校思想政治教育的教学改革，我们需要加强师资队伍建设，提高教学水平。通过建立师资资源数据库，可以实现不同高校之间师资的资源互通，促进师资的共享和交流。这将有助于搭建一个广泛的交流合作平台，让各个高校的优秀教师资源得以共享，从而提高整体的教学质量和水平。同时，建设终身学习体系也至关重要，促进学生的全面发展。只有不断完善课程体系建设，培养出更具综合素质的学生，才能更好地适应社会发展的需要和挑战。因此，高校在未来的思想政治教育教学改革中，需要将这些重点领域作为发展方向，不断推进教育教学工作的创新和发展。

同时，可以通过开展教师培训交流活动来促进教学创新。但目前存在的问题是，一些学校的培训内容和形式单一，缺乏针对性和实效性；交流活动过于零散，缺乏系统性和长期性。因此，需要进一步加强对教师培训和交流活动的规划和组织，提高其质量和效益。只有通过有效的培训和交流活动，才能促使教师不断地更新教育观念，改进教学方法，推动教学工作的创新和发展。希望未来高校能够更加重视和支持教师培训交流活动，为思政教育教学改革提供更为有力的保障。

师资跨学科交叉研究在高校思想政治教育中具有重要意义，可以拓展教师的学术视野，促进不同学科之间的融合与交流。目前，一些高校已经开始尝试跨学科教学合作，但在实际操作中还存在一些困难和挑战。师资之间的学科分工明确，专业化发展较为突出，跨学科研究的习惯和机制尚未完善。因此，需要探讨如何鼓励师资跨学科交叉研究，为高校思想政治教育的教学改革提供更多的启示和支持。希望未来高校能够在这一领域取得更大的突破与进展。

当前，高校思想政治教育教学改革已经成为一个迫切的任务。在这个背景下，配置专业化、国际化人才队伍显得尤为重要。随着社会的不断发展和进步，传统的思想政治教育已经无法满足时代需求，需要具备跨学科知识和全球视野的专业人才来担当重任。

通过配置专业化、国际化人才队伍，高校可以更好地适应当今社会的多元化、全球化趋势。这样的人才队伍不仅能够为学生提供更加优质的教育资源，还能够与国际接轨，吸纳先进理念和经验，推动思想政治教育的不断创新和发展。

因此，高校在推进思想政治教育教学改革的过程中，必须重视配置专业化、国际化人才队伍的建设，为培养具有全球竞争力的优秀人才奠定坚实基础。

当前高校思想政治教育教学改革中，教师队伍建设管理问题日益凸显。教师队伍存在着人员流动频繁、教学能力参差不齐、工作动力不足等情况，影响了整个教学质量和效果。因此，加强教师队伍建设管理，提升队伍凝聚力势在必行。只有通过建立更加严格的激励机制、加强教师的培训和学习机会，才能激发教师的工作热情，提升

他们的教学水平和专业素养。只有具备强大的教师队伍，才能更好地推动高校思想政治教育教学改革不断向前发展。

第三节 推进教育技术与信息化融合，拓展教育空间

一、建设数字化教学资源平台

数字化教学资源平台的建设是当前高校思想政治教育教学改革的重要举措之一。通过建设这样一个平台，可以将高质量的教学资源集中整合，实现资源共享，为教师提供更多更好的教学辅助工具，为学生提供更丰富的学习资源。

然而，当前数字化教学资源平台在发展过程中也存在一些局限性。例如，有些平台的内容更新不及时，质量参差不齐；缺乏专业的技术支持团队，无法解决用户在使用过程中遇到的问题；缺乏互动性和个性化定制功能，难以满足不同群体的需求等。

因此，今后需要进一步研究和探索如何提升数字化教学资源平台的质量和服务水平，以更好地满足高校思想政治教育的需求。只有不断完善和优化数字化教学资源平台，才能更好地促进高校思想政治教育的发展，提升其影响力和效果。

在线学习平台的建立对于高校思想政治教育教学改革至关重要。通过在线学习平台，学生可以随时随地获取教育资源，实现自主学习。这不仅可以提高学生学习的灵活性和便利性，还可以激发学生学习的兴趣和主动性。同时，通过在线学习平台，学校可以更好地监控和评估学生的学习情况，提供个性化的学习指导和支持。

然而，建立在线学习平台也面临着一些挑战。比如如何确保学生在虚拟环境下的学习质量，如何保障学生的网络安全，以及如何处理线上学习和线下教育之间的关系等。这些挑战需要全校教师和管理者共同努力克服，以实现高校思想政治教育教学改革的目标。

虚拟实验教学作为一种新兴教学方法，具有诸多优势。它可以弥补传统实验教学资源匮乏的不足，提供更加丰富多样的实验场景和实验操作。虚拟实验教学可以有效降低实验设备和材料的成本，节约教学资源，并且能够在任何时间、任何地点进行学习，提高了教学的灵活性和便捷性。

然而，虚拟实验教学也存在一些局限性。例如，由于缺乏真实实验环境和亲身操作经验，学生可能存在对实验内容的理解和掌握程度不足的情况。虚拟实验教学难以完全取代传统实验教学中师生面对面的交流互动，学生的实践能力和团队协作能力也可能受到影响。

在未来的高校思想政治教育教学改革中，虚拟实验教学将发挥越来越重要的作用，但也需要结合实际情况不断探索和改进，以提升课程实效，促进学生综合素质的全面发展。

随着信息技术的快速发展，网络在教育教学中的作用越来越重要。然而，网络安全问题也日益严重，教育数据的泄露和被篡改成为威胁高校思想政治教育教学改革的重要障碍。因此，强化网络安全保障显得尤为迫切。

当前网络安全存在的问题主要包括数据泄露、网络攻击、信息篡改等，这些问题给高校教育教学带来了严重的挑战。只有建立健全网络安全保障体系，才能有效地保护教育数据的安全，确保思想政治教育教学改革的顺利进行。因此，高校需要加强网络安全意识的培养，提高网络安全技术水平，建立完善的网络安全管理机制，不断完善网络安全保障措施，防范各类网络安全风险。只有这样，高校思想政治教育教学改革才能取得更大的成果。

继续加强信息化教学管理，提高教学效率，是当前高校思想政治教育教学改革的重要方向之一。通过数字化教学资源平台的建设，可以更好地为教师和学生提供丰富的教学资源，提升教学质量。同时，加强信息化教学管理可以有效监督和评估教学质量，及时发现问题并加以解决，从而提高教学效率。通过信息化手段，可以更好地了解学生的学习情况和需求，为个性化教学提供支持。这不仅可以激发学生学习的兴趣，提高学习效果，也可以帮助教师更好地指导和辅导学生。信息化教学管理的推进，不仅可以提升教学效率，还能为高校思想政治教育教学改革带来新的活力。

二、深化智慧教育应用

在未来，高校思想政治教育的发展方向将进一步推进课程体系建设，建设终身学习体系，促进学生全面发展。同时，加强师资队伍建设，提高教学水平，搭建交流合作平台，促进师资共享。推进教育技术与信息化融合，拓展教育空间，并深化智慧教育应用。推动 AI 技术在思政教育领域的应用，将成为未来关注的重点领域，为高校思想政治教育的现代化发展和创新注入新动力。

高校思想政治教育教学改革的重点方向之一是进一步推进课程体系建设。通过建设终身学习体系，促进学生全面发展，加强师资队伍建设，提高教学水平。同时，搭建交流合作平台，促进师资共享，推进教育技术与信息化融合，拓展教育空间。深化智慧教育应用，建设智能教学管理系统，提升教学质量，引领高校思想政治教育朝着更加科学、系统、高效的方向发展。

三、推广在线教育模式

高校思想政治教育教学改革的未来发展方向将进一步推进课程体系建设，建设终身学习体系，促进学生全面发展。同时，加强师资队伍建设，提高教学水平，搭建交流合作平台，促进师资共享。推进教育技术与信息化融合，拓展教育空间，推广在线教育模式。最重要的是打破地域限制，实现教育资源共享，为高校思想政治教育的未来发展奠定坚实基础。

为了进一步推进课程体系建设，我们需要建设一个终身学习体系，促进学生全面发展。同时，加强师资队伍建设，提高教学水平，搭建交流合作平台，促进师资共享也是十分重要的。推进教育技术与信息化融合，拓展教育空间，推广在线教育模式，引入在线评估机制，提高学生学习效果是我们未来教育改革的重要方向。通过这些举措，我们可以更好地适应现代社会的发展需求，提高教学质量，培养更加符合时代要求的人才。希望在不久的将来，我们可以看到高校思想政治教育取得更加显著的进步和成就。

在未来高校思想政治教育的发展方向中，进一步推进课程体系建设至关重要。建设终身学习体系，促进学生全面发展，加强师资队伍建设，提高教学水平，搭建交流合作平台，促进师资共享。推进教育技术与信息化融合，拓展教育空间，推广在线教育模式。通过开展线上交流讨论，促进学生成长，为高校思想政治教育的不断完善和创新注入新的活力和动力。

在未来高校思想政治教育的发展中，进一步推进课程体系建设将是关键。建设终身学习体系，促进学生全面发展是未来发展的方向。加强师资队伍建设，提高教学水平是保证教育质量的重要保障。搭建交流合作平台，促进师资共享将有助于教育资源的共享与优化。推进教育技术与信息化融合，拓展教育空间，推广在线教育模式，将为高校思想政治教育的改革注入新的活力。建立在线考核体系，完善学习评价，可以更加全面客观地评价学生的学习成果和表现，为教学质量提升提供有效依据。

第四节　强化社会协同机制，促进思政教育全面发展

一、搭建校企合作平台

进一步加强学校与企业之间的合作，以拓宽学生的就业渠道。通过深化校企合作平台建设，为学生提供更多实习和就业机会。同时，加强校企双方的沟通与交流，促进双方资源共享，共同推动学生职业发展。这种合作模式可以有效打破校园与社会之间的藩篱，使学生更好地融入社会并实现个人价值。同时，学校与企业的合作也可以

促进教育与行业之间的互动与融合,为学生提供更适应社会需求的教育。通过加强学校与企业之间的合作,可以为学生提供更多实践机会,为他们的职业发展打下坚实的基础。

进一步推进课程体系建设,建设终身学习体系,加强师资队伍建设和搭建交流合作平台,是未来高校思想政治教育的重点领域。同时,推进教育技术与信息化融合,推广在线教育模式,强化社会协同机制,搭建校企合作平台,以及开展实践教学课程,可以全面促进高校思想政治教育的发展。提升学生职业技能,是高校思想政治教育的一个重要方向,可以帮助学生更好地适应社会的发展需求,实现终身学习和全面发展。

二、发挥党政资源优势

在未来的高校思想政治教育发展中,需要进一步推进课程体系建设,以建设终身学习体系为核心,促进学生全面发展。同时,加强师资队伍建设,提高教学水平,搭建交流合作平台,促进师资共享。推进教育技术与信息化融合,拓展教育空间,推广在线教育模式,强化社会协同机制,促进思政教育全面发展。发挥党政资源优势,加强政府对思政教育的支持,提升教育品质,将是未来高校思想政治教育的重点领域之一。

在高校思想政治教育教学改革研究中,发挥党组织在高校思政教育中的引领作用至关重要。党组织作为学校的领导核心,应积极推动教育教学改革,引导师生深入思考党的理论和方针政策。通过加强党建工作,构建健全的思政教育体系,有效提升教育质量和水平。党组织在高校思政教育中的引领作用,不仅可以带动师生思想认识水平的提升,也能够激发教育教学的活力和创新性,推动高校思政教育事业的全面发展。因此,发挥党组织在高校思政教育中的引领作用,是当前高校教育教学改革的重要方向和关键领域。

为进一步推进高校思想政治教育的发展,我们需要着力加强课程体系建设,构建终身学习体系,以促进学生全面发展。同时,必须注重师资队伍建设,提升教学水平,同时搭建交流合作平台,促进师资共享。推动教育技术与信息化融合,拓展教育空间,推广在线教育模式。强化社会协同机制,促进思政教育全面发展,并发挥党政资源优势。加强党风廉政教育,营造风清气正的校园环境,为高校思想政治教育的长远发展铺平道路。

在未来的高校思想政治教育教学改革中,建设党建工作与思政教育融合发展机制是至关重要的。这一机制将为高校提供更多的资源和支持,促进思政教育的全面发展。通过充分发挥党政资源优势,并将党建工作与思政教育有机结合,可以更好地引领和指导学生在思想政治方面的学习和实践。通过建设这一融合发展机制,可以有效加强师资队伍建设,提高教学水平,搭建交流合作平台,推进教育技术与信息化融合,拓展教育空间。同时，强化社会协同机制，推广在线教育模式，实现高校思想政治教育的持续创新与发展。这一机制的建设将推动高校思想政治教育朝着更加全面、深入、多样化的方向发展。

三、拓展社会资源支持

在高校思想政治教育教学改革的进程中，进一步推进课程体系建设是当务之急，建设终身学习体系也是至关重要的。同时，加强师资队伍建设，提高教学水平，搭建交流合作平台，促进师资共享，推进教育技术与信息化融合，拓展教育空间，推广在线教育模式，强化社会协同机制，促进思政教育全面发展，还要拓展社会资源支持。最为关键的是，开展社会公益活动，促进社会责任担当，这将有助于高校思想政治教育的持续发展和提升。

要进一步推进高校思想政治教育教学改革，我们需要加强课程体系建设，建设终身学习体系，促进学生全面发展。同时，也要注重师资队伍建设，提高教学水平，并搭建交流合作平台，促进师资共享。推进教育技术与信息化融合，拓展教育空间，推广在线教育模式。强化社会协同机制，促进思政教育全面发展，拓展社会资源支持，引入社会专家资源，提升思政教育水平。在未来发展中，这些措施将为高校思想政治教育的进步和发展提供有力支持。

在未来高校思想政治教育的发展中，我们将进一步推进课程体系建设，建设终身学习体系，促进学生全面发展。同时，加强师资队伍建设，提高教学水平，搭建交流合作平台，促进师资共享。推进教育技术与信息化融合，拓展教育空间，推广在线教育模式。强化社会协同机制，促进思政教育全面发展。拓展社会资源支持，建立社会监督机制，强化教育质量控制。通过这些措施，我们将为高校思想政治教育的发展指明方向，确保其健康发展。

推进高校思想政治教育教学改革，需要进一步推进课程体系建设，建设终身学习体系，促进学生全面发展。同时，加强师资队伍建设，提高教学水平，搭建交流合作平台，促进师资共享。推进教育技术与信息化融合，拓展教育空间并推广在线教育模式。强化社会协同机制，促进思政教育全面发展，拓展社会资源支持。搭建校友资源共享平台，促进校友回馈教育，为高校思想政治教育的未来发展提供更多的支持和帮助。

四、推动国际交流与合作

在未来的高校思想政治教育教学改革中，需要进一步推进课程体系建设，建设终身学习体系，促进学生全面发展。同时，加强师资队伍建设，提高教学水平，搭建交流合作平台，促进师资共享。推进教育技术与信息化融合，拓展教育空间，推广在线教育模式。强化社会协同机制，促进思政教育全面发展，推动国际交流与合作，拓展国际学术交流渠道，引进国外优质教育资源。这些举措将为高校思想政治教育的发展方向和重点领域提供更多的机遇和挑战，促进学生的全面发展和素质提升。

通过进一步推进课程体系建设，建设终身学习体系，加强师资队伍建设，搭建交流合作平台，推进教育技术与信息化融合，推广在线教育模式，强化社会协同机制，推动国际交流与合作，积极参与国际合作项目，不断提升思政教育国际视野。这些举措将为高校思想政治教育的发展方向和重点领域提供有力支撑，促进思政教育在全球范围内的影响力和竞争力，为培养德智体美劳全面发展的社会主义建设者和接班人做出积极贡献。

教育技术与信息化的融合将为高校思想政治教育带来更广阔的发展空间。通过推广在线教育模式，可以实现教学资源的共享与互动，促进师生之间的交流与合作。同时，加强社会协同机制的建设，有助于引入外部资源，提升教育质量。在国际交流与合作方面，应加强国际学生交流，为学生提供更广阔的学习机会，促进不同文化间的交流互鉴。通过这些措施，可以进一步推动高校思想政治教育的全面发展，为培养德智体美劳全面发展的社会主义建设者和接班人做出积极贡献。

在未来，高校思想政治教育的发展方向和重点领域将主要包括进一步推进课程体系建设、建设终身学习体系促进学生全面发展、加强师资队伍建设提高教学水平、搭建交流合作平台促进师资共享、推进教育技术与信息化融合拓展教育空间、推广在线教育模式、强化社会协同机制促进思政教育全面发展、推动国际交流与合作、强化国际教育合作提升思政教育国际影响力。

未来高校思想政治教育的发展方向和重点领域将主要集中在进一步推进课程体系建设，建设终身学习体系，加强师资队伍建设，搭建交流合作平台，推进教育技术与信息化融合，推广在线教育模式，强化社会协同机制，推动国际交流与合作，以及建立国际学术交流平台。这些举措将有助于促进思政教育全面发展，推动教育共同发展的进程。希望通过不懈努力和创新探索，为高校思想政治教育的蓬勃发展贡献力量，为培养更多具有社会责任感和国际竞争力的优秀人才助力。

五、加强思政教育质量评估

在高校思想政治教育教学改革的进程中，进一步推进课程体系建设是至关重要的。建设终身学习体系不仅有助于促进学生全面发展，同时也需要加强师资队伍建设，提高教学水平。搭建交流合作平台，促进师资共享，推进教育技术与信息化融合，拓展教育空间，推广在线教育模式，强化社会协同机制，促进思政教育全面发展。同时，加强思政教育质量评估，建立科学评估体系，提升教育质量保障水平，将为高校思想政治教育的未来发展指明方向。

高校思想政治教育教学改革的未来发展方向和重点领域将进一步推进课程体系建设，建设终身学习体系，促进学生全面发展。同时，加强师资队伍建设，提高教学水平，搭建交流合作平台，推进教育技术与信息化融合，拓展教育空间，推广在线教育模式。为促进思政教育全面发展，将强化社会协同机制，加强思政教育质量评估，建立内部评估机制，并加强自身问题整改，持续推动高校思想政治教育的不断创新和提升。

推动外部评估合作，提高教育评价公信度是当前高校思想政治教育教学改革的重要方向之一。通过与外部机构合作开展评估，可以更客观、全面地了解学校的教育水平和教学质量，有效提高教育评价的公信度。这种合作不仅能为学校提供专业的评估指导，还有利于引进国际先进的评估理念和方法，促进我国高校思想政治教育教学的不断创新和提升。同时，外部评估合作也可以为学校搭建与国内外其他优秀教育机构的交流与合作平台，推动高校思政教育的国际化和专业化发展。在未来的工作中，高校论文导师们需要不断加强与外部评估机构的合作，共同努力提升高校思政教育教学质量，实现全面发展的目标。

在未来的高校思想政治教育发展中，进一步推进课程体系建设，建设终身学习体系，并加强师资队伍建设是重点领域。同时，搭建交流合作平台，促进师资共享，推进教育技术与信息化融合，拓展教育空间，推广在线教育模式也是必不可少的。强化社会协同机制，促进思政教育全面发展，加强思政教育质量评估，完善综合评价指标，促进思政教育综合发展，将为高校思想政治教育的长远发展奠定坚实基础。

在未来，高校思想政治教育教学改革的发展方向和重点领域将继续加强课程体系建设，建设终身学习体系，促进学生全面发展。同时，需要加强师资队伍建设，提高教学水平，搭建交流合作平台，促进师资共享。推进教育技术与信息化融合，拓展教育空间，并推广在线教育模式。强化社会协同机制，促进思政教育全面发展，加强思政教育质量评估，促进评估结果转化，全面提升思政教育水平。这些举措将为高校思想政治教育带来更多机遇和挑战，同时也为培养德智体美劳全面发展的社会主义建设者和接班人奠定坚实基础。

参 考 文 献

[1] 何英. 高校思想政治教育方法的改革与创新研究[J]. 才智, 2021, (13):30-32.

[2] 夏风云, 王立慧. 新时期高校思想政治教育内容创新研究[J]. 文教资料, 2022, (01):100-103.

[3] 刘光艳. 高等院校思想政治教育课程改革创新探论[J]. 中学政治教学参考, 2023, (13):84-85.

[4] 伍晋. 新时代高校思想政治教育的方法创新研究[J]. 重庆行政, 2022, 23(01):94-96.

[5] 车亚莉. 高校思政课教学改革与应用型人才培养的研究[J]. 品位·经典, 2022, (13):129-130+142.

[6] 屈婷. 新时代背景下高校思想政治教育改革创新途径研究[J]. 大学, 2022, (18):153-156.

[7] 吴旭文. 高校思想政治理论课实践教学改革研究[J]. 现代职业教育, 2022, (29):151-153.

[8] 陈梦涵. 新时代高校思想政治教育改革与创新研究[J]. 成才, 2023, (03):27-29.

[9] 崔永柱. 高中思想政治教学改革的探索[A]. 广东省教师继续教育学会教师发展论坛学术研讨会论文集（九）[C]. 广东省教师继续教育学会:2023:43-45.

[10] 刘梦梦, 杨玉凤. 高校思想道德与法治课案例教学改革研究[J]. 甘肃教育研究, 2022, (04):48-51.

[11] 张七妹. 课程思政背景下高校思想政治教育创新研究[J]. 湖北开放职业学院学报, 2023, 36(23):3-5.

[12] 司丽娜. 高校大学生思想政治教育工作模式创新研究[J]. 成才之路, 2021, (32):45-47.

[13] 秦书生, 梅可欣. 高校思想政治理论课问题导向式教学研究[J]. 辽宁经济, 2023, (08):72-76.

[14] 徐梦婷. 高校思想政治教育与意识形态认同的关系研究[J]. 文教资料, 2023, (06):59-61.

[15] 杜茜.新时代高校思想政治教育的改革思路和实践机制研究[J].佳木斯职业学院学报,2022,38(11):31-33.

[16] 黄子贤.高校思想政治理论课的实践教学方案研究[J].公关世界,2022,(03):108-109.

[17] 陈思琪.高校思想政治教育中的心理育人研究[D].导师:周淑萍.河北师范大学,2021.

[18] 赵华,马真,马志霞.高校思想政治理论课教学的创新举措研究[J].陇东学院学报,2023,34(04):84-88.

[19] 秦海雷.高校思想政治教育实践育人创新策略研究[J].作家天地,2021,(15):124-125.

[20] 奚芳.新时代高校思想政治教育工作的创新研究[J].大众文艺,2023,(05):145-147.

[21] 孙熠铮.提升高校思想政治教育实效性研究[J].中国军转民,2023,(18):120-121.

[22] 吴璐曦.高校思想政治理论课本质研究[D].导师:邵献平.武汉理工大学,2022.

[23] 刘小欢.高校思政教育与学生管理工作的结合研究[J].时代报告,2021,(07):138-139.

[24] 赵丹.高校行政管理中思想政治教育的功能研究[J].现代商贸工业,2023,44(20):229-231.

[25] 刘佳莹.高职院校思政课专题教学改革策略研究[J].辽宁高职学报,2022,24(06):51-54.

[26] 赵冬颖,李思洋.高校思想政治教育环境优化研究[J].科教导刊,2022,(24):82-84.

[27] 徐开.高校思想政治理论课实践教学改革与创新研究[D].导师:衡孝庆.温州大学,2021.

[28] 李红霞.高校思想政治理论课教学创新研究[J].公关世界,2022,(10):43-44.

[29] 孟辽远.高校学生思想教育管理研究[M].ViserTechnologyPte.Ltd.:2023-09-01.

[30] 党锐锋,李奇尧.高校思想政治理论课专题教学设计研究[J].才智,2022,(04):126-129.